LES
MONUMENTS
FUNÉRAIRES
DE

L'ÉGYPTE ANCIENNE

PAR

A. DANINOS-PACHA

ANCIEN ATTACHÉ AU MUSÉE DU LOUVRE
ANCIEN INSPECTEUR DES FOUILLES EN ÉGYPTE

AVEC UNE LETTRE

DE

M. G. MASPERO

MEMBRE DE L'INSTITUT

PARIS
ERNEST LEROUX, ÉDITEUR
28, RUE BONAPARTE, 28

1899

LES
MONUMENTS FUNÉRAIRES
DE
L'ÉGYPTE ANCIENNE

A LA MÉMOIRE

DE

L'ILLUSTRE MAITRE ET AMI

A. MARIETTE PACHA

TÉMOIGNAGE DE GRATITUDE

ET D'ADMIRATION

Paris, le 25 mai 1899.

MON CHER PACHA,

Il me semble que c'est hier, et pourtant, voilà trente ans passés que je vous disais adieu dans la grande Galerie de notre Bibliothèque Nationale, quelques jours avant votre départ pour l'Égypte. Vous alliez rejoindre Mariette et vous vous sentiez tout heureux de continuer sous sa direction les études que vous aviez commencées au Louvre avec Longpérier et avec Devéria. Les duretés de l'existence contrarièrent bientôt votre vocation et vous empêchèrent de trouver votre place à Boulaq ainsi que vous l'aviez espéré. Il vous fallut entrer dans un Ministère, puis courir la province et y diriger des exploitations de canne à sucre, surveiller des entrepôts, ruiner votre santé d'Alexandrie au Saîd, et, après avoir débuté dans les hiéroglyphes vers 1869, prendre votre retraite en 1897 comme sous-directeur général de la Daïrah Sanièh. La destinée a de ces caprices, et vous n'êtes pas le seul qui, embarqué dans la vie pour faire de la science, ait dû renoncer aux ambitions de sa jeunesse et sacrifier son inclination aux exigences de la fortune.

Vous ne vous y êtes résigné qu'à contre-cœur, et partout où votre carrière vous a conduit vous avez consacré à la poursuite des antiquités les rares loisirs que l'administration vous laissait. Vous avez pratiqué des fouilles à Feshn, à Héliopolis, au Fayoum, près d'Alexandrie, vous avez noté vos propres découvertes, vous vous êtes intéressé à celles des autres, et, maintenant que vous êtes de retour en France, vous n'avez pas voulu garder tout votre acquis pour vous seul. On sent, à lire ce petit livre, qu'il vous a vraiment amusé à écrire, et vous y avez répandu beaucoup de vous même : je compte qu'il aura l'accueil qu'il mérite auprès des gens du métier comme auprès des gens du monde. Les premiers y tireront leur profit de vos observations sur les faits qu'ils n'ont pas eu l'occasion de constater au cours de leurs recherches ; les seconds, surtout s'ils se proposent de visiter la vallée du Nil, y trouveront les notions dont ils ont besoin pour jouir intelligemment de leur voyage. C'est œuvre de vulgarisateur que vous aurez fait pour notre plus grand bien à tous.

Veuillez agréer, mon cher Pacha, l'expression de mes sentiments dévoués.

G. Maspero.

PRÉFACE

Les monuments funéraires de l'Égypte ancienne ne sont connus que par quelques publications éparses, coûteuses et difficiles à consulter quand on veut se livrer à une étude comparative.

Coordonner et condenser ces écrits, en y ajoutant les notes recueillies pendant vingt-cinq années passées sur les lieux mêmes, est le but de l'œuvre d'ensemble actuellement présentée.

Pour y arriver avec concision et clarté, car il faut embrasser toute la série des dynasties qui ont régné pendant plus de quatre mille ans, je me suis appliqué à faire la description : du genre de construction qui a varié, de la décoration; des inscriptions les plus intéressantes; des divers modes de sépultures ; des scènes les plus curieuses représentées sur les murs des tombeaux, ainsi que sur les sarcophages, cercueils et papyrus; des différentes manières d'embaumer et de momifier, et, enfin, de tous les objets contenus dans les tombeaux et les cercueils.

J'ai suivi la division adoptée par les égyptologues qui ont établi les trois grandes périodes d'Ancien, de Moyen et de Nouvel Empire, à raison de la différence bien tranchée du plan, de la forme et de la décoration des tombeaux dans chacune d'elles.

Pour pénétrer le lecteur de l'intérêt s'attachant à ces monuments, et pour l'initier aux idées religieuses qui ont présidé à leurs constructions, il a été introduit, au commencement de l'ouvrage, un aperçu de la religion et des destinées de la vie chez les anciens Égyptiens.

On trouvera quelques planches pour aider à se représenter les formes de ces monuments destinés à affermir et perpétuer le dogme consolant de l'immortalité de l'âme.

Enfin, je donne la liste de tous les ouvrages anciens et modernes dans lesquels j'ai puisé, pour fournir une nomenclature utile à d'autres études.

BIBLIOGRAPHIE

Écrivains classiques :

Manéthon, Hérodote, Diodore de Sicile, Strabon, Joseph.

Écrivains arabes :

Abd-el-Latif, Ibn Khaldoun, Ibn Abd-er-Rahman.

Collection des textes égyptiens originaux :

Commission Française, *Description de l'Égypte*. Paris, 1820-1830.

Champollion-le-Jeune, *Monuments de l'Égypte et de la Nubie*, Paris, 1835-1845.

Lepsius, *Das Todtenbuch des Ægypten*. Leipzig, 1842 ; — *Denkmaeler aus Ægypten und Æthiopien*. Berlin, 1850-1858.

Henri Brugsch, *Recueil des monuments égyptiens*. Leipzig, 1862.

A. Mariette, *Le Sérapéum de Memphis*. Paris, 1857 ; — *Monuments divers recueillis en Égypte et en Nubie*. Paris, 1872 ; — *Les papyrus égyptiens du Musée de Boulaq*. Paris, 1871.

Vicomte E. de Rougé, *Album photographique de la mission d'Égypte*. Paris, 1865 ; — *Le Rituel funéraire des anciens Égyptiens*. Paris, 1861-1864.

P. Guieysse et Lefébure, *Papyrus funéraire de Soutimès*. Paris, 1867.

P. Pierret, *Le papyrus de Neb-Qued*. Paris, 1872.

Ouvrages modernes :

Belzoni, *Voyage en Égypte et en Nubie.*

Champollion, *L'Égypte sous les Pharaons.* Paris, 1814.

Ch. Lenormant, *Éclaircissements sur le cercueil de Mycérinus.* Paris, 1837.

Lefébure, *Traduction comparée des Hymnes au Soleil.* Paris, 1869.

A. Mariette, *Renseignement sur les soixante-quatre Apis trouvés au Sérapéum.* Paris, 1855 ; — *Les tombes de l'Ancien Empire ; — Le catalogue du Musée de Boulaq.*

Deïr-el-Bahari, *Voyage dans la Haute-Égypte.* Leipzig, 1877.

G. Maspero, *Une enquête judiciaire à Thèbes*, etc. Paris, 1868 ; — *Manuel de l'histoire ancienne des peuples de l'Orient ; — Études sur quelques textes relatifs aux funérailles*, Journal asiatique, t. XV, n° 23 ; — *L'archéologie égyptienne ; — Guide du Musée de Boulaq ; — Histoire Ancienne des peuples de l'Orient*, 1895 ; — *Bibliothèque égyptologique*, 3 vol., 1893-1898.

J. L. Perring, *The pyramids of Gizeh.* London, 1839, 1840, 1842.

G. Perrot et Chipiez, *Histoire de l'art dans l'Antiquité.* Paris, 1882.

Rhind, *Thebes, its tombs and their tenants.*

A. Rhoné, *L'Égypte à petites journées.*

Vicomte E. de Rougé, *Mémoire sur l'inscription du*

tombeau d'Ahmès. Paris, 1851 ; — *Mémoire sur les monuments des six premières dynasties de Manéthon*. Paris, 1866 ; — *Notice des monuments égyptiens du Musée du Louvre*.

WILKINSON, *The manners and customs of the ancient Egyptians*. London, 1878.

HOWARD WYSE, *Operations carried on at the pyramids of Gizeh in 1837*. London 1840.

Mémoires de la Mission archéologique française au Caire.

DE MORGAN, *Fouilles de Dahchour*.

AVANT-PROPOS

Mettre les morts à l'abri de toute atteinte de l'inondation, a été le principe qui a toujours guidé les Égyptiens dans le choix de l'emplacement réservé aux nécropoles. Dans le Delta, les morts ont été ensevelis, soit dans l'épaisseur des murs d'enceinte des villes et des temples, quand ces murs étaient en briques crues, soit dans des tumuli élevés au milieu des plaines. La Moyenne et la Haute-Égypte ont profité des avantages que leur offraient les chaînes Lybique et Arabique qui, des deux côtés, confinent aux plaines cultivées, et les habitants ont pratiqué, dans le rocher qui forme ces montagnes, les puits et les grottes destinés à recevoir leur mort. Rarement, les morts ont été confiés à la terre nue. Aux basses époques, les buttes qui marquent l'emplacement des villes détruites ont été quelquefois employées comme lieu de sépulture et les décombres qui s'élevaient, en les cachant au-dessus d'anciennes tombes, ont servi aussi au même usage.

C'est en raison de leur enfouissement dans les décombres ou dans le sable, que les tombeaux et les temples ont échappé à l'action du temps, moins destructive que la main des hommes.

Le sable, surtout, a été le plus précieux conservateur des nécropoles; et si, après tant de milliers d'années, l'on retrouve des monuments révélant les détails des mœurs d'un peuple dont la civilisation et la puissance étonnent, c'est incontestablement aux obstacles résultant de l'accumulation du sable que l'on doit cet avantage.

Toutes les manifestations de la vie chez une grande nation, ont laissé, sur ces monuments, des traces éclatantes de son passage.

Ils nous initient, depuis les fondateurs des pyramides jusqu'au règne de Cléopâtre, à tous les détails de la vie d'un peuple, et nous font connaître ses pensées les plus intimes et ses sentiments les plus élevés.

On peut donc dire que, du fond des nécropoles, l'Égypte ancienne reparaît tout entière au grand jour de l'histoire et semble revivre parmi nous.

Les tombes ne forment jamais un tout bien coordonné; elles n'ont pas été non plus construites sur un type uniforme; néanmoins, à quelle époque qu'il appartienne, un monument funéraire complet est divisé en trois parties : la *Chapelle extérieure*, le *puits* et les *caveaux souterrains*.

APERÇU DE LA RELIGION
ET DES DESTINÉES DE LA VIE
CHEZ LES ANCIENS ÉGYPTIENS

Les idées les plus erronées ont régné longtemps sur la religion des anciens Égyptiens, tant qu'on s'en est tenu aux données tirées des écrits d'Hérodote et des Pères de l'Église, et surtout du traité de Plutarque, *de Iside et Osiride*. On a longtemps considéré la religion de l'Égypte comme un polythéisme des plus grossiers, où les hommes avaient été jusqu'à adorer toute sorte d'animaux. Sans nier que par l'invasion des superstitions qui marquent le commencement et la décadence de toutes les religions, le culte des Égyptiens, surtout dans les classes ignorantes, ait pu aboutir à de pareilles aberrations, il serait injuste de généraliser ce reproche et de l'appliquer à la religion de l'Égypte.

Les progrès que la science contemporaine doit à une étude plus attentive des monuments funéraires et religieux, et du *rituel funéraire* des anciens Égyptiens, ont permis de redresser ces idées et de rendre à ce peuple la part de spiritualisme qu'il n'avait jamais abandonnée.

Bien avant l'histoire, pendant les longs siècles que la race égyptienne employa à prendre possession de la vallée du Nil et à la mettre en valeur, l'imagination divinisa les animaux, les uns pour les services qu'ils rendaient, les autres pour la terreur qu'ils inspiraient ; il en fut de même pour certains végétaux. Là comme ailleurs, les fétiches ont précédé les dieux proprement dits ; tout en se laissant reléguer par eux au second plan, ils ne leur ont jamais cédé tout à fait la place.

C'est ce culte fétichiste des animaux bienfaisants ou redoutables, qui a été la première et, pendant de longs siècles, la seule religion de l'Égypte. Ce culte avait jeté dans les âmes des racines trop profondes pour disparaître, alors même qu'une partie de la nation s'était élevée par degrés à de plus hautes conceptions religieuses, ces pratiques n'étaient jamais tombées en désuétude ; son empire était resté assez grand pour que, dans la décadence du peuple, il ait repris le dessus et que les observateurs superficiels n'aient plus aperçu, n'aient plus voulu voir en Égypte, que cette adoration des plantes et des animaux sacrés.

Le culte des astres a servi de transition entre le fétichisme et le polythéisme. Ces qualités éminentes, ces forces vives que jadis on croyait partout répandues, partout présentes et actives, on ne les attribuait déjà plus aux corps avec lesquels on était en contact immédiat, à la pierre ou à l'arbre; mais on n'éprouvait aucun embarras pour continuer de les prêter à ces grands luminaires que leur éloignement et leur beauté mettaient comme en dehors et au-dessus du monde matériel. A mesure même qu'on retirait à la matière quelques-unes de ces propriétés supérieures dont l'avait investie l'illusion première, on cherchait un sujet auquel les rattacher, et on le trouvait, surtout, dans le plus éclatant, dans le plus bienfaisant, dans le plus nécessaire de tous : dans ce Soleil, dont chaque matin on attendait le retour avec une impatience qui, pendant longtemps, dut être mêlée d'une certaine inquiétude.

Quand l'évolution religieuse suit sa marche normale, la pensée ne s'en tient point là. Dans son travail constant, elle fait avec le temps de nouvelles découvertes. Elle a, par hypothèse, rapporté les phénomènes à un certain nombre de causes, qu'elle a appelées les dieux. Ces causes commencent à lui paraître d'importance inégale, et elle établit une hiérarchie entre les dieux; plus tard, elle se demande si plusieurs de ces causes ne font pas double emploi, si, sous des apparences diverses et sous des noms différents, elles sont autre chose qu'une même force, que l'application d'une même loi. Elle va donc ainsi, réduisant et simplifiant, jusqu'au moment où, de réduction en réduction, elle se trouve conduite, par la logique de son analyse, à reconnaître et à proclamer le principe de l'unité de cause. C'est le monothéisme qui succède au polythéisme.

En Égypte, la spéculation religieuse a été jusqu'au seuil de cette doctrine ; elle l'a entrevue par instants et, du regard, elle en a sondé les profondeurs ; mais cette conception, dernier terme de l'effort tenté par une élite de prêtres qui étaient les philosophes de ce temps-là, n'est jamais descendue, n'a jamais pénétré dans la masse du peuple. D'ailleurs, par la manière dont la présentait la théologie égyptienne, ellle s'accommodait très bien du polythéisme populaire, et même du fétichisme. La théorie des émanations conciliait tout. Les dieux du Panthéon égyptien, c'étaient les différentes qualités de la substance infinie, les manifestations diverses d'une même force créatrice. Ces qualités, ces énergies ne se révélaient qu'en tombant dans le monde de la forme ; elles s'y déterminaient, elles y apparaissaient, par un mystérieux enfantement, dans une suite de générations divines. Pour atteindre les dieux, pour mettre la main sur eux par le sacrifice et par la prière, il fallait bien qu'ils fussent quelque part, que chacun d'eux eût un corps et un domicile. L'imagination était donc dans son droit, en commençant à distinguer et à définir les dieux. Les artistes font œuvre pie en poursuivant ce travail ; ils reprennent l'esquisse à peine ébauchée, et ils appuient sur le contour ; par la précision de leur trait et par la répétition d'une même image, ils achèvent de fixer l'image et la physionomie de chaque figure divine; on pourrait presque dire qu'ils créent ainsi les dieux.

Dans les siècles mêmes où le génie du peuple s'élève aux idées les plus hautes et les plus raffinées qu'il lui ait été donné d'atteindre, les trois états successifs par lesquels passe l'esprit humain dans son développement religieux, coexistent au sein de la nation. Quelques penseurs, plus ou moins isolés, cherchent déjà la formule du monothéisme. L'élite de la nation, le roi, les prêtres, les guerriers adoraient Ammon et Phtah, Chons et Mouth, Osiris et Horus, Sekhet, Isis, Néphtys et bien d'autres encore, toutes divinités plus ou moins abstraites, dont chacune présidait à un ordre spécial de phénomènes.

Quant au bas peuple, il savait bien le nom de ces dieux et l'associait, par sa présence, aux honneurs qui leur étaient rendus dans les grandes fêtes publiques; mais ses hommages et sa foi allaient, surtout, à des dieux concrets, tels que les animaux sacrés, les bœufs Apis et Mnévis, le bouc de Mendès, l'ibis, l'épervier, etc. Ces respects prodigués à l'animal, étaient une des particularités qui avaient le plus vivement frappé les voyageurs grecs, comme nous le prouve le récit d'Hérodote.

On a déjà rencontré dans ces pages, le nom de la plupart des grands dieux de l'Égypte; or, chacun de ces dieux a commencé par n'être qu'une divinité locale, le dieu particulier d'un nome et d'une ville. Quand la ville dont il était originaire devenait capitale, il montait en grade, si l'on peut ainsi parler, avec sa cité natale et avec la dynastie qui en était sortie, pour l'imposer à toute l'Égypte ; il prenait alors, ce que l'on peut appeler : un caractère et un rôle national. Une autre cité et une dynastie nouvelle venaient-elles, plus tard, à s'emparer de la suprématie politique, c'était un nouveau dieu qui s'élevait au premier rang ; mais celui qui, pendant plusieurs siècles, avait régné sur toute l'Égypte, gardait toujours quelque chose de l'importance qu'il avait prise au temps de sa domination incontestée.

Les deux premières dynasties qui créent l'unité de l'Égypte, ont leur capitale dans le nome d'Abydos, où était le tombeau d'Osiris ; c'est pendant leur règne que se répand, d'un bout à l'autre de la vallée du Nil, le culte de cet Osiris qui semblait à Hérodote, avec Isis, le seul que tous les Égyptiens s'accordassent à vénérer. Sous les dynasties suivantes, qui résident à Memphis, c'est Phtah, le grand dieu de Memphis, qui conquiert les premiers honneurs ; mais, comme par une sorte de transaction, sous les noms de Phtah-Osiris, de Phtah-Sokar-Osiris, il se confond souvent avec le grand dieu d'Abydos. Si Toum, le dieu principal d'Héliopolis, reste toujours au second plan, c'est qu'Héliopolis n'a jamais donné naissance à une dynastie puissante et qu'elle n'a pas été ville royale. Pendant toute cette période, il n'est pas question d'Ammon, dieu local de Thèbes ; les monuments ne présentent guère son nom avant la onzième dynastie; mais, avec le premier empire thébain, il commence à faire figure en Égypte. Au temps des Hycsos, c'est Soutekh ou Set, leur dieu national, qui tend à repousser dans l'ombre les anciennes divinités égyptiennes; mais avec Ahmès Ier, la victoire de Thèbes, fait d'Ammon le dieu national, et nous verrons par quels magnifiques édifices l'ont honoré les rois des brillantes dynasties thébaines. Aten, le disque solaire, lui aurait succédé, si la nouvelle capitale d'Aménophis IV à Tel-el-Amarna et le culte qu'il avait inauguré, n'avaient pas eu une existence tout éphémère; mais Thèbes et Ammon reprennent bien vite le dessus. Au contraire, sous les princes Saïtes, quand le centre de gravité de l'Égypte s'est transporté dans le Delta, ce sont les dieux de cette région, c'est, surtout, Neith, qui tiennent la première place dans les préoccupations religieuses de l'Égypte. Sous les Perses, on revient à Ammon, comme au protecteur qui peut rendre à la nation son indépendance et sa puissance d'autrefois; mais, sous les Ptolémées, c'est surtout à Horus et à Hathor que l'on élève des temples. Plus tard encore, sous l'empire romain, c'est le culte de l'Isis de Philœ qui devint le plus populaire; il se prolonge, dans le sanctuaire de cette île, jusqu'au VIe siècle de notre ère.

Ces dieux se partagent par groupes de trois; chacun de ces groupes est constitué comme une famille humaine; il comprend le père, la mère et le fils que le couple divin enfante de toute éternité. C'est ainsi que, de triade en triade, le dieu caché développe éternellement ses qualités souveraines, ou plutôt que, suivant l'expression chère aux écoles religieuses de l'ancienne Égypte, « il crée ses propres membres, qui sont les dieux ».

Les dieux de l'Égypte n'étaient pas isolés, indépendants les uns des autres. Dans la conception primitive, ce sont les agents d'une force primordiale, d'un Dieu un et incréé, dont ils personnifient les divers attributs; ils ont reçu un rôle particulier dans une immense opération, qui est la révélation divine dans ses rapports avec l'humanité; la religion égyptienne conçoit le monde et l'ensemble des choses comme un drame vivant qui commence en Dieu pour aboutir à l'homme. On y sent palpiter l'âme de ce peuple auguste qui fut si noblement préoccupé de la mort et de la destinée de l'homme après cette vie. On aurait tort de s'arrêter à la variété infinie des types que présente le panthéon égyptien, ce serait en méconnaître le sens intime et profond; il suffit d'entrer dans un musée comme celui de Guizeh où abondent ces anciens types, ces divinités, ces symboles pour être frappé du caractère sérieux de ces figures, sur lesquelles les siècles écoulés ont laissé la trace des longues méditations; l'Égypte a beaucoup réfléchi sur le problème de la vie, elle a sondé ses abîmes; elle y a mis son cœur, sa vie tout entière; c'est dans les tombeaux qu'on la retrouve, pensive, émue, penchée sur ses chères momies ; elle interroge la mort, et pour la vaincre, elle a créé ses dieux ; ceux-ci sont, pour elle, l'explication des mystères de la vie, la réponse aux mystères qui la tourmentent, le bien et le mal, la lumière et les ténèbres, la mort et la vie ; la lutte incessante des principes opposés est personnifiée dans des personnages divins qui agissent, combattent, triomphent, non point dans un empyrée inaccessible, mais sous les yeux de l'homme, qui est l'enjeu de ces grands combats. Nous avons donc affaire à une théologie véritable, à une science supérieure, qui est la philosophie suprême de l'histoire, telle que les prêtres égyptiens l'avaient conçue ; nous n'avons pas affaire non plus à un panthéisme nuageux, abstrait, dans lequel la personne divine comme la personne humaine va se dissolvant ; le système religieux de l'Égypte est le polythéisme philosophique, appelé par Champollion monothéisme-panthéistique, dans lequel les dieux sont les agents d'une pensée supérieure, d'un Dieu supérieur, invisible et incompréhensible.

Ce Dieu des Égyptiens était un être parfait, doué d'une science et d'une intelligence infinie. Il est « *Un, unique, celui qui existe par essence, le seul qui vive en substance, le seul générateur dans le ciel et sur la terre qui ne soit pas engendré ; le père des pères, la mère des mères. Toujours égal, toujours immuable dans son immuable perfection, toujours présent au passé comme à l'avenir, il remplit l'univers sans qu'image au monde puisse don-*

ner, *même une faible idée de son immensité : on le sent partout, on ne le saisit nulle part* [1] ».

Ce Dieu incréé devient créateur; il sort de lui-même, et chacune de ses manifestations est un Dieu : de là, un grand nombre de dieux qui représentent les divers attributs personnifiés du Dieu unique. « L'Égypte, dit M. Maspero, connut autant de dieux uniques qu'elle avait de grandes cités et même de temples importants [2]. »

Telle était, dans ses traits généraux, la religion égyptienne, encore imparfaitement connue; nous devons reconnaître qu'elle ne manquait pas de grandeur; mais elle s'altéra dans le cours des siècles, et l'idée de l'incarnation divine dans les hommes, d'abord, et les animaux ensuite, se perdant de plus en plus, une grossière superstition étouffa peu à peu le mythe primitif.

1. *Livre des morts ou Rituel funéraire*, ch. XVII, 1.
2. Maspero, *Sur l'Ennéade. Bibliothèque égyptologique*, t. II, p. 390.

DESTINÉE DE L'HOMME

La vie de l'homme était assimilée à la marche du soleil dans le ciel, et sa mort, au coucher de l'astre qui, disparaissant à l'occident, renaît le lendemain, victorieux des ténèbres. L'existence terrestre était considérée comme une journée solaire, et la mort comme une image de la course du soleil dans la région souterraine qu'il était censé parcourir après s'être dérobé aux yeux des hommes. L'Égyptien descendu dans l'hypogée, devenait un Osiris (Soleil nocturne) et ressuscitait en Horus (Soleil levant).

L'éternelle jeunesse de la divinité était conçue comme résultant d'un perpétuel renouvellement; aussi, Horus, fils et successeur d'Osiris, est-il nommé « le vieillard qui se rajeunit ». Cette prérogative divine, le renouvellement, la rénovation, est la récompense promise aux justes; les coupables seuls seront anéantis. Tel est, en substance, le dogme de la vie future chez les Égyptiens; il est nettement formulé par ces mots du chapitre xxxviiie du *Rituel funéraire* : « Je recommence la vie après la mort, comme le soleil chaque jour. »

Chez les anciens Égyptiens, l'homme n'était pas

composé de la même manière qu'il l'est chez nous. Il n'avait pas, comme nous, un corps et une âme ; il avait d'abord un corps puis un double *(Ka)*. Le double était comme un second exemplaire du corps en une matière moins dense que la matière corporelle, une projection colorée, mais aérienne de l'individu, le reproduisant trait pour trait : enfant s'il s'agissait d'un enfant, femme s'il s'agissait d'une femme, homme s'il s'agissait d'un homme. Plus tard, les idées s'élevant, on reconnut dans l'homme un être moins grossier que le double, mais doué toujours des mêmes propriétés que la matière, une substance que l'on considéra comme étant l'essence de la nature humaine et que l'on se figure sous forme d'un oiseau *(Baï)*, ou bien, une parcelle de flamme ou de lumière, qu'on nomma *Khou*, la lumineuse. Chacune de ces âmes avait des facultés diverses et ne subsistait pas dans le même milieu que les autres. Le double vivait dans le tombeau et ne le quittait jamais. Le Baï s'envolait vers « l'autre terre », comme une grue huppée ou comme un épervier à tête et à bras d'homme ; il pouvait, à son gré, quitter la tombe ou y rentrer. Le Khou, instruit ici-bas de toute sagesse humaine et muni de tous les talismans nécessaires pour surmonter les périls surnaturels, abandonnait notre monde pour n'y plus revenir et se joignait au cortège des dieux de lumière pour s'absorber éternellement dans la contemplation des sublimes vérités. Ces diverses définitions sont contradictoires et auraient dû se détruire l'une l'autre ; mais les Égyptiens, à mesure qu'ils modifiaient la condition de leur âme, ne surent pas la débarrasser des notions qu'ils avaient entretenues antérieurement. Ils crurent au Baï et au Khou, sans cesser pour cela de croire au double, et chaque homme, au lieu de n'avoir qu'une seule âme répondant à la dernière conception que se faisaient ses contemporains de l'âme humaine, eut plusieurs âmes répondant à toutes les conceptions que les dévôts s'étaient faites depuis le début [1].

1. Maspero, *Études égyptiennes*, t. I, p. 191.

ANCIEN EMPIRE

DE LA Ire A LA XIe DYNASTIE (DE 5004 A 3064 ANS AVANT J.-C.)[1]

LES PYRAMIDES

C'est par les pyramides que s'ouvre la série des tombes de l'Ancien-Empire.

Les pyramides qui existent en Égypte sont toutes dans la partie inférieure de l'Égypte moyenne, sur la gauche ou à l'ouest du Nil, entre le Delta et le Fayoum.

Il en existe une centaine environ, répandues du Nord au Sud sur un espace d'une dizaine de lieues. Elles varient beaucoup quant à leurs dimensions et à leur état de conservation, plusieurs sont tout à fait ruinées. Elles forment un certain nombre de groupes plus ou moins espacés, qu'on distingue, d'après les villages actuels qu'ils avoisinent, en pyramides d'*Abouroach*, de *Gyzeh*, d'*Abousir*, de *Sakkarah*, de *Dachour*, de *Matanyeh* et de *Meydoum*.

---

[1]. Ces chiffres sont fournis par Manéthon. Voy. Mariette, *Aperçu de l'histoire d'Égypte*.

De tous ces monuments, les plus grands et les plus connus sont les trois pyramides de Gyzeh ; ce sont aussi (sauf la pyramide ruinée d'Abouroach) les plus septentrionales et les seules que l'on veut désigner communément quand on prononce le nom de *pyramides*.

L'exploration de ces édifices et le déchiffrement des textes égyptiens ont confirmé, de la manière la plus formelle, l'assertion de ceux des écrivains grecs qui ont le mieux connu l'Égypte, d'Hérodote, par exemple [1], de Diodore [2] et de Strabon [3] : les pyramides sont des tombeaux. Ce sont des tombeaux massifs, pleins, bouchés partout, même dans leurs couloirs les plus soignés ; ce sont des tombeaux sans fenêtres, sans portes, sans ouverture extérieure. Elles sont l'enveloppe gigantesque et à jamais impénétrable d'une momie. On ne saurait, pour prétendre leur attribuer une autre destination, invoquer, comme argument, l'énormité de leurs dimensions ; on en trouve, en effet, qui n'ont que six mètres de hauteur. Notons, d'ailleurs, qu'il n'est pas en Égypte une pyramide, ou plutôt un groupe de pyramides qui ne soit le centre d'une nécropole, et que par là le caractère funéraire de ces monuments est déjà suffisamment indiqué. Il est encore plus amplement certifié, si c'est possible, par le sarcophage

---

1. Hérodote, II, 127.
2. Diodore, I, 64, 4.
3. Strabon, XVII, p. 1161, c.

que l'on a toujours retrouvé dans la chambre intérieure, vide le plus souvent, parce que la pyramide avait été déjà visitée et dépouillée, pendant l'antiquité ou au moyen âge; mais parfois intact, comme c'est arrivé pour celui de Mycerinus.

Les pyramides étaient des monuments hermétiquement clos; nous aurions pu l'assurer en quelque sorte *à priori* sachant quelles préoccupations les Égyptiens portaient dans l'arrangement de leurs sépultures; nous en avons, d'ailleurs, la preuve directe. Quand, au ixe siècle, le khalife Al-Mamoun voulut pénétrer dans la grande pyramide, il ne put le faire qu'en perforant violemment la face Nord à peu près sur la ligne de son centre, ce qui le fit tomber par hasard à l'intérieur sur le couloir montant. Pour qu'il ait employé ce moyen au risque de ne rencontrer jamais que le plein de la maçonnerie et de ne pas aboutir, il faut qu'aucun indice extérieur ne lui ait signalé la place du corridor par lequel avait été introduite la momie. Le revêtement, à ce qu'il semble, était alors à peu près intact; par suite, il n'y avait pas de décombres accumulés à la base de la pyramide, et ses quatre faces devaient présenter, du haut en bas, une apparence à peu près uniforme. Ce qui donna l'idée d'attaquer le massif de ce côté plutôt que d'un autre, ce fut, peut-être, une tradition qui se serait vaguement transmise au sujet de l'ancienne entrée; en effet, dans toutes les pyramides que l'on a fouillées jusqu'ici, cette entrée se trouvait sur la face Nord. Peut-être aussi les Arabes furent-ils mis sur la voie par les traces qu'avaient laissées des tentatives antérieures, datant du temps des Perses ou du temps des Romains [1].

Epaisse et colossale enveloppe du cadavre, comme nous l'avons définie, la pyramide renferme deux parties que nous avons signalées comme constituant la tombe égyptienne ; elle renferme le puits et le caveau. Quant à la chapelle funéraire, il eût été difficile de la ménager dans l'intérieur du massif. Elle eût été comme écrasée par le poids des matériaux qui se seraient accumulés au-dessus d'elle ; tout éclairage autre que celui de la porte eût été d'ailleurs impossible et on n'aurait jamais pu donner à cette pièce que des dimensions très restreintes. On avait donc pris un parti différent de celui que l'architecte avait adopté pour les Mastabats [2] ; la partie ouverte et publique de la tombe avait été séparée de la partie secrète, de la partie qui devait rester à jamais fermée aux pas et aux regards de l'homme. A quelque distance de la face orientale, on avait érigé le temple

1. Strabon connaissait l'existence du couloir qui mène au caveau funéraire. Voici comment il s'exprime à ce sujet : « Les pyramides ont, sur les côtés, à peu près vers le milieu de la hauteur, une pierre qu'on peut ôter ; lorsqu'on l'a fait, on trouve un passage tortueux qui conduit au cercueil » (XVII, p, 1161. c).

2. Mastaba, mot arabe pour désigner les tombes de l'Ancien-Empire, dont le plan est un rectangle.

où les successeurs du prince enseveli dans la pyramide, et les prêtres attachés au service du monument viendraient accomplir les rites prescrits. Les débris de cet édifice, appendice nécessaire de la pyramide, se laissent encore reconnaître à l'Est de la seconde et de la troisième pyramide ; on ne les aperçoit plus auprès de celle de Chéops ; mais, on peut l'affirmer, celle-ci, comme les autres, a eu sa chapelle extérieure que la main des hommes a détruite, ou bien que le sable cache à nos yeux.

Le seul caractère commun que présentent d'ailleurs tous ceux des monuments de l'Ancien-Empire que l'on désigne sous le nom générique de pyramides, c'est d'avoir tous quatre côtés. A cela près, ces édifices, dès qu'on les examine avec quelque attention, offrent à l'observateur des diversités bien plus marquées qu'on ne serait tenté de le croire au premier abord. De *Meïdoum,* au sud, jusqu'à *Abou-roach*, au nord, il y a 69,000 mètres à vol d'oiseau ; entre ces deux points, qui limitent ce que l'on peut appeler la région des pyramides, on en compte environ une centaine, dont soixante-sept ont été examinées par Lepsius ; or, à vrai dire, il n'en est pas deux qui se ressemblent à tous égards et qui paraissent les copies d'un même modèle. Nous ne parlerons même pas de la hauteur ; elle varie dans de très larges limites. Les trois grandes pyramides de Gyzeh ont, dans leur état actuel, 137, 135 et 66 mètres d'élévation verticale ; or, à leur pied, comme des nains faisant cortège à des géants, se dressent plusieurs petites pyramides qui n'ont guère plus de 15 à 20 mètres de haut. Entre ces extrêmes on pourrait insérer, dans la série, bien des intermédiaires ; la pyramide à degrés, près de Sakkarah, a 65 mètres environ, la plus grande des pyramides d'Aboussir, à peu près 50, et l'une de celles de Dachour n'atteint pas 30 mètres.

Ces différences de hauteur si marquées s'expliquent aisément par une habitude à laquelle nous avons déjà fait allusion : chaque Égyptien, dès qu'il avait l'âge de raison et qu'il songeait à l'avenir, s'occupait de préparer son propre tombeau ; il creusait le puits et le caveau, il faisait tailler le sarcophage et bâtir la chapelle funéraire. Cependant, il arrivait très souvent que les personnes qui avaient commandé ces travaux mouraient de bonne heure. Les héritiers, à ce qu'il semble, se contentaient alors de faire le strict nécessaire ; ils plaçaient, suivant les rites prescrits, la momie dans le sarcophage ; ils comblaient le puits et en bouchaient toutes les avenues ; mais, occupés de leur propre sépulture, ils ne continuaient pas la décoration de la chapelle ; celle-ci restait inachevée. C'est ainsi, seulement, que l'on s'explique l'état dans lequel ont été trouvées, soit à Memphis, soit à Thèbes, plus d'une tombe importante ; tandis que, sur l'une des parois de la chambre, les sculptures ou les peintures ont été terminées avec le plus grand soin, tout à côté, sur un autre mur, on ne voit que l'esquisse du dessin, tracée à l'encre rouge, de la main d'un premier artiste, celui qui avait été chargé de composer l'ensemble du décor et de tracer le contour des figures. L'exécution s'est trouvée arrêtée par la mort subite du propriétaire de la tombe.

Il en était de même pour les tombes royales. Chaque souverain, aussitôt qu'il montait sur le trône, commençait la construction de sa pyramide; mais, comme il pouvait se faire qu'il ne lui fût accordé que peu d'années de vie et de règne, il commençait par s'assurer une sépulture convenable en pressant le travail jusqu'à l'achèvement d'une pyramide de moyenne dimension, pourvue de son caveau. Ce point gagné, il avait l'esprit en repos; mais ce n'était pas une raison pour interrompre le travail commencé; plus la pyramide serait haute et large, mieux elle protégerait le dépôt qui lui aurait été confié; plus aussi elle donnerait à la postérité une grande idée de la puissance du roi qui l'aurait bâtie. D'année en année, il employait donc plus d'ouvriers à dresser, tout au tour de la pyramide, d'abord une, puis plusieurs couches extérieures de briques ou de pierre, épaisses chacune de 5 à 6 mètres; chaque couche augmentait ainsi graduellement la grosseur et l'élévation du monument auquel la petite pyramide élevée à la hâte, dès le début du règne, servait comme de noyau. La construction commençait ainsi par le centre et se développait vers le dehors à la manière de l'aubier dans les arbres. A mesure que la pyramide s'épaississait et montait, chaque nouvelle enveloppe devait exiger plus de bras et plus de temps. Nous n'avons aucune raison de croire que l'on s'astreignit à terminer chacune d'elles dans un délai déterminé ; il serait donc chimérique de vouloir calculer la durée d'un règne, comme on le fait pour l'âge d'un arbre, par le nombre de ses couches concentriques ; mais on peut dire, d'une manière générale, que les plus hautes pyramides correspondent aux règnes les plus longs. Nous savons, par les témoignages anciens, que les trois rois qui ont construit les trois grandes pyramides de Gyzeh, Chéops, Chéphren et Mycérinus, ont régné l'un et l'autre plus ou près de soixante ans. L'histoire confirme ainsi l'induction à laquelle on était conduit par l'analogie et par l'étude comparative des procédés de construction qu'ont employés les architectes des pyramides.

La science de construction que révèlent ces monuments est immense et n'a jamais été surpassée. Avec tous les progrès des sciences, ce serait, même de nos jours, un problème bien difficile à résoudre que d'arriver, comme les architectes égyptiens de l'Ancien-Empire, à construire, dans une masse telle que celle des pyramides, des chambres et des couloirs intérieurs qui, malgré les millions de kilogrammes qui pèsent sur eux, conservent au bout de soixante siècles toute leur régularité première et n'ont fléchi sur aucun point.

Parmi les causes qui rendent si inégales de hauteur et si diverses d'aspect toutes ces tombes royales, il faut donc compter, en première ligne, la durée très inégale des règnes; si nous étions mieux renseignés sur l'histoire de l'Égypte pendant cette période, il y aurait encore à tenir compte d'autres conditions qui, dans l'état actuel de nos connaissances, nous échappent complètement.

Suivant que le pouvoir se transmettait paisiblement du père au fils, ou bien que la famille régnante disparaissait soit par l'extinction de cette race royale, soit à la suite d'une révolution intérieure, il y avait plus ou moins de chance pour que, de la base à la pointe, la pyramide fût revêtue de son enveloppe de pierre dure, ou bien pour qu'elle restât à peu près telle que son fondateur l'avait laissée au moment de sa mort. Il est même possible que telle pyramide, qui n'a plus l'air aujourd'hui que d'un monceau de décombres, n'ait jamais reçu la dépouille du prince qui en avait décidé et commencé l'érection.

Même variété dans les matériaux employés. Les grandes pyramides de Gyzeh sont bâties en belle pierre calcaire du Mokattam et de Toura. La principale pyramide de Sakkarah est faite d'un mauvais calcaire argileux, tiré des roches voisines; à *Dachour* et à *Abou Roach* on trouve des pyramides bâties en briques crues. Il y a, enfin, des pyramides dont le corps est en pierre, mais où cette pierre est maintenue par une sorte d'ossature en briques d'un travail très soigné; tel est le cas pour la pyramide d'*Illahoun,* à l'entrée du Fayoum.

Pyramide d'Illahoun.

Il en est de même pour la place qu'occupe le caveau. Tantôt la pyramide le renferme dans ses flancs : c'est ce que l'on rencontre notamment dans la pyramide de Chéops ; tantôt elle ne fait que le recouvrir et, comme dans le mastabat, la chambre du sarcophage est tout entière creusée dans le roc ; c'est le cas de la pyramide de Mycérinus, où le plafond de cette chambre se trouve à une dizaine de mètres au-dessous des assises inférieures de la construction. Il en est de même de la pyramide à degrés, où tout le système compliqué de couloirs et de caveaux qui distingue ce monument est taillé en pleine roche, tandis que la pyramide elle-même ne forme tout entière qu'une masse pleine, où aucun vide n'a été ménagé. La plupart des pyramides n'ont qu'une ou deux entrées, donnant accès à des couloirs étroits, tantôt montants, tantôt descendants, qui conduisent à une ou deux chambres dont les dimensions sont très petites, en proportion de la masse énorme de cette maçonnerie compacte. Dans la partie souterraine de la pyramide à degrés de Sakkarah, le rapport des vides aux pleins est tout autre ; il serait figuré par un chiffre bien plus élevé. Seule cette pyramide, qui est, d'ailleurs, bien moins exactement orientée que les autres, a deux entrées et une série de passages intérieurs, de couloirs horizontaux, d'escaliers, de chambres, de caveaux qui font ressembler à un labyrinthe l'ensemble de ces souterrains. Seule, enfin, elle présente dans son axe et comme point central de tous les chemins qui y aboutissent à différents étages, une sorte de large puits, une chambre de 20 pieds de largeur, de 80 pieds de hauteur, dans le dallage de laquelle un énorme bloc de granit, taillé exactement en bouchon, peut à volonté se déplacer et livrer passage pour descendre à un caveau inférieur, dont la destination est difficile à fixer, puisque ce caveau est trop petit pour avoir jamais contenu un sarcophage. C'est au milieu des sables environnants que débouche le long couloir par lequel on arrivait aux trente caveaux que l'on a comptés dans le sous-sol de cette pyramide.

Autre différence : la plupart des pyramides ont été construites autour d'une saillie de la surface rocheuse d'un noyau de roc auquel se relient et qu'enveloppent les assises inférieures ; il en est tout autrement dans la pyramide de Mycérinus. Là, le rocher présentait une dépression qui a été comblée par la maçonnerie.

D'ordinaire, on a profité de ces inégalités du plateau pour faire une économie sur la construction ; ici, au contraire, on n'a pas craint d'augmenter le travail en choisissant, pour y dresser le monument, un creux naturel du plateau.

La diversité n'est pas moins sensible dans l'ensemble de la forme, dans l'aspect extérieur que présentent les pyramides. Ce sont les grandes pyramides de Gyzeh que l'on voit partout reproduites ; l'image en a été multipliée à l'infini par la photographie et par la gravure ; mais on se tromperait fort en se figurant toutes les tombes royales des environs de Memphis comme des épreuves d'un même modèle, coulées dans des moules de différentes grandeurs. Toutes n'ont pas cette simplicité et cette régularité de forme, cette pente continue du sommet à la base, ces parements lisses ou qui du moins l'ont été quand le monument était encore intact. La pyramide méridionale de Dachour nous fournit une variante des plus curieuses du thème traditionnel. Chacune de ses arêtes offre à l'œil, non pas une ligne droite, mais une ligne brisée; vers le milieu de la hauteur totale de chacune des faces, l'inclinaison change d'une manière très sensible. L'angle que fait avec l'horizon la partie inférieure du parement est de 54° 41, tandis que celui d'en haut ne mesure plus que 42°,59; ce dernier est à peu près le même que celui de la pyramide voisine (43° 36). On n'a recueilli jusqu'à présent aucun indice qui nous apprenne quand et pour qui cette pyramide a été construite.

Une seconde variante, plus éloignée encore du type classique de la pyramide, c'est la grande pyramide de Sakkarah, ou *pyramide à degrés*, que Mariette regarde comme la plus ancienne de toutes; se fondant sur un passage de Manéthon, il se croit en droit de l'attribuer, avec beaucoup de vraisemblance, au quatrième roi de la première dynastie, Ouénephès; il incline à y voir la tombe des Apis de l'Ancien-Empire. L'élévation actuelle en est de 65 mètres environ. Chacune de ses faces se divise en six larges gradins à pans inclinés ; de la base au sommet, la hauteur de ces degrés va toujours en diminuant ; elle varie ainsi entre 11 m. 48 et 8 m. 89. D'un étage à l'autre, le retrait est d'à peu près 2 mètres. Par l'inclinaison des pans et par l'effet du retrait, cet édifice tend donc vers la forme pyramidale plutôt qu'il ne l'atteint ; c'est une pyramide à l'état d'ébauche.

Cette imperfection provient-elle d'un accident, ou bien les hommes qui construisirent cette tombe ne savaient-ils pas encore tirer de la forme pyramydale tout le parti qu'elle comporte [1] ? Si la conjecture de Mariette est fondée, la pyramide à degrés serait le monument le plus ancien, non pas de l'Égypte seulement, mais du monde ; dans le siècle reculé qui la vit se dresser sur le bord du désert, on n'avait peut-être pas encore pris l'habitude de remplir les angles obtus que dessinaient ces gradins ; on se contentait peut-être de cette sorte d'approximation et d'esquisse.

Faut-il voir des pyramides inachevées dans deux autres monuments dont il nous reste à parler, dans la *pyramide de Meïdoum* et dans le *Mastabat-el-Faraoun ?* Nous ne le croyons pas, quoique, pour le premier de ces édifices, on ait

---

1. Toutes les pyramides sont orientées, c'est-à-dire que leurs deux côtés Est et Ouest prennent la direction Nord-Sud. La pyramide à degrés dévie seule de 4° 35 vers l'Est, soit par suite de la négligence de ses constructeurs, soit parce que, à l'époque très reculée à laquelle elle remonte, une orientation à peu près exacte ait été regardée comme suffisante, soit enfin, parce qu'à cette même époque on ne savait tracer une méridienne qu'approximativement.

soutenu cette opinion. Ces deux tombeaux nous paraissent représenter un autre type d'architecture funéraire que l'Ancien-Empire aurait créé, en même temps que la pyramide, et qui mérite une mention spéciale.

Les Arabes désignent sous le nom de *Haram el Kaddab* « la fausse pyramide », le monument, haut de 40 mètres, qui attire les regards quand, sur la route du *Fayoum*, on passe par la ville moderne de Meïdoum. C'est, en effet, moins une pyramide, proprement dite, qu'un massif formé de trois tours carrées, à pans inclinés, superposées et en retrait les unes sur les autres. Au-dessus de la troisième on distingue les amorces d'un quatrième étage qui devait terminer le monument; les uns ont cru y reconnaître les débris d'une petite pyramide, les autres, ceux d'un cône. D'après les noms qui se rencontrent dans les mastabats voisins que Mariette et nous avons ouverts et étudiés, il y a lieu de croire que c'est le tombeau de Sénéfrou Ier, l'un des plus grands rois de la troisième dynastie.

Les tombes royales de la région de Memphis ne sont pas toutes des pyramides; on a construit aussi, pour les souverains, des tombeaux composés d'une grande base, qui ont la forme du mastaba, et d'une ou plusieurs hautes tours carrées, à pans inclinés, posées sur cette base, le tout se terminant par une pyramide de petite dimension que nous appellerons, à cause de son rôle secondaire, un *pyramidion*. Ce type comportait des combinaisons très variées, dont plusieurs nous sont révélées par des monumeuts d'une époque postérieure.

En effet, de tout temps, la pyramide a continué d'être employée, en Égypte, comme amortissement, comme motif terminal. Abydos et Thèbes nous offrent de nombreux exemples de cet emploi, soit dans des édifices funéraires encore debouts, soit, surtout, dans les représentations de ces édifices que contiennent les bas-reliefs. Quant à la pyramide proprement dite, dépourvue de base et composant à elle seule tout le tombeau, elle appartient proprement à la période Memphite. Les princes de la douzième dynastie paraissent en avoir construit encore quelques-unes dans le Fayoum : les pyramides d'*Hawara* et d'*Illahoun* répondraient à celles que ces rois auraient élevées parmi les bâtiments du Labyrinthe et dans les îles du lac Mœris. Ce seraient, autant que nous pouvons en juger, les dernières tombes royales que l'Égypte aurait vu construire sur ce plan. Il y a bien aussi à Thèbes, dans la nécropole, sur les rochers de *Drah-aboul-Neggah* des pyramides en briques crues dont quelques-unes paraissent appartenir aux Entef de la onzième dynastie ; mais elles sont de petite taille et d'une construction négligée [1].

---

1. Lepsius, *Denkmaeler*, partie 1, pl. 94 ; — Rhind, *Thebes its tombs and their tenants*, p. 45 ; — Mariette, *Voyage dans la Haute-Égypte*, t. II, p. 80.

Quand l'art égyptien a été en possession de toutes ses ressources, cette forme, toute géométrique, aura semblé trop simple et trop nue ; elle ne comportait pas la variété d'effets et la richesse de décoration dont l'habitude et le goût s'étaient peu à peu répandus.

Cependant, les pyramides n'ont jamais manqué de frapper les yeux et l'imagination des étrangers qui ont visité l'Égypte ; tout y contribuait ; la vénérable antiquité de ces monuments et les souvenirs mêlés de fables qu'y rattachait la tradition populaire, la masse imposante qu'ils présentaient au regard, le vaste espace sur lequel ils étaient répandus, aux portes de la plus grande des villes égyptiennes, sur la limite des terres et du désert. Les peuples qui subirent l'influence de l'Égypte et qui se mirent à son école, ne pouvaient donc guère échapper au désir d'imiter les pyramides, chacun à sa manière. Nous retrouverons la pyramide employée comme couronnement de l'édifice funéraire en Phénicie, en Judée et ailleurs encore ; mais c'est le royaume Éthiopien, cette annexe méridionale de l'Égypte dont il a copié la civilisation, qui s'est le plus appliqué à reproduire le type de la vieille pyramide des pharaons ; comme l'Ancien-Empire, il l'a consacrée à la sépulture de ses princes. Napata, Meroé et d'autres sites encore ont leurs pyramides, qui se comptent par douzaines.

Nous nous dispenserons pourtant d'étudier ces édifices ; comme tous les produits de l'art éthio-

LES PYRAMIDES

Pyramide de Meroé.

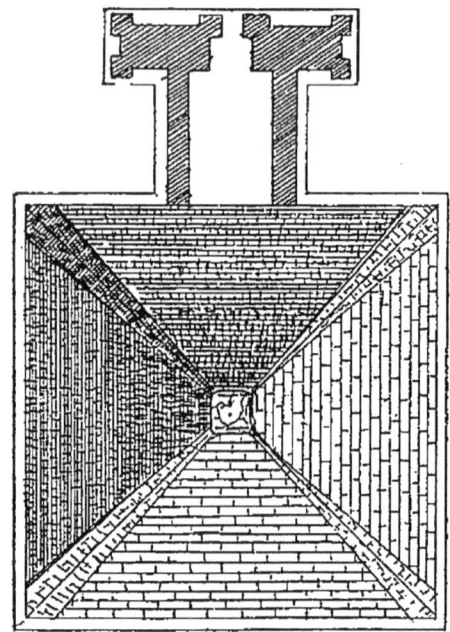

Plan de la pyramide de Meroé.

pien, ils n'ont rien d'original ni d'intéressant. Le peuple qui habitait la région que nous appelons aujourd'hui la Nubie et le Soudan avait bien réussi, mille ans environ avant notre ère, à recouvrer son indépendance politique ; mais il n'était pas assez richement doué pour s'inspirer librement des leçons de ses maîtres. Même pendant la courte période ou des rois éthiopiens dominèrent sur l'Égypte affaiblie et morcelée, l'Éthiopie resta l'élève et l'imitatrice assez gauche de l'Égypte. Pour ne parler que de ses pyramides royales, elle n'a jamais su leur donner ce caractère de grandeur auquel les pyramides voisines de Memphis doivent surtout leur effet et l'impression qu'elles produisent; elle leur a, de plus, attribué des proportions effilées qui en changent sensiblement le caractère. En Égypte, dans les monuments de ce genre, la ligne de la base est toujours plus longue que celle de la hauteur verticale ; sur le Haut-Nil, ce rapport est renversé [1] ; ces édifices perdent ainsi quelque chose de cette apparence d'indestructible solidité qui en est comme l'expression naturelle; ils semblent tenir

---

1. Ainsi, la grande pyramide de Gyzeh ayant, dans son état actuel, 137 mètres de hauteur, la longueur de chacune des quatre faces de la pyramide à sa base est de 227 m. 30. Prenons au contraire les pyramides de Gebel-Barkal (Napata). Celle que l'on appelle la troisième a 10 m. 50 de base et 18 m. de hauteur; la cinquième a 11 m. 57 de base et 15 m. 40 de hauteur. La proportion varie, on le voit, d'une pyramide à l'autre ; mais toujours la hauteur est représentée par un chiffre plus élevé que celui qui donne la mesure de la base.

tout à la fois de l'obélisque et de la pyramide. Ajoutez à cela qu'un goût inintelligent les a surchargés d'ornements qui leur conviennent mal ; ainsi leur partie supérieure porte le plus souvent, dans la face de l'Est, car elles sont orientées, une fausse fenêtre surmontée d'une corniche ; or, peut-on imaginer un motif qui soit moins à sa place, qui s'explique moins pour l'œil et pour l'esprit ?

C'était par un pyramidion que se terminaient les pyramides de l'Ancien-Empire. Ce couronnement posé, les ouvriers chargés de mettre la dernière main à l'ouvrage, descendaient d'assise en assise, sur chacun des quatre immenses perrons que les quatre faces présentaient au regard avant qu'eût été commencé le travail du revêtement. C'est ce qu'Hérodote avait déjà très bien vu. Toute autre méthode eût été bien plus pénible et plus dangereuse. Une fois la pente rendue continue par l'opposition d'une enveloppe lisse, comme cette pente avait un angle de 51 à 52 degrés, on n'aurait pu s'y retenir et s'y mouvoir qu'à l'aide d'un système très compliqué de cordes et d'échelles ; qui, plus est, à moins de laisser, de place en place, des trous qu'il aurait fallu boucher plus tard, les points d'appui auraient manqué pour installer les machines chargées d'élever les matériaux ; pour que les dimensions de la pyramide fussent considérables, il y aurait eu là des difficultés qui auraient singulièrement compliqué l'opération. Celle-ci devenait, au contraire, des plus aisées, dès que l'on commençait par le haut; les ouvriers circulaient commodément de gradin en gradin. Si les pierres étaient trop lourdes pour qu'on pût les monter en faisant la chaîne, rien n'était plus facile que d'asseoir sur ces larges marches le support des bras de leviers à l'aide desquels on élèverait, d'étage en étage, les plus gros blocs.

A mesure que, leur tâche accomplie, les ouvriers se rapprochaient de la base, ils laissaient au-dessus d'eux une surface polie, formant un talus assez rapide pour que le pied ne pût se poser; c'était le seul moyen d'empêcher que les profanateurs n'escaladassent la pyramide pour la découronner et pour chercher, sur le côté Nord, l'entrée du caveau. Le revêtement était, pour la pyramide, un ornement qui donnait à ses arêtes la continuité sans laquelle toutes ces lignes auraient manqué de fermeté et d'accent; si les matériaux employés étaient de nature diverse, ils pouvaient aussi fournir des effets de couleur qui avaient leur agrément et leur beauté; mais, de plus, c'était une protection, c'était une armure défensive. Tant que la pyramide garde cette cuirasse, la violence n'a, pour ainsi dire, pas prise sur elle et ne sait par où l'attaquer. Au contraire, une fois ce bouclier rompu et percé, ne fût-ce que par endroits, la pyramide est comme désemparée. Le massif intérieur, construit à joints moins serrés et avec des matériaux moins durs, se laisse aisément entamer, et, sous l'action des hommes et des éléments, on voit commencer cette destruction graduelle qui a fait, de certaines pyramides, surtout de celles qui sont bâties en briques, des monceaux de décombres où l'on a parfois quelque peine à reconnaître la forme primitive.

Philon [1], qui paraît si bien informé, nous indique avec quel soin avait été exécuté le revêtement. « Tout l'ouvrage, dit-il, est si bien ajusté et bien poli, que toute cette enveloppe semble ne faire qu'un seul bloc de pierre. » La pyramide de Chéops est, on le sait, tout à fait dépouillée de sa garniture extérieure ; c'est celle de Mycérinus qui nous donne aujourd'hui, le mieux, l'idée du soin avec lequel ce travail avait été exécuté. Toute la partie inférieure est encore revêtue de longs blocs du plus beau granit, assemblés et polis en perfection. Au pied de la grande pyramide, on a retrouvé plusieurs blocs qui ont fait partie du parement de l'édifice [2]. Ils ont la forme trapézoïdale et, comme le remarque Letronne [3], ils attestent que là les pierres du revêtement se superposaient l'une à l'autre, du haut en bas, par

---

1. Philon, auteur grec du IIIe siècle avant notre ère. V. Letronne, *Recherches géographiques et critiques sur le livre : « de mensura orbis terræ »* (in-8°, 1814).

2. D'après Jomard, la pierre qui aurait été employée pour le revêtement de la grande pyramide, est « un calcaire gris, compact, plus dur et plus homogène que la pierre des assises » (*Description de l'Égypte*, t. V, p. 640). Mais, d'après le texte de Philon, ce revêtement était formé de matériaux très variés ; il ne faut donc pas s'étonner si l'on signale des blocs de granit ou d'une autre roche comme ayant fait partie de ce parement.

3. *Journal des savants*, août 1841.

l'extrémité de leur face externe; elles n'entraient point, comme on l'avait supposé d'abord, dans une mortaise pratiquée à l'assise inférieure, mortaise qui aurait répondu à l'encastrement ménagé dans le roc vif sur lequel reposait la première assise. Lorsqu'on posait les blocs entre les deux assises qu'ils devaient recouvrir et cacher, présentaient-ils des angles droits que l'on abattait alors pour prolonger l'alignement du talus? Le plus gros du travail était-il fait d'avance dans la carrière ou sur le chantier et se bornait-on, après la mise en place, à opérer les retouches nécessaires? Nous l'ignorons; il semble bien que, suivant les temps et les architectes, différents procédés furent employés. Nous retrouverions là, si nous entrions dans le détail, cette même diversité que nous avons déjà signalée à propos de la forme des pyramides, de leur disposition intérieure et des matériaux dont elles sont composées.

C'est ainsi que l'on a recueilli, au pied de la pyramide de Chéphren, des prismes triangulaires de granit qui paraissent avoir appartenu à la partie inférieure du revêtement.

Cette coupe de pierre semble, sur le papier, la plus simple de toutes celles que l'on pouvait adopter pour remplir l'angle compris entre les deux gradins; mais elle ne donnait pas à cette garniture la même solidité que la coupe trapézoïdale. Les prismes ne tenaient qu'aux deux assises entre lesquelles ils étaient compris; n'ayant pas d'adhérence les uns avec les autres, ils devaient aisément se disjoindre et glisser; ils étaient plus faciles à enlever. On n'avait plus ici, comme dans l'autre système, une enveloppe homogène, douée d'une épaisseur propre, indépendante en quelque sorte du monument qu'elle recouvrait et le préservant de tout contact.

D'ailleurs, dans cette pyramide, le mode de revêtement ne paraît pas avoir été le même en haut et en bas. Dans la partie supérieure, le talus est fourni par un ciment très dur formé de chaux, de gypse et de fragments concassés de briques cuites au four. Peut-être avait-on voulu, par l'emploi simultané du granit et de ce mortier, obtenir une de ces décorations multicolores dont il est question dans le texte auquel est attaché le nom de Philon; il est possible que d'autres matériaux soient entrés aussi dans la composition de ce revêtement, dont il ne reste que de faibles débris.

Dans d'autres de ces monuments, nous trouvons encore des combinaisons différentes. Dans la pyramide à double pente de Dahchour, les assises du revêtement sont, non pas horizontales, mais perpendiculaires au plan d'inclinaison des faces [1].

Une pyramide de briques située au même endroit (la plus septentrionale de toutes), était revêtue de dalles de calcaire, fixées, sans doute, à force de mortier.

Quelquefois, le travail de ravalement n'a été qu'ébauché; les blocs ont été mis en place, les

---

1. *Description de l'Égypte, Antiquités,* t. V. p. 7.

angles ont été abattus, mais la face inclinée n'a pas encore reçu le dernier poli. Tel a été, par exemple, le cas pour la pyramide de Chéphren ; on y trouve, par endroits, des morceaux de granit qui n'ont été qu'épannelés. Il semble que la patience ait manqué pour aller jusqu'au bout d'un travail aussi effroyablement long et compliqué. A vrai dire, ce qui surprend, ce n'est pas de reconnaître que telle ou telle pyramide n'a jamais été tout à fait achevée ; on serait plutôt tenté de se demander s'il y en a jamais eu une seule que les hommes aient vue complètement terminée, jusque dans les moindres détails. Cette diversité que nous avons partout signalée dans les formes des pyramides et dans les procédés qui ont été employés pour les construire et les décorer, nous les retrouvons dans leur épigraphie. Les premiers explorateurs des pyramides de Gyzeh ont été surpris de n'y rencontrer d'autres traces d'écriture que quelques marques d'ouvriers ; ils se sont étonnés du silence de ces masses énormes ; mais déjà Wyse découvrait dans la troisième pyramide ce sarcophage de Mycérinus et ce cercueil en bois qui porte, avec le nom du roi, une assez longue inscription.

En 1879 et 1880, Mariette faisait ouvrir trois des pyramides de Sakkarah qui étaient restées inexplorées jusqu'à ce jour ; l'une d'elles était vide et muette ; mais les deux autres ont rendu à la science les inscriptions et les sarcophages de la VIe dynastie, Pépi et son fils Mirenri.

On y reconnaissait les fragments d'un rituel funéraire.

En mars 1881, M. Maspero, qui venait de succéder à Mariette comme directeur général des fouilles, ouvrait une pyramide appartenant à un groupe différent, qui se trouvait être la tombe d'Ounas, de la V⁰ dynastie. On rencontra là, ces herses, barrant le passage, que nous avons déjà signalées. Une fois le dernier obstacle franchi, le couloir recommence, d'abord en granit poli, puis en calcaire compact de Tourah. Les deux parois latérales en calcaire sont couvertes de beaux hiéroglyphes peints en vert, et le plafond est semé d'étoiles de même couleur. Ce couloir débouche enfin dans une chambre à moitié remplie de débris, sur les murs de laquelle l'inscription continue. La chambre du sarcophage est, comme la précédente, couverte d'hiéroglyphes, à l'exception de la paroi opposée à l'entrée. Cette paroi, de l'albâtre le plus fin, est revêtue d'une couche d'ornements peints du plus bel effet. Le sarcophage est en basalte noir, sans inscription. Le texte qui couvre les parois de la chambre est identique, sinon entièrement, du moins pour la plus grande partie, au texte qui a été gravé dans la tombe du roi Pépi; il a même sur celui-ci l'avantage d'être complet.

Ces textes renferment une composition analogue à celle qui couvre les parois de certains tombeaux thébains peu connus ; sans présenter de difficultés bien considérables, ils demandent une étude attentive à qui veut les comprendre.

Si les pyramides elles-mêmes portent toujours haut la tête, si malgré l'enlèvement de leur épiderme et la profondeur de leurs plaies béantes, elles paraissent, pour celui du moins qui les aperçoit d'un peu loin, à peine atteintes encore et presque intactes, ce qui s'efface et disparaît, de plus en plus, enseveli sous les remous du sable ou démoli par la main de l'homme, ce sont toutes ces constructions accessoires, toutes ces annexes du monument principal, qui avaient leur place marquée et qui jouaient leur rôle dans cet ensemble. Ce sont, par exemple, ces épaisses et larges chaussées, bâties en gros blocs, merveilleusement ajustés, qui faisaient l'admiration d'Hérodote.[1] Après avoir servi, sans fléchir, au transport de tant de lourds matériaux, elles formaient les avenues vraiment royales par lesquelles, en tout temps, les cortèges funéraires et les visiteurs de passage avaient accès au cœur de la nécropole; dans la plaine, elles étaient au-dessus du niveau de l'inondation, et elles conduisaient, par une pente douce, jusque sur le plateau.

Approchait-on des pyramides? on trouvait le sol, à l'entour de chacune d'elles, soigneusement aplani et recouvert d'un dallage en belles plaques

---

1. Hérodote 1, II, 124. La chaussée qui conduit à la pyramide de Chéops subsiste encore sur une longueur d'environ 400 m.; il y a des endroits où elle domine de plus de 26 mètres la surface du plateau. On distingue une chaussée semblable, à l'est de la troisième pyramide. A Abou Roach, à Abousir et ailleurs, on a retrouvé des restes du même genre.

de calcaire. A ce pavé se rattachait le soubassement ou stylobate qui entourait la pyramide; il est aujourd'hui, presque partout, caché sous l'amoncellement des débris; mais on en a partout constaté l'existence au pied de la pyramide de Chéphren, moins enterrée que les autres; il ajoutait quelque chose, pour l'œil, à la solidité du monument; il en dessinait avec plus de netteté le contour et la base [1]. L'aire ainsi dressée était enclose d'un mur; à l'entrée de cette enceinte, vers l'est, se dressait le temple de la pyramide, sa chapelle funéraire, sans doute, somptueusement ornée. Au pied des montagnes de pierre sous lesquelles dormaient les souverains, de petites pyramides conservaient la dépouille de leurs enfants et de leurs femmes [2]; il en subsiste une

1. *Description de l'Égypte*, t. V, p. 643. Voir aussi dans l'Atlas, *Antiquités*, t. V, pl. XVI, fig. 2. D'après Jomard, le soubassement de la seconde pyramide se compose de deux parties; le corps entier du stylobate a environ 3 mètres de haut et 1 m. 50 de large; mais il repose sur un plus petit socle d'à peu près un mètre.

2. Les membres de la famille royale se faisaient enterrer le plus près possible de la pyramide; ils avaient aussi leurs petites pyramides aujourd'hui presque toutes détruites, mais qui existaient encore en partie, vers le xie siècle de notre ère, quand Abd-el-Latif, célèbre médecin arabe de Bagdad, visita l'Égypte. Voici comment s'exprime à ce sujet cet historien aussi excellent observateur que judicieux narrateur :

« On voyait autrefois à Djizeh, une quatité considérable de
« pyramides, petites à la vérité, qui furent détruites du temps
« de Salah-Eddin Youssef fils d'Ayoub. Leur destruction fut
« l'ouvrage de Karakousch, eunuque grec, qui était un des
« émirs de ce prince..... Karakousch employa les pierres qui

demi-douzaine sur le plateau de Gyzeh et, dans l'une d'elles, on a reconnu cette tombe de la fille de Chéops à propos de laquelle Hérodote nous

« provinrent de la démolition des petites pyramides qu'il fit
« détruire, à la construction des arches que l'on voit présente-
« ment à Djizeh......

« On voit encore aujourd'hui les restes des pyramides détruites
« par Karakousch ; je veux dire les matériaux qui formaient le
« noyau de l'intérieur de ces édifices. Comme ce n'étaient que
« des débris de bâtiments et de petites pierres qui ne pouvaient
« servir à rien pour la construction des archers dont j'ai parlé,
« on les a laissés sur place *. »

* Abdel-Latif, pp. 171-173. Traduction de Sylvestre de Sacy.

On pourrait en quelque sorte reconstituer aujourd'hui, par les renseignements recueillis dans les tombeaux qui se trouvent autour de la grande pyramide, l'almanach royal de la cour de Chéops.

Voici la liste des principaux fonctionnaires :

Chef du secret de toutes les paroles prononcées par le roi (sorte de secrétaire d'État).
Chef du secret de la maison du roi.
Gouverneur de la grande demeure (probablement du palais).
Commandant des portes du palais.
Chef de la demeure du combat de la flèche et de l'arc (sorte de ministère de la guerre).
Chef du combat de l'arc, de la flèche et de la hache (désignation ordinaire de certains généraux).
Gouverneur de la Ville de la Pyramide (probablement Memphis).
Commandant de la Ville de la Pyramide.
Chef du district de la grande Pyramide.
Commandant des grands du Midi et du Nord.
Commandant des principales villes de la Basse-Égypte.
Chef, gouverneur du Midi (c'est-à-dire, toute la haute Égypte).
Chef de toutes les dignités des choses divines (ce qui signifie probablement Chef du sacerdoce de toute l'Égypte).
Chef de tous les travaux du roi.
Chef de la maison double du trésor.
Chef des écritures du roi.

rapporte un de ces comptes bizarres dont s'amusait l'imagination des Égyptiens de la basse époque et que ses drogmans prenaient plaisir à lui répéter,

Hiérogrammate du roi.
Secrétaire pour énoncer les décrets du roi.
Porteur de couronne (sans doute emploi analogue à celui de page).
Chef de la maison de la grande favorite.
Surintendant des maisons de princes ou de princesses.
Surintendant des maisons des jeunes princes.
Chef de la maison de rafraîchissement du Pharaon.
Le chef des chants, celui qui réjouit le cœur de son seigneur par des chants gracieux dans l'intérieur du palais.
Compagnon dans les chemins qui plaisent à son seigneur.
Familier de l'amitié du roi.
Secrétaire de son seigneur dans toutes ses résidences.
Scribe royal du palais.
Gouverneur du domaine de la donation royale.
Grand chef de l'œuvre dans la double maison antique de la demeure de Ptah.
Chef de tout ouvrier des mines et des carrières.
Chef de la maison des provisions.
Chargé de la maison des provisions de bouche.
Chef des greniers ou magasins.
Chef des lieux d'offrandes de denrées.
Celui qui préside aux écritures de la maison du domaine rural.
Chef des écritures pour les requêtes des hommes.
Chef de l'infanterie des bons jeunes gens.
Chef des familles agricoles attachées aux domaines royaux.
Gouverneur de la maison des écritures (Bibliothèque ou archives probablement).
Commandant de la grande salle (probablement le tribunal).
Commandant des Prophètes.
Chef du secret des paroles divines.
Heb royal supérieur.
Chef des sacrifices.
Chef de toutes les purifications.
Chef de la double maison sainte (probablement le grand temple).
Prêtre supérieur de l'ordre Heb.

encouragés par l'attention curieuse avec laquelle il les écoutait [1]. Autour de l'espace qui se trouvait ainsi consacré tout entier à la mémoire et au culte du roi défunt, s'étendaient et se prolongeaient en tous sens, entre le désert et la vallée, les longues files de mastabats, les maisons de cette cité des ombres.

Les grands de l'Égypte, tous ceux qui avaient concouru à l'œuvre de la royauté et reçu comme un reflet de sa gloire, se groupaient, autant que possible, autour du prince qu'ils avaient servi.

Distribuées ainsi par règnes et par quartiers, les tombes privées se serraient l'une contre l'autre, toutes munies de stèles qui conservaient le nom du défunt, la plupart ornées de bas-reliefs peints de brillantes couleurs, quelques-unes même décorées de statues placées en avant de leur façade. Sur les chaussées qui partaient de Mem-

Chef des secrets de la maison d'adoration.
Prêtre chargé du service religieux de la pyramide de Chaphra (Chéphren).
Prophète de Ptah.
— d'Osiris.
— de Sokaris.
— de Hathor.
— de Isis.
Prêtre d'Apis.
— de Khoufou (Chéops).
Prophétesses d'Athor.
Gouvernante du pays des sycomores (l'Égypte).
Rectrice de la Pyramide.
Chargé de la demeure des laboureurs.

1. Hérodote, II, 126.

phis, sur les esplanades ou la piété des successeurs renouvelait et perpétuait les hommages rendus à leurs royaux devanciers, dans les rues, les ruelles et les impasses qui donnaient accès aux tombes des particuliers, partout s'avançaient les processions, poussant devant elles les victimes bêlantes et mugissantes ; partout circulaient les prêtres vêtus de lin blanc, les amis et les parents, les mains chargées de fruits et de fleurs. C'était, surtout, dans les jours réservés aux commémorations funéraires, une scène singulièrement animée. Comme celle des vivants, la ville des morts avait sa physionomie et son mouvement propres, on pourrait presque dire sa gaieté ; mais parmi toutes ces allées et venues, parmi tout ce bruit, ce qui, surtout, lui conservait son caractère à part, et ce qui faisait la solennité de son aspect, c'était l'énormité des pyramides, c'était l'éclat de leurs faces polies et multicolores qui réfléchissaient les rayons d'un soleil ardent.[1], c'était leur grande ombre qui tournait avec le soleil. Large et longue le matin comme le soir, cette ombre s'étendait sur des centaines de tombes ; elle rendait encore ainsi témoignage à la dignité royale et à la majesté surhumaine de son office.

De cet ensemble si harmonieux et si complet,

---

[1]. Jomard remarque que cette réflexion se produit encore dans la partie haute de la seconde pyramide. « Elle possède, dit-il, une portion de son revêtement dont le poli réfléchit l'éclat du soleil et la fait distinguer au loin entre toutes les autres pyramides. » *Description de l'Égypte*, t. V, p. 689.

il ne reste plus aujourd'hui que des lambeaux et des fragments où la science et l'imagination même ont peine à se reconnaître. La nécropole est presque aussi morne et aussi vide que le désert qui l'avoisine; le silence n'en est guère troublé que par le cri du chacal, par le pas de quelques rares visiteurs qui en parcourent à la hâte les avenues, et par les rauques accents des bédouins qui se sont emparés de la tombe de Chéops et qui en font, à leur manière, les honneurs aux curieux. Cependant, toutes dépouillées qu'elles sont de leur parure et de leur cadre, les pyramides restent au nombre des monuments qui ont le privilège de frapper le plus vivement un esprit sensible et réfléchi. Dans une page remarquable de sa *Description générale de Memphis et des pyramides*, Jomard a très bien défini l'impression et le souvenir qu'elles laissent au voyageur : « L'aspect général de ces monuments donne lieu à une observation frappante : leurs cîmes vues de très loin produisent le même genre d'effet que les sommités des hautes montagnes de forme pyramidale, qui s'élancent et se découpent dans le ciel. Plus on s'approche, plus cet effet décroît. Mais quand vous n'êtes plus qu'à une petite distance de ces masses régulières, une impression toute différente succède, vous êtes frappé de surprise, et, dès que vous gravissez la côte, vos idées changent comme subitement; enfin, lorsque vous touchez presque au pied de la grande pyramide, vous êtes saisi d'une émotion vive et puissante, tempérée par une sorte de stupeur et d'accablement. Le sommet et les angles échappent à la vue. Ce que vous éprouvez n'est point l'admiration qui éclate à l'aspect d'un chef-d'œuvre de l'art, mais c'est une impression profonde. L'effet est dans la grandeur et la simplicité des formes, dans le contraste et la disproportion entre la stature de l'homme et l'immensité de l'ouvrage qui est sorti de sa main : l'œil ne peut le saisir, la pensée même a peine à l'embrasser. C'est alors que l'on commence à prendre une grande idée de cet amas immense de pierres taillées, accumulées avec ordre à une hauteur prodigieuse. On voit, on touche à des centaines d'assises de 200 pieds cubes, du poids de 30 milliers, à des milliers d'autres qui ne leur cèdent guère, et l'on cherche à comprendre quelle force a remué, charrié, élevé un si grand nombre de pierres colossales, combien d'hommes y ont travaillé, quel temps il leur a fallu, quels engins leur ont servi ; et, moins on peut s'expliquer toutes ces choses, plus on admire la puissance qui se jouait avec de tels obstacles.

« Bientôt, un autre sentiment s'empare de votre esprit, quand vous considérez l'état de dégradation des parties inférieures : vous voyez que les hommes, bien plus que le temps, ont travaillé à leur destruction. Si celui-ci a attaqué la sommité, ceux-là en ont précipité les pierres, dont la chute, en roulant, a brisé les assises. Ils ont encore exploité la base comme une carrière; enfin, le revêtement a disparu partout, sous la main des barbares. Vous déplorez leurs outrages, mais vous comparez ces vaines attaques au massif de la pyramide qu'elles n'ont pas diminué peut-être de la centième partie, et vous dites avec le poète : « *leur masse indestructible a fatigué le temps* [1]. »

Les pyramides avaient leurs noms particuliers accolés à ceux des rois qui les avaient fait construire. Quelques-uns de ces noms retrouvés, dans les tombeaux des prophètes et des prêtres qui étaient attachés à ces pyramides, forment déjà une série qui pourra être complétée par de nouvelles découvertes [2].

---

[1]. *Description de l'Égypte*, t. V, p. 598.
[2]. Noms de quelques pyramides et des rois qui les ont fait construire :

Khout. *La resplendissante.* Chéops.
   IVe dynastie, Gyzeh.
Oner. *La principale.* Chéphren.
   IVe dynastie. Gyzeh.
Her. *La supérieure.* Mycérinus.
   IVe dynastie. Gyzeh.
Keb. *La fraîcheur.* Asses-Kaf.
   IVe dynastie (non encore retrouvée).
Ouab-Assou. *La plus sainte des demeures.* Ousour-Kaf.
   V^e dynastie (non encore retrouvée).
Cha-baï. *L'âme apparait.* Sahou-ra.
   V^e dynastie. Nord d'Abousir.
Baï. *L'âme.* Nepherchérès.
   V^e dynastie (non encore retrouvée).
Men-Assou. *Stable de demeure.* Ousour-en-Ra.
   V^e dynastie. Abousir.
Nouter-Assou. *La divine demeure.* Menchérès.
   V^e dynastie (non encore retrouvée).
Nofer. *La parfaite.* Tat-Kara et Assa.
   V^e dynastie (non encore retrouvée).

Pyramide de Sakkarah.

PYRAMIDE A DEGRÉS DE SAKKARAH

La pyramide à degrés de Sakkarah est attribuée à la Ire dynastie. On ne trouvera, ni en Égypte, ni en aucune partie du monde, un monument plus ancien. L'étude comparée de la pyramide, des stèles trouvées au Sérapéum et des renseignements fournis par Manéthon, porte à croire, en effet, que cette tombe a été élevée par Ouenephès, le quatrième roi de la première dynastie.

Elle a 65 mètres de hauteur et mesure 120 m. 60 sur les faces Est et Ouest, et 107 m. 30 sur les faces Nord et Sud; contrairement à la règle universelle, elle ne forme pas, à sa base, un carré parfait; sa disposition en gradins étagés, au nombre de six, est très remarquable. Les pyra-

Nofer-Assou.	La demeure parfaite.	Ounas.
	V^e dynastie. Sakkarah.	
Tat-Assos.	La demeure stable.	Teta.
	V^e dynastie. Sakkarah.	
Men-Nofer.	La demeure parfaite. Mirinri. — Pepi Ier.	
	VIe dynastie. Sakkarah.	
Men-Ankh.	La demeure éternelle.	Neferkara.
	VIe dynastie. Sakkarah.	
Cha-Nofer.	L'horizon parfait. Miri-en-ri. — Pepi II.	
	VIe dynastie. Sakkarah.	
Biou.	Les esprits.	Ati.
	VIe dynastie (non encore retrouvée).	

mides de cette construction ne se terminaient jamais en pointe. L'entrée de la pyramide a été rendue impraticable à la suite d'un éboulement, mais on en connaît la disposition intérieure.

Elle présente quelques particularités dignes d'être remarquées. Son axe ne regarde pas le Nord vrai, puisqu'il en dévie de plus de quatre degrés à l'Est [1]. Elle a deux entrées, une au Nord, une au Sud. Son plan intérieur est plus compliqué, plus enchevêtré que tous ceux qu'on peut connaître autre part. Une porte de l'un des caveaux souterrains, contemporaine de la construction, était ornée de légendes. Elle a une série de passages intérieurs, de couloirs horizontaux, d'escaliers, de chambres, de caveaux qui font ressembler à un labyrinthe l'ensemble de ces souterrains.

On a trouvé vingt-deux colonnes dans le grand couloir du sud.

Personne ne met en doute l'origine de ce couloir qui est le résultat d'un remaniement bien postérieur. Deux ou trois de ces colonnes étaient ornées de légendes hiéroglyphiques. On sait par le fragment de colonne qui a été apporté à Berlin, que ce style est celui du règne de Ramsès II.

Elle présente dans son axe et comme point central de tous les chemins qui y aboutissent à différents étages, une chambre de 20 pieds de lar-

---

[1]. Selon les mesures de M. Perring. Cf. *Opérations*, etc., t. III, p. 41.

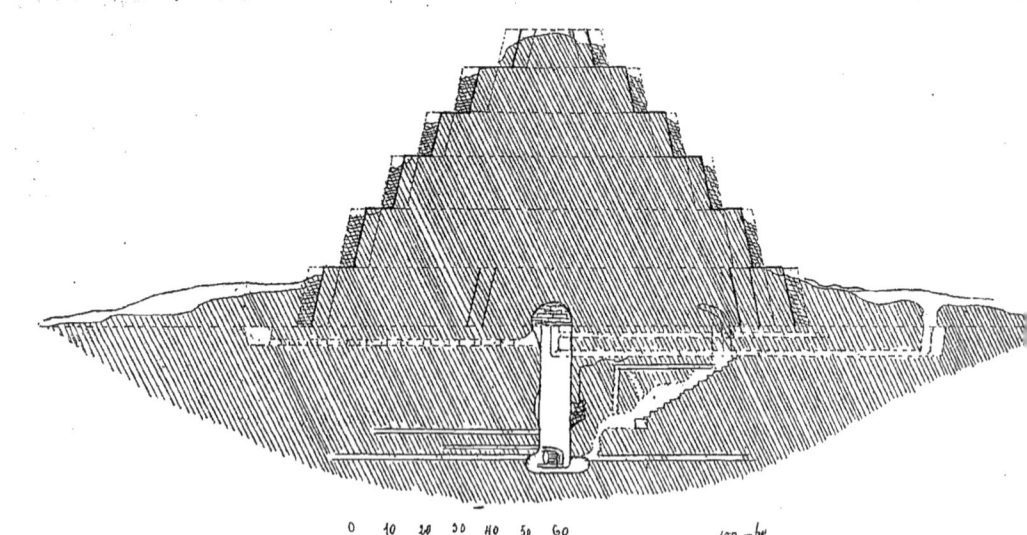

Coupe de la pyramide à degrés de Sakkarah (d'après Lepsius).

geur, de 80 pieds de hauteur, dans le dallage de laquelle un énorme bloc de granit, taillé exactement en forme de *bouchon*, peut à volonté se déplacer et livrer passage pour descendre à un caveau inférieur dont la destination est difficile à fixer, puisque ce caveau est trop petit pour avoir jamais contenu un sarcophage. La pyramide de Sakkarah n'est donc une pyramide que par sa forme extérieure, et à l'intérieur elle diffère de tous les autres édifices du même genre.

L'illustre égyptologue Mariette Pacha pensait déjà, en 1856, quelques années après sa célèbre découverte du Sérapéum [1], que la pyramide à degrés de Sakkarah avait été bâtie pour des Apis, et qu'ainsi, un Sérapéum n'étant que le temple du taureau mort, cette pyramide était le Sérapéum de l'Ancien-Empire, c'est-à-dire le temple de Sérapis, trois ou quatre mille ans avant notre ère.

Cette pyramide a-t-elle été le tombeau d'Ouénéphès? A-t-elle été, comme les grandes pyramides, un tombeau de roi? Ces questions ne sont pas résolues. Les stèles dont nous avons parlé, les os de bœufs et les momies, en grand nombre, qu'on y a trouvés, portent à croire que, si la pyramide a été, à l'origine, un tombeau de roi, plus tard elle a été utilisée pour la sépulture des Apis et même pour celle des particuliers.

---

1. Renseignements sur les soixante-quatre Apis trouvés dans les souterrains du Sérapéum. *Bulletin archéologique de l'Athenaeum français*. Août 1856, n° 8.

Autour de cette pyramide, on a trouvé d'autres sépultures qui paraissent remonter à la même époque et doivent appartenir à la Ire et à la IIe dynasties. Ces tombes présentent un caractère tout spécial : elles sont mal orientées et offrent dans leurs inscriptions une langue encore mal formée et des caractères mal assurés. La construction seule de ces monuments est déjà parfaite et ne se ressent nullement de cette enfance de l'art. Ce sont déjà d'excellents matériaux bien appareillés et joints avec du ciment. On y trouve également des vases faits au tour, et surtout des vases d'albâtre d'une finesse admirable.

Quant aux statues, au lieu du type si connu et si parfait de la IVe dynastie, elles présentent un caractère archaïque facile à reconnaître. La tête est comme engagée dans le cou, les oreilles sont mal placées, mais le profil est assez fin et le nez busqué. Les muscles des jambes sont exagérés et au genou, le dessin de la rotule trop vigoureusement exprimé.

On ne connaît jusqu'à présent aucune pyramide qui soit ou puisse être attribuée à la IIe dynastie.

---

1. Mariette, *Les tombes de l'Ancien-Empire*, *Revue archéologique*.

Pyramide de Meïdoum (d'après Perring).

PYRAMIDE DE MEÏDOUM

A l'ouest du petit village de Meïdoum, [1] s'élève une pyramide d'apparence bizarre, formée de trois cubes trapézoïdaux superposés. Cette pyramide passe pour être la tombe du roi Senefrou de la IIIe dynastie et avait résisté jusqu'à présent à tous les efforts qu'on avait fait pour l'ouvrir [2]

1. Meïdoum était autrefois une ville d'une certaine importance située à mi-chemin entre Memphis et l'entrée du Fayoum, c'est-à-dire entre le Caire et Beni-Sonef. Son nom a été retrouvé dans les hiéroglyphes. Elle s'appelait *Meï-Toum*, où l'on voit facilement la forme antique du nom moderne.

Meïdoum a disparu jusqu'aux fondements et n'est plus aujourd'hui représentée sur les cartes que par le village qui a conservé son nom.

A deux ou trois kilomètres dans l'Ouest, se trouve la nécropole de la ville, du milieu de laquelle émerge, comme un vaste tumulus, une haute colline surmontée du monument qu'on appelle la pyramide de Meydoum et que les Arabes nomment : *Haram-el-kaddab*, « la fausse pyramide ».

2. On sait que les grands mastabats qui entourent, principalement du côté de l'Est, la pyramide de Chéops, appartiennent à des fonctionnaires de la cour de Chéops, et que les cartouches de ce roi s'y rencontrent, pour ainsi dire, à chaque pas. Ce fait a son importance dans la question de savoir à quelle époque il faut faire remonter la construction du monument de Meïdoum.

Dans les mastabats qui entourent la Pyramide de Meïdoum, on ne trouve pas d'autre nom que celui de *Senefrou Ier* qui y est fréquent.

L'exemple de la pyramide de Chéops semblerait donc autoriser l'attribution de la pyramide de Meïdoum, au roi qui vient d'être nommé.

M. Maspero a attaqué cette pyramide et a réussi à en découvrir l'entrée si vainement cherchée [1].

La porte s'ouvre au milieu de la face Nord à 20 mètres au-dessus du sol. Un couloir, d'environ 1 m. 60 c. de côté, conduit dans l'intérieur par une pente rapide. Le couloir déblayé a donné accès sur un puits qui, au lieu de s'enfoncer dans le sol, remontait vers l'intérieur du monument. Le puits conduisait à une chambre où on n'a trouvé ni sarcophage ni momie, mais seulement des poutres et des cordages, qui semblaient préparés pour hisser le cercueil.

Il résulte de l'exploration de la pyramide qu'elle est appliquée en quelque sorte sur un rocher qu'elle enveloppe.

Cette pyramide paraît avoir été violée par les anciens Égyptiens eux-mêmes. Du moins, le bloc qui bouchait l'entrée supérieure du couloir avait disparu vers le XIIe ou le XIe siècle avant notre ère, car M. Maspero a retrouvé sur la paroi, à la place même où devait se trouver la herse, trois inscriptions tracées à l'encre par deux scribes égyptiens en visite, nommés, l'un Ammonmès, l'autre Sokkar.

---

1. G. Maspero, *Fouilles exécutées en 1881-1882*.

Pyramides de Gyzeh.

PYRAMIDES DE GYZEH [1]

Les trois pyramides principales de Gyzeh reçoivent leurs noms des rois qui y ont été ensevelis. La première a servi de sépulture à Chéops, le deuxième roi de la IVe dynastie; la seconde à Chéphren, la troisième à Mycérinus, qui fut le successeur de Chéphren. Les neuf petites pyramides paraissent avoir été construites pour abriter la dépouille mortelle des membres de la famille de ces rois.

Le site des pyramides forme un plateau elliptique avançant vers la plaine et occupant une anfractuosité de la montagne Libyque, entre deux sortes de caps ou de promontoires plus élevés, qui l'entourent vers le sud et le nord. La hauteur du plateau est de 42 mètres (environ 130 pieds) au-dessus de la vallée, sa longueur est d'environ 2,100 mètres de l'est à l'ouest, entre la limite des terres cultivées et des derniers rameaux de la chaîne Libyque; sa largeur, du sud au nord, est de plus de 1,500 mètres. On arrive à ce rocher en gravissant une côte sablonneuse plus ou moins escarpée.

---

1. De 4235 à 3951 avant J.-C.

Les trois grandes pyramides sont placées sur ce plateau dans la direction du nord au sud, ou plutôt du nord-est au sud-ouest, en raison de leur grandeur et, à ce qu'il paraît, de leur antériorité : ainsi, la plus considérable et la plus ancienne est à la pointe saillante du nord-est, la plus petite et la plus récente est à la partie la plus reculée, au sud-ouest ; les trois sont à peu près sur une ligne droite. — Des fossés ont été creusés dans le roc, autour des deux principales ; aujourd'hui, on les retrouve en partie comblés par les sables ; on reconnaît aussi les enceintes qui environnaient la *deuxième* et la *troisième*. Autour de la première sont neuf petites pyramides ruinées, restes d'un plus grand nombre qui lui servaient de ceinture au moins au midi et au levant [1].

A l'ouest de la même est une multitude de grands tombeaux rectangulaires (de 24 mètres sur 10, ou 74 pieds sur 21) ; les sables les recouvrent, mais la forme en est régulière et très apparente ; ils forment un carré aussi spacieux que la pyramide et sont au nombre de 7 dans un sens et 14 dans l'autre.

Il existe encore, et en grand nombre, des tombes à la surface du sol ; d'autres sont des hypogées ou catacombes, c'est-à-dire enfoncées dans le rocher ; pour les creuser, il a fallu tailler verticalement les parois de la montagne, comme dans les hypogées de Thèbes.

---

1. *Description de l'Égypte*, t. V, pp. 193 et 195.

Enfin, au sud de la troisième pyramide, on en voit une quatrième, beaucoup plus petite que les autres, avec deux pyramides à degrés [1].

C'est à l'époque d'Al-Mâmoun, et par les ordres de ce Khalif (829 de J.-C), que furent entreprises les opérations qui eurent pour résultat la découverte de l'entrée de la première. Les entrées des autres, plus ou moins obstruées par les blocs entassés à la base des monuments, ont été successivement retrouvées, celle de la deuxième pyramide par Belzoni (mars 1818), celles de la troisième et des neuf petites par le colonel Wyse (1837). La grande exploration, si habilement et si consciencieusement conduite par le colonel Wyse, a enrichi la science de deux découvertes qu'il faut connaître. La première est celle des inscriptions cursives tracées à l'ocre rouge et, comme marques de carrière, sur les blocs de calcaire employés à la construction des petites chambres servant de décharge dans la maçonnerie placée au-dessus de la chambre du roi; on y lit le nom de Chéops. La seconde est celle d'un sarcophage de pierre et d'un cercueil de bois recueillis dans la troisième pyramide. Le sarcophage de pierre, perdu en mer pendant la traversée d'Alexandrie à Londres, était sans inscription, mais le cercueil de bois, actuellement conservé dans la collection du Musée Britannique, offre cet intérêt qu'on y lit, au milieu des formules funéraires en usage

1. *Description de l'Égypte*, t. V, pp. 595 et 596.

sous l'Ancien-Empire, le cartouche de Mycérinus.

Il est facile de voir que les pyramides ne se présentent pas au voyageur dans leur état primitif, et qu'elles ont toutes perdu la très grande partie du revêtement lisse qui les recouvrait de la base à la pointe. Nous n'avons plus ainsi sous les yeux que le noyau de ces gigantesques monuments. Si j'appuie sur cette remarque, c'est que l'enlèvement des pierres du revêtement nous prive du moyen de contrôler une affirmation que nous trouvons émise, non seulement par Hérodote et Diodore, mais encore par quelques historiens arabes. Hérodote, en effet, cite une inscription gravée sur une des faces de la grande pyramide. La face Nord de la troisième aurait été ornée, selon Diodore, des légendes de Mycérinus. Les historiens arabes sont plus explicites encore. Ils parlent, *de visu*, des inscriptions nombreuses dont sont couvertes les pyramides.

En quelle mesure faut-il admettre ces affirmations? Qu'une des faces des pyramides ou même les quatre faces aient été décorées de légendes dédicatoires, c'est ce qui n'est pas impossible et c'est ce que ne contredisent point les exemples fournis par les autres tombeaux du temps. En ce cas, les légendes n'auraient été que la transcription, en hiéroglyphes, des titres et des noms du roi défunt, ainsi que Diodore le remarque pour la pyramide de Mycérinus. Mais que des inscriptions gravées par milliers aient fait partie de la décoration primitive des pyramides et soient contemporaines de leur construction, c'est ce qu'on peut regarder comme invraisemblable. Je croirais plutôt que ces inscriptions ont existé, mais qu'elles consistaient en innombrables proscynèmes laissés par les visiteurs de tous temps, et particulièrement à l'époque grecque, qui venaient admirer dans les pyramides une des Merveilles du monde. De nos jours, les jambes du colosse de Memnon, à Thèbes, ne sont-elles pas en petit ce que les pyramides ont dû être en grand, et combien de centaines de stèles les visiteurs du Sérapéum n'ont-ils pas déposées à l'entrée de la tombe d'Apis ? Nous connaissons d'ailleurs une de ces inscriptions, celle ou une sœur adresse à son frère qu'elle a perdu, ces vers d'une expression si touchante :

Vidi pyramides sine te,
Dulcissime frater ; et tibi quod
Potui, lacrymas hic masta profondi.

Nous en connaissons même une autre d'un caractère moins triste, celle où quelque visiteur a supputé, pour la plus grande joie des passants, « la quantité de raves, d'oignons et d'auls qui ont été consommés par les ouvriers pendant la construction du monument [1] ».

Il est donc certain, et tout porte, en effet, à croire que des proscynèmes sans nombre ont couvert la surface lisse des pyramides, au moins jusqu'à une certaine hauteur.

1. Hérodote, 11, 125.

Quant aux inscriptions monumentales et contemporaines de l'édifice, rien ne prouve qu'elles aient existé, comme rien ne prouve non plus, qu'à l'exemple de la troisième, on n'ait pas inscrit sur la face principale des autres les titres et les noms des rois auxquels elles étaient destinées [1].

Voici comment s'exprime, au sujet des ces pyramides, Abd-el-Latif, auteur arabe du XIe siècle, déjà cité :

« Pour en venir maintenant à celles des pyramides qui ont été l'objet de tant de récits, que l'on distingue de toutes les autres, et dont la grandeur attire, par-dessus tout, l'admiration, elles sont au nombre de trois, placées sur une même ligne, en face de Fostat, à peu de distance les unes des autres, et elles se regardent par leurs angles dans la direction du levant. De ces trois pyramides, deux sont d'une grandeur énorme. Les poètes qui les ont décrites, se sont abandonnés à tout l'enthousiasme qu'elles leur inspiraient ; ils les ont comparées à deux immenses mamelles qui s'élèvent sur le sein de l'Égypte. Elles sont très proches l'une de l'autre et sont bâties en pierres blanches ; la troisième, qui est d'un quart moins grande que les deux premières, est construite en granit rouge tiqueté de points et d'une extrême dureté [2]. Le fer ne peut y mordre

---

1. V. Mariette, *Voyage dans la Haute-Égypte*, p. 26.
2. Il paraît qu'à l'époque où écrivait Abd-el-Latif, les trois grandes pyramides avaient encore leur revêtement ; ce qui lui

qu'avec peine. Celle-ci paraît petite, quand on la compare aux deux autres; mais lorsqu'on l'aborde de près, elle inspire une sorte de saisissement, et l'on ne peut la considérer sans que la vue se fatigue.

« La forme que l'on a adoptée dans la construction des pyramides, et la solidité qu'on a su leur donner, sont bien dignes d'admiration : c'est à leur forme qu'elles doivent l'avantage d'avoir résisté aux efforts des siècles, ou, plutôt, il semble que ce soit le temps qui ait résisté aux efforts de ces édifices éternels.

« Ces pyramides sont construites de grandes pierres, qui ont de 10 à 20 coudées de longueur, sur une épaisseur de 2 à 3 coudées et autant de largeur. Ce qui est, surtout, digne de la plus grande admiration, c'est l'extrême justesse avec laquelle ces pierres ont été appareillées et disposées les unes sur les autres. Leurs assises sont si bien rapportées que l'on ne pourrait fourrer, entre deux de ces pierres, une aiguille ou un cheveu. Elles sont liées par un mortier qui forme une couche de l'épaisseur d'une feuille de papier : je ne sais de quoi est fait ce mortier, qui m'est totalement inconnu. Ces pierres sont revêtues d'écriture dans cet ancien caractère dont on ignore aujourd'hui la valeur. Je n'ai rencontré dans toute l'Égypte personne qui pût dire con-

---

a fait croire que la troisième pyramide était entièrement construite en granit rouge.

naître, même par ouï-dire, quelqu'un qui fût au fait de ce caractère. Ces inscriptions sont en si grand nombre que, si l'on voulait copier, sur du papier, celles seulement que l'on voit sur la surface de ces deux pyramides, on en emplirait plus de dix mille pages [1]. »

---

[1]. Abd-el-Latif, *Description de l'Égypte*, etc. Traduction de Silvestre de Sacy, p. 177.

PYRAMIDE DE CHÉOPS

La pyramide de Chéops s'appelait *Khout* « la resplendissante ». C'est, en général, la seule que l'on gravisse et dont on visite l'intérieur ; par celle-là on peut se former une idée des autres.

La hauteur verticale du sommet est de 137 mètres (422 pieds) ; elle était probablement d'une vingtaine de pieds de plus avant qu'on n'eût enlevé les dernières assises. Voici les autres dimensions, d'après les mesures du colonel Wyse : la largeur actuelle de chacune des quatre faces de la pyramide à sa base est de 227 m. 30. La largeur primitive, quand la pyramide avait son revêtement, avait 5 m. 47 de plus. On voit encore, à l'angle Nord-Est de la pyramide, une excavation pratiquée dans le roc, qui était destinée à recevoir la pierre angulaire du revêtement. La hauteur de la face, mesurée sur le plan incliné, est de 173 mètres.

Les quatre faces de la pyramide sont assez régulièrement orientées vers les quatre points cardinaux. L'inclinaison des faces de la pyramide est de 52°. Le roc sur lequel elle repose est à plus de 30 mètres au-dessus du niveau du Nil.

La pyramide de Chéops se compose de plus de deux cents assises ou couches de blocs énormes qui forment une masse véritablement effrayante

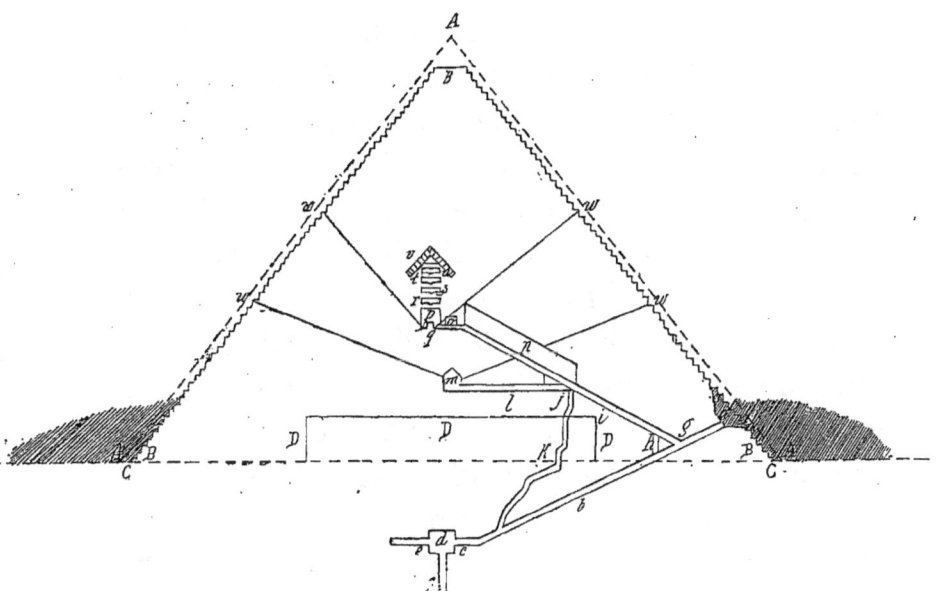

Plan de la pyramide de Chéops.

Pyramide à l'origine. B. Pyramide dans l'état actuel. C. Base de la pyramide. D. Rocher naturel. — a. Entrée. b. Galerie ...tissant à la chambre souterraine. c. Continuation de la galerie b. d. Chambre souterraine non achevée. e. Passage sans ...e de la chambre d. f. Puits creusé par le colonel Wyse. g. Bloc de granit formant la galerie ascendante i. h. Passage forcé ...le khalif El-Mâmoun. i. Galerie ascendante. j. Orifice du puits. k. Puits. l. Galerie horizontale conduisant à la chambre de ...eine. m. Chambre de la reine. n. Grande galerie. o. Vestibule. p. Chambre du roi. q. Sarcophage dans la chambre du ...r à v. Chambres de décharge. w. Passages pour donner de l'air.

de vingt-cinq millions de mètres cubes, qui pourrait fournir les matériaux d'un mur haut de 46 pieds et long de 1.000 lieues [1].

L'entrée (a) de la grande pyramide est de 20 mètres environ de l'assise inférieure à égale distance des deux extrémités de la face.

La galerie carrée (b), où l'on pénètre en se courbant, a 1 m. 20 de hauteur sur 1 m. 6 de largeur; elle descend en pente douce par une inclinaison de 25 degrés environ. A 24 ou 25 mètres de l'orifice extérieur, on aperçoit l'extrémité d'un bloc de granit (g) qui ferme l'entrée d'une seconde galerie faisant embranchement avec celle où l'on se trouve. Laissons cette seconde galerie, quoique communément on quitte alors la première pour y pénétrer; nous y reviendrons tout à l'heure. Continuant donc de descendre pendant 69 mètres la galerie b, qui garde toujours la même inclinaison, on arrive à un point d où la partie supérieure du passage, laisse apercevoir une ouverture bouchée dont on verra bientôt la destination. On avance encore de 8 mètres, et alors la galerie, tout en conservant les mêmes dimensions devient horizontale (c). On y avance de 8 mètres encore environ, et on arrive à une chambre carrée (d), de 6 mètres de longueur sur 4 de hauteur, mais qui n'a pas été terminée. A

---

1. Cent mille ouvriers, qui se relayaient tous les trois mois, furent dit-on, employés pendant trente ans à construire ce gigantesque monument (v. Hérodote).

sa paroi gauche ou occidentale (car la direction de la galerie, depuis l'orifice *a* jusqu'à cette chambre, est exactement du nord au sud), quelques blocs de rocher se projettent à demi-taillés. Cette chambre, dont rien n'indique l'emploi, est, à peu de chose près, dans le grand axe vertical de la pyramide; mais à 32 mètres au-dessous de sa base, conséquemment au niveau du Nil. Si ce que rapporte Hérodote d'un canal souterrain qui amenait l'eau du fleuve à l'intérieur de la pyramide Chéops est fondé, c'était là, à ce qu'il semble, que ce canal aurait dû aboutir. On n'en voit nul indice. A l'extrémité de la chambre qui fait face à son entrée, s'ouvre une nouvelle galerie horizontale (*e*) qui forme le prolongement de la galerie (*c*) sur une longueur de 16 mètres; mais elle n'aboutit à rien et se termine brusquement. Le colonel Wyse y fit creuser, en 1837, un puits de 11 mètres, sans rien découvrir dans le sol inférieur.

Remontons donc à la bifurcation *g*, dont l'entrée, nous l'avons dit, est fermée par un bloc de granit. Ne pouvant déplacer ce bloc, on l'a tourné (à une époque inconnue, probablement dans les premiers siècles de la conquête arabe), en s'ouvrant un passage factice (*h*) dans la masse même de la maçonnerie. On est ainsi arrivé à une galerie supérieure (*i*), qui a, de bas en haut, à peu près la même inclinaison que la galerie (*b*) de haut en bas. La longueur de ce couloir montant est de 35 mètres; l'espace alors s'élargit, et l'on arrive en (*j*) à l'entrée d'une galerie beaucoup plus spacieuse. A ce point même (*j*), il se fait une nouvelle bifurcation. Un couloir horizontal (*l*) de 35 mètres de longueur, comme celui que l'on vient de quitter, conduit à un grand caveau (*m*) dont le plafond est formé par des dalles arc-boutées ; cette pièce est appelée *la chambre de la reine*. Le rapprochement exact des mesures montre qu'elle est précisément dans le grand axe vertical de la pyramide. On est ici à 22 mètres au-dessus du niveau du sol, à 54 mètres au-dessus de la chambre *f* et à 118 mètres au-dessous de la plate-forme supérieure. Revenant par la galerie *l* au point de bifurcation, on y voit, au côté occidental, l'ouverture (*j*) d'une descente, tantôt verticale, tantôt oblique et irrégulière, qu'on nomme *le Puits*. Cette descente, bouchée depuis quelques années, va aboutir au couloir inférieur *b* ; c'était une galerie de communication : sa longueur est d'environ 60 mètres.

Au point de bifurcation *j* où nous sommes revenus, on se trouve à l'entrée de la *grande galerie* (*n*). La largeur de cette galerie n'est que de 1 m. 59 ; mais ses parois, dont les assises surplombent légèrement les unes au-dessus des autres, ont 8 m. 05 de hauteur. Elle continue de monter vers le centre de la pyramide avec le même degré d'inclinaison que le couloir *i*, dont elle forme la continuation. Sa longueur est de 50 mètres ; elle aboutit à une sorte de vestibule (*o*), autrefois fermé au moyen de quatre plaques de granit glissant dans des rainures et servant à masquer l'entrée de la grande chambre *p*, que le vestibule précède. Cette pièce, de 5 m. 8 de hauteur sur 10 m. 33 de longueur et 5 m. 34 de large, est la *chambre du sarcophage*. C'est là qu'était déposée la momie royale, dans un sarcophage de granit rouge, sans ornements ni hiéroglyphes, qui est toujours en place. Le plafond de cette chambre sépulcrale est plat. Le sarcophage (*q*) est à 21 m. 50 au-dessus de la chambre de la reine, à 43 m. 50 au-dessus du sol qui forme la base de la pyramide, à 100 mètres au-dessous du sommet actuel. On a reconnu qu'au-dessus de la chambre du sarcophage, cinq chambres basses (*r. s. t. u. v.*) avaient été ménagées, s'étageant, à intervalles rapprochés, les unes au-dessus des autres, dans un espace total d'environ 17 mètres, sans autre objet apparent que d'alléger la pression de la maçonnerie supérieure sur le caveau royal. On arrive à ces chambres par un étroit couloir dont l'entrée est à l'extrémité supérieure de la grande galerie. On y a trouvé, tracé sur les pierres, le nom du roi Khoufou (Chéops), le constructeur de la pyramide [1].

---

1. E. de Rougé (*Recherches sur les monuments des six premières dynasties de Manéthon*, p. 42) s'exprime ainsi à propos de cette découverte : « L'histoire de la découverte de ces cartouches (Chéops) dans la grande pyramide est familière à tous les archéologues.

« Ils faisaient partie des inscriptions tracées à la sanguine au moment même de la construction sur les blocs intérieurs des chambres de décharge que l'architecte avait ménagées au-dessus du plafond de la grande salle funéraire, pour remplacer des

En 829 de notre ère, le Khalif El-Mâmoun aurait été, paraît-il, plus heureux que Belzoni et le colonel Wyse. Non seulement, en effet, il aurait réussi à trouver l'entrée de la première pyramide, mais il aurait eu la chance d'y rencontrer, dans son sarcophage, encore absolument inviolé, la momie royale qui dormait de son sommeil quarante fois séculaire. Les détails que donnent quelques écrivains arabes du temps sont curieux, et je ne résiste pas au désir de les transcrire :

« On monta dans la pyramide du temps d'Al-Mâmoun, dit Ebn-Abd-el-Rahman [1], et l'on parvint à une petite chambre (probablement le sarcophage) qui contenait une statue d'homme en pierre verte comme une émeraude, et contenant un corps humain, couvert d'une plaque d'or fin, orné d'une grande quantité de pierres précieuses. Il avait sur la poitrine la poignée d'une épée sans prix, sur la tête un rubis gros comme un œuf de poule, et qui brillait comme une flamme, j'ai vu

---

voûtes. Ce fait capital, fruit des recherches obstinées du colonel d'Howard Wyse et de ses savants compagnons, est venu donner un corps palpable au témoignage de Manéthon et asseoir sur des bases désormais inébranlables la place historique de cette montagne de pierres tout au commencement de la série monumentale de la vallée du Nil. Il est à remarquer d'ailleurs que les fils très nombreux du roi *Khoufou* ont formé comme une couronne autour de sa pyramide avec leurs propres tombeaux, et qu'ils complètent cette première preuve par une admirable suite de renseignements sur son règne.

« Le musée de Berlin possède un précieux échantillon de ces tombeaux dans celui du prince *Mer-het,* publié par M. Lepsius. »

1. Auteur arabe du xie siècle.

moi-même la statue d'où l'on avait tiré le cadavre ; elle était auprès du palais royal de Fostat...[1] »
On lit encore dans l'ouvrage de l'auteur appelé Ebn-Abd-el-Hokm [2] : On voit au-dessous du sommet de la pyramide (c'est-à-dire dans l'axe vertical) une chambre avec une pierre creusée, dans laquelle était une statue de pierre en forme humaine, renfermant un homme qui avait sur la poitrine un pectoral d'or enrichi de pierreries et une épée d'un prix inestimable, et sur la tête une escarboucle de la grosseur d'un œuf, brillant comme le soleil, avec des caractères que nul homme ne peut lire..... »

Le doute n'est donc plus possible. C'est bien la momie de Chéops que les fouilleurs d'Al-Mâmoun ont trouvée encore en place. Les détails que donnent les historiens arabes sont même si précis que, dégagés des exagérations que l'ignorance du temps explique, ils peuvent servir à reconstituer la sépulture royale. En effet, le « corps humain, couvert d'une plaque d'or fin et orné d'une grande quantité de pierres précieuses » se rapporte à la momie recouverte de ses cartonnages dorés et enrichis, soit de peintures vives, soit de pâtes coloriées destinées à imiter les pierres précieuses (lapis-lazuli, cornaline, feldspath vert, turquoise). Le « rubis gros comme un œuf de poule » est l'urœus travaillé par les mêmes procé-

---

1. Vieux Caire.
2. Historien arabe du XIIe siècle

dés qui se dressait sur le front comme l'emblème du pouvoir royal. Qu'était cette « épée sans prix » étendue sur la poitrine ? Est-ce effectivement une épée ou un poignard, comme ces poignards qu'il n'est pas rare de rencontrer sur le devant des momies de la XVIIe dynastie (Drah-Aboul neggah, bijoux de la reine Aah-Hotep), ou simplement un sceptre ? C'est ce qu'il est difficile de dire.

Les autres parties de la description ne donnent heureusement pas lieu aux mêmes doutes. Des inscriptions hiéroglyphiques, sans doute tracées sur les cartonnages, décoraient la momie et faisaient connaître son nom. La momie elle-même était contenue dans une caisse de belle serpentine verte (Mastabat-el-Farâoun) à visage humain, laquelle était elle-même contenue dans ce même sarcophage quadrangulaire qui est encore aujourd'hui en place dans la pyramide. Si le cercueil de Mycérinus et les inscriptions à l'ocre rouge des petites chambres de la grande pyramide appuient de leur témoignage la véracité d'Hérodote et de Diodore, les constatations faites par l'archéologie moderne plaident donc en faveur des historiens arabes et de la sincérité de leur rapport sur la découverte d'Al Mâmoun.

La grande pyramide de Gyzeh nous offre un curieux exemple des précautions prises pour empêcher la violation de la tombe royale. Au point de rencontre du corridor descendant, seule entrée de la pyramide, et du corridor ascendant, qui conduit à la chambre funéraire, ce dernier était barré par un bloc de granit qui avait juste la largeur du couloir. Ce bloc était si pesant et si bien ajusté, qu'il a fallu se frayer à côté, par la violence, un chemin dans l'épaisseur de la maçonnerie; le granit résistant à l'outil, on a passé à travers le calcaire qui formait le corps même de l'édifice et qui était moins dur. Anciennement, l'orifice d'une galerie qui semblait être la continuation de la partie inclinée du corridor d'entrée, restait ouvert; on était disposé à le suivre; on arrivait dans une salle restée inachevée et creusée presque au niveau du Nil. Si les travaux en eussent été terminés, l'eau du fleuve l'aurait peut-être envahie, par infiltration. Il semble que ce fût dans le plan du constructeur, puisque Hérodote, supposant sans doute l'œuvre achevée, nous parle d'un conduit souterrain qui amenait l'eau du Nil [1]. Les violateurs de la tombe pouvaient trouver la mort dans ce réservoir dont ils ne devaient pas soupçonner l'existence. Si ce stratagème du constructeur était déjoué, si les spoliateurs, devinant l'existence d'une autre galerie parvenaient à en découvrir l'entrée, ils trouvaient un autre obstacle à franchir, qui, mieux encore que le premier, pouvait les arrêter net ou faire prendre à leurs recherches une fausse direction. L'extrémité de la grande galerie ascendante où nous les supposons parvenus, aboutit à un petit vestibule qui les sépare de la chambre du

---

1. Hérodote, II, 124.

sarcophage. Quatre plaques de granit, glissant dans des rainures, en masquaient l'entrée. L'étroit couloir conduisant aux chambres d'évidement, situées au-dessus de la chambre du sarcophage, devait attirer nos voleurs dans la partie supérieure de la pyramide; l'entrée de ce passage se trouve au bout et en haut de la grande galerie; elle restait libre. Les violateurs de la tombe avaient ainsi exploré, sans rien trouver, la base et le haut du monument; pour peu qu'ils fussent pressés, il y avait bien des chances pour qu'ils ne parvinssent pas à pénétrer dans le caveau sépulcral [1].

La chambre du sarcophage est recouverte par neuf belles dalles de granit rose semblables à celles dont sont revêtus les murs de cette salle; ces plaques ont 5 m. 64 de long, et leurs extrémités reposent sur le haut de la paroi. Malgré leur épaisseur et malgré la dureté de la roche, on pouvait craindre qu'elles ne cédassent et ne se rompissent sous le poids énorme de la maçonnerie qui les surmonte; le sol du caveau se trouve encore à 100 mètres au-dessous du sommet actuel. Voici comment on obvia à ce danger. Au-dessus du caveau, quand on continua de surélever le massif, on ménagea des vides destinés à alléger le fardeau qui devait supporter le plafond. Ce sont cinq petites pièces basses réparties l'une au-dessus

---

[1]. Du Barry de Merval, *Etudes sur l'architecture égyptienne*, p. 129.

de l'autre, sur une hauteur de 17 mètres. Les quatre premières, toutes pareilles, ont un plafond plat; la cinquième, celle d'en haut, est surmontée de grosses dalles inclinées, qui se touchent par leur partie supérieure, de manière à former une sorte de toit à double pente. Grâce à cette succession de vides étagés dans l'aplomb de la chambre principale et grâce à l'amortissement si bien entendu qui les couronne, la pression centrale était notablement diminuée; elle se trouvait renvoyée vers les faces extérieures et distribuée également tout autour du caveau. Les mesures étaient bien prises; dans tout cet ensemble, pas une pierre n'a bougé par le seul effet de poussées intérieures ou du lent écrasement des matériaux; il n'y a eu de déplacés que les blocs qui ont été violemment attaqués par la main de l'homme; encore, tant l'ensemble était bien lié et bien équilibré, les brèches ouvertes ainsi sur plusieurs points n'ont pas amené d'écroulement ni même de tassement, soit dans la chambre où reposait Chéops, soit dans les galeries qui y conduisaient.

Le chef-d'œuvre des ouvriers qui ont bâti la grande pyramide, c'est l'appareil de la *grande galerie*, en avant du vestibule qui précède la chambre royale. Comme elle est haute de plus de 8 mètres et large de près de 2, on y respire plus à l'aise que dans les couloirs étroits et bas par lesquels on a cheminé jusque-là; on s'arrête donc volontiers en cet endroit. Tous les voyageurs qui ont visité la pyramide ont conservé le souvenir de ces beaux blocs de calcaire du Mokattam, dont est faite la paroi lisse et polie ; la face externe de ces blocs a été ravalée avec un soin qui n'a pas été dépassé dans les constructions helléniques les plus parfaites, telles que celles de l'Acropole d'Athènes. Les faces internes de ces blocs, celles qui sont en contact les unes avec les autres, n'ont pas été dressées ici avec moins de patience et d'habileté ; aucun ciment n'a été employé dans cet appareil, et l'adhérence est si parfaite que, comme le dit Abd-el-Latif, « on ne pourrait introduire dans les joints ni une aiguille ni même un cheveu »[1]. — Ces joints sont à peine visibles ; on ne les distingue pas sans une grande attention. La couverture de cette salle n'a pas été moins bien étudiée. Les assises supérieures, empiétant légèrement l'une sur l'autre, rétrécissent ainsi l'espace jusqu'à ne plus laisser la place que d'une pierre horizontale, qui est serrée entre les deux assises supérieures et qui joue ainsi le rôle d'une sorte de clef de voûte. Ce même système d'arc en encorbellement a été employé ailleurs encore dans la pyramide, par exemple dans la chambre dite *de la reine*, située au-dessous de la *chambre du roi* ou *chambre du sarcophage*. Le même art se retrouve dans le revêtement de granit dont sont formées les parois de ces deux chambres ; la pierre calcaire, même celle

---

[1]. Il n'y a point là d'exagération ; Jomard s'exprime de même à ce sujet et presque dans les mêmes termes (*Description de l'Égypte*, t. V, p. 628).

du grain le plus fin que l'on avait employée pour la grande galerie, n'avait pas paru assez riche ni assez solide pour garnir les murs des chambres funéraires ; pour la chambre où devait reposer le prince en l'honneur duquel avait été construit ce prodigieux édifice, il avait paru convenable d'employer la matière la plus précieuse dont disposât l'architecte égyptien [1]. Le sarcophage sans inscriptions ni ornements qui est encore en place dans la chambre principale, est aussi de granit rose.

Quant au revêtement extérieur de la pyramide, on sait qu'il a disparu tout entier ; par leurs dimensions médiocres, les pierres qui le composaient ont, sans doute, paru particulièrement propres à fournir des matériaux déjà préparés pour les constructions des grandes villes qui, depuis la fin de l'antiquité, se sont succédées, sous divers noms, dans le voisinage de la nécropole de Memphis [2].

---

1. La présence de ce même revêtement de granit dans la chambre dite *de la reine* est le principal motif que l'on ait d'y voir aussi une chambre funéraire ; on n'y a point, en effet, retrouvé trace d'un sarcophage. Si l'on avait quelque raison de croire que la pyramide de Chéops a été bâtie par tranches successives, on pourrait regarder cette chambre comme un premier caveau, qui aurait été construit pour le roi avant que l'on songeât à pousser la pyramide si haut qu'elle est montée. Plus tard, les travaux continuant, on se serait décidé à bâtir un nouveau caveau, plus grand, et dont les abords seraient, tout ensemble, plus somptueux et mieux défendus contre toute profanation ; alors on aurait renoncé à se servir de la pièce antérieurement préparée. Dans cette hypothèse, cette chambre serait toujours restée vide.

2. Perrot et Chipiez, *Histoire de l'art dans l'antiquité*.

« L'écho de la pyramide est célèbre : il répète le son jusqu'à dix fois ; ordinairement, en sortant de la chambre du roi et du haut du palier supérieur, les voyageurs s'amusent à tirer des armes à feu. Il me serait difficile de peindre le singulier effet que produit cette détonation sur la colonne d'air, effet encore plus frappant au sein des ténèbres ; je n'ai rien entendu d'aussi majestueux : il semble que l'oreille frémit et bourdonne ; les vibrations, répercutées coup sur coup, parcourent tous ces canaux à surfaces polies, frappent toutes les parois et arrivent lentement jusqu'à l'issue extérieure, affaiblies et semblables au retentissement du tonnerre quand il commence à s'éloigner. A l'intérieur, le bruit décroît régulièrement, et son extinction graduelle, au milieu du profond silence qui règne dans ces lieux, n'excite pas moins l'attention et l'intérêt de l'observateur ; c'est une expérience que l'on aime à répéter [1]. »

1. *Description de l'Égypte*, t. V, p. 632.

PYRAMIDE DE CHÉPHREN

La pyramide de Chéphren s'appelait *Ouer* « la principale ». Elle se trouve un peu au sud-ouest de la précédente et est à peu de chose près de la même hauteur, quoique sa largeur soit un peu moindre. Chacune de ses faces actuelles mesure 210 mètres (5 mètres de moins de leur longueur primitive quand elles avaient leur revêtement). La hauteur verticale est de 135 mètres, 2 seulement de moins que leur hauteur originale. Le quart supérieur des faces a encore le revêtement uni qui recouvrait primitivement les assises ou gradins, ce qui en rend l'ascension et surtout la descente assez difficiles sinon périlleuses. Elle a été moins dégradée, à son sommet, que la pyramide de Chéops, et la plate-forme qui la termine est moins large. Elle fut ouverte en l'an 1200 par le Sultan El-Aziz-Othman, fils et successeur de Salah-ed-dine (Saladin), comme on l'apprend d'une inscription arabe tracée dans la chambre sépulcrale; l'entrée en fut refermée immédiatement après. C'est Belzoni qui, le premier, en 1816, a retrouvé et déblayé le couloir qui conduit au caveau central. Celui-ci est situé sur la face Nord, à peu près dans le grand axe vertical, mais au niveau même de la base, et creusé dans le roc qui forme le sol. Le sarcophage en granit qu'on y a retrouvé ne contenait plus que de la terre.

Le couloir descend d'abord sous un angle de 25° sur une longueur de 33 mètres, et alors il se dirige horizontalement vers la chambre du sarcophage. L'entrée de la galerie horizontale était fermée par un bloc de granit. La chambre du sarcophage située dans l'axe de la pyramide mesure en longueur, de l'est à l'ouest, 14 mètres environ et en largeur, 5 mètres.

Une double muraille en pierres non taillées ou en moellons, et d'une élévation médiocre, règne en avant de la face Ouest de la pyramide. Entre la pyramide et la plus rapprochée de ces murailles, on remarque une ligne de constructions ruinées, en pierre de taille.

PYRAMIDE DE MYCÉRINUS

La pyramide de Mycérinus s'appelait *Her* « la supérieure ». Elle se trouve à la même distance de la seconde et dans la même direction de la seconde par rapport à la première. Elle est de beaucoup la moins grande des trois. La longueur de ses faces était, à la base, de 107 m. 75 ; sa hauteur verticale, de 66 mètres. Ces dimensions ont été diminuées de quelques mètres dans les deux sens par les dégradations. Elle possède encore les débris de son revêtement de granit rose. Le couloir d'entrée descend à un angle de 26°,2 et pénètre rapidement dans le roc. La première salle qu'il traverse est décorée de panneaux sculptés dans la pierre et fermée, à la sortie, par trois herses en granit. La seconde pièce paraît être inachevée : un couloir ménagé dans le sol et soigneusement dissimulé donnait accès au caveau. Là reposait la momie dans un sarcophage de basalte sculpté encore intact au commencement du siècle. Comme la pyramide de Chéphren, elle fut ouverte et refermée au temps des khalifs d'Égypte. Le colonel Wyse en a, le premier, réexploré l'intérieur en 1837 [1].

---

1. La connaissance du pharaon *Menkaura* (Menchérès) est une des plus belles conquêtes dues à l'exploration des pyramides exécutée par le colonel Howard Wyse et ses compagnons. On

Pendant les sept années de son règne, Nitokris avait terminé la troisième des grandes pyramides que Menkéra avait laissée inachevée. Elle avait plus que doublé les dimensions du monument et lui avait donné ce coûteux revêtement de Syénite qui excitait plus tard, à si juste titre, l'admiration

sait que son sarcophage et le couvercle de son cercueil furent trouvés dans l'intérieur de la troisième pyramide de Gyzeh.

L'admirable sarcophage de Menchérès, taillé dans un bloc de pierre dure, se perdit sur la côte d'Espagne, avec le vaisseau qui le rapportait en Angleterre.

Le couvercle du cercueil de Menchérès, trouvé dans la pyramide et conservé aujourd'hui au British Museum est d'une extrême simplicité. La légende qui en forme le seul ornement est ainsi conçue :

« O Osiris, roi de la Haute et Basse-Égypte, *Menkaura*, [*] vivant pour l'éternité! Enfanté par le ciel, porté (dans le sein) de *Nout*, [**] germe de *Seb* [***]. Ta mère *Nout* s'étend sur toi en son nom d'abîme du ciel. Elle te divinise en annulant tes ennemis, ô roi *Menkaura* vivant pour l'éternité ! [****] »

Pendant son séjour en Égypte, Abd-el-Latif fut témoin des essais tentés pour la démolition de cette pyramide. Voici comment il s'exprime à ce sujet :

« Quand Melic-Aziz-Othman ben Youssouf eut succédé à son père, il se laissa persuader par quelques personnes de sa cour, gens dépourvus de bon sens, de démolir les pyramides, et l'on commença par la pyramide rouge, qui est la troisième des grandes pyramides et la moins considérable.

« Le Sultan y envoya donc des sapeurs, des mineurs et des carriers, sous la conduite de quelques-uns des principaux officiers et des premiers émirs de la cour, et leur donna ordre de la détruire. Pour exécuter les ordres dont ils étaient chargés, ils établirent leur camp près de la pyramide ; ils y ramassèrent

[*] Mycérinus.
[**] Déesse du ciel.
[***] Dieu de la terre.
[****] V.-E. de Rougé, *Recherches sur les monuments des six premières dynasties de Manéthon*, pp. 63 et 65.

des voyageurs grecs, romains et arabes. C'est au centre même de cette pyramide, au-dessus de la chambre où le pieux Mykerinos reposait depuis plus de huit siècles, qu'elle fut ensevelie à son tour, dans un magnifique sarcophage de basalte

de tous côtés un grand nombre de travailleurs et les entretinrent à grand frais. Ils y demeurèrent ainsi huit mois entiers, occupés, avec tout leur monde, à l'exécution de la commission dont ils étaient chargés, enlevant chaque jour, après s'être donné bien du mal et avoir épuisé toutes leurs forces, une ou deux pierres. Les uns les poussaient d'en haut avec des coins et des leviers, tandis que d'autres travailleurs les tiraient d'en bas, avec des cordes et des câbles.

« Après être restés longtemps campés en cet endroit, et avoir consommé tous leurs moyens pécuniaires, comme leur peine et leurs fatigues allaient en croissant, que leur résolution, au contraire, s'affaiblissait de jour en jour, et que leurs forces étaient épuisées, ils furent contraints de renoncer honteusement à leur entreprise. Loin d'obtenir le succès qu'ils s'étaient promis et de réussir dans leur dessin, ils n'en retirèrent d'autre avantage que de gâter la pyramide et de mettre dans une entière évidence leur impuissance et leur faiblesse. Ceci se passa en l'année 593. — Aujourd'hui, quand on considère les pierres provenues de la démolition, on se persuade que la pyramide a été détruite jusqu'aux fondements; mais si, au contraire, on porte les regards sur la pyramide, on s'imagine qu'elle n'a éprouvé aucune dégradation et que, d'un côté seulement, il y a une partie du revêtement qui s'est détachée.

« Étant un jour témoin de l'extrême peine qu'il en coûtait pour arracher une seule pierre, je m'adressai à l'un des piqueurs qui dirigeaient les appareilleurs, et je lui fis cette question : si l'on vous offrait mille pièces d'or pour remettre une de ces pierres à sa place et l'ajuster comme elle était auparavant, pensez-vous que vous puissiez y réussir?

« Sa réponse fut que quand on lui donnerait encore plusieurs fois autant, il n'en pourrait point venir à bout, — ce qu'il affirma avec serment [*]. »

[*] Abd-el-Latif, *Description de l'Égypte*, etc. pp. 178-179.

bleu dont on a retrouvé les fragments. Cela donna lieu plus tard de lui attribuer, au détriment du fondateur réel, la construction de la pyramide entière. Les voyageurs grecs, à qui leurs exégètes racontaient l'histoire de *la belle aux joues de rose*, changèrent la princesse en courtisane et substituèrent au nom de Nitakrit, le nom plus harmonieux de Rhodopis. Un jour qu'elle se baignait dans le fleuve, un aigle fondit sur une de ses sandales, l'emporta dans la direction de Memphis et la laissa tomber sur les genoux du roi qui rendait alors la justice en plein air. Le roi émerveillé, et par la singularité de l'aventure et par la beauté de la sandale, fit chercher par tout le pays la femme à qui elle avait appartenu, et c'est ainsi que Rhodopis devint reine d'Égypte. A sa mort elle eut pour tombeau la troisième pyramide [1]. Le Christianisme et la conquête arabe modifièrent encore une fois le caractère de la légende, sans effacer entièrement le souvenir de Nitokris. « L'on dit que l'esprit de la pyramide méridionale ne paroist jamais dehors qu'en forme d'une femme nuë, belle au reste, et dont les manières d'agir sont telles que quand elle veut donner de l'amour à quelqu'un et luy faire perdre l'esprit, elle luy rit et, incontinent, il s'approche d'elle et elle l'attire à elle et l'affole d'amour, de sorte qu'il perd l'esprit sur l'heure et court vagabond par le pays. Plusieurs personnes l'ont veuë tournoyer

---

1. Strabon, l. XV, c. I Cf. Hérodote, II, 134, 135.

autour de la pyramide sur le midy et environ le soleil couchant [1]. »

C'est Nitokris qui hante ainsi le monument dont elle avait achevé la construction [2].

---

[1]. *L'Égypte de Murtadi, fils de Gaphiphe*, de la traduction de M. Pierre Wattier. A Paris, MDCLXVI, p. 65.
[2]. V. Maspero, *Histoire ancienne des peuples de l'Orient* pp. 93-94.

GYZEH

PETITES PYRAMIDES A DEGRÉS

« Deux pyramides plus petites que la quatrième sont alignées avec elle, dans le sens de l'est à l'ouest. Elles se distinguent par leur forme qui se compose de quatre corps placés en retraite de la base au sommet; ce sont comme de larges degrés. Chacun de ces corps est divisé lui-même en marches très hautes et très étroites; le parement en est incliné; le sommet est une plate-forme [1]. »

---

[1]. *Description de l'Égypte*, t. V, p. 657. (Ces pyramides ont été détruites depuis.)

PYRAMIDE D'ABOUROACH

NON ENCORE OUVERTE. — ÉPOQUE INCONNUE.

La pyramide d'Abouroach, à deux heures au nord-ouest des pyramides de Gyzeh, est dans un état de dégradation qui semblerait la reporter à une époque encore plus ancienne que celle des pyramides de Gyzeh; elle était aussi de moindres dimensions.

Le colonel Wyse a mesuré à la base 320 pieds anglais (97 mètres). Il ne reste du monument que cinq ou six assises, avec une chambre sépulcrale, située au-dessous du niveau du sol.

PYRAMIDES DE ZAOUYET-EL-ARRYAN

EN BRIQUES CREUSES. — NON ENCORE OUVERTES. —
ÉPOQUE INCONNUE.

En quittant les pyramides de Gyzeh, on se dirige vers le sud, longeant la lisière du désert. Au bout d'une heure, on aperçoit, à droite, les restes de deux pyramides. Celle du nord, près du village Zaouyet-el-Arryan, doit avoir été égale en grandeur à la troisième pyramide de Gyzeh ; chacune de ses faces a 91 mètres de longueur ; l'autre n'est plus qu'un amas informe.

SAKKARAH

Vᵉ ET VIᵉ DYNASTIES.

PYRAMIDES D'OUNAS, TETI, PEPI Iᵉʳ MIRINRI ET PEPI II

Les pyramides d'Ounas, Teti, Pepi Iᵉʳ, Mirinri et Pepi II ont été presque toutes édifiées sur un modèle unique et ne se distinguent que par les proportions. La porte s'ouvre juste au-dessous de la première assise, vers le milieu de la face septentrionale et le couloir (B) descend, par une pente assez douce, entre des murs en calcaire. Il est bouché sur toute son étendue de gros blocs qu'on doit briser avant de parvenir à la salle d'attente (c). Au sortir de cette salle, il marche quelque temps encore dans le calcaire, puis il passe entre quatre murs de granit de Syène polis, après quoi le calcaire reparaît, et on débouche dans le vestibule (E). La partie bâtie en granit est interrompue trois fois à 60 ou 80 centimètres d'intervalle, par trois énormes herses de granit (D). Au-dessus de chacune d'elles se trouve un vide dans lequel elle était maintenue par des supports qui laissaient le passage libre ; la momie une fois introduite, les ouvriers, en se retirant, enlevaient

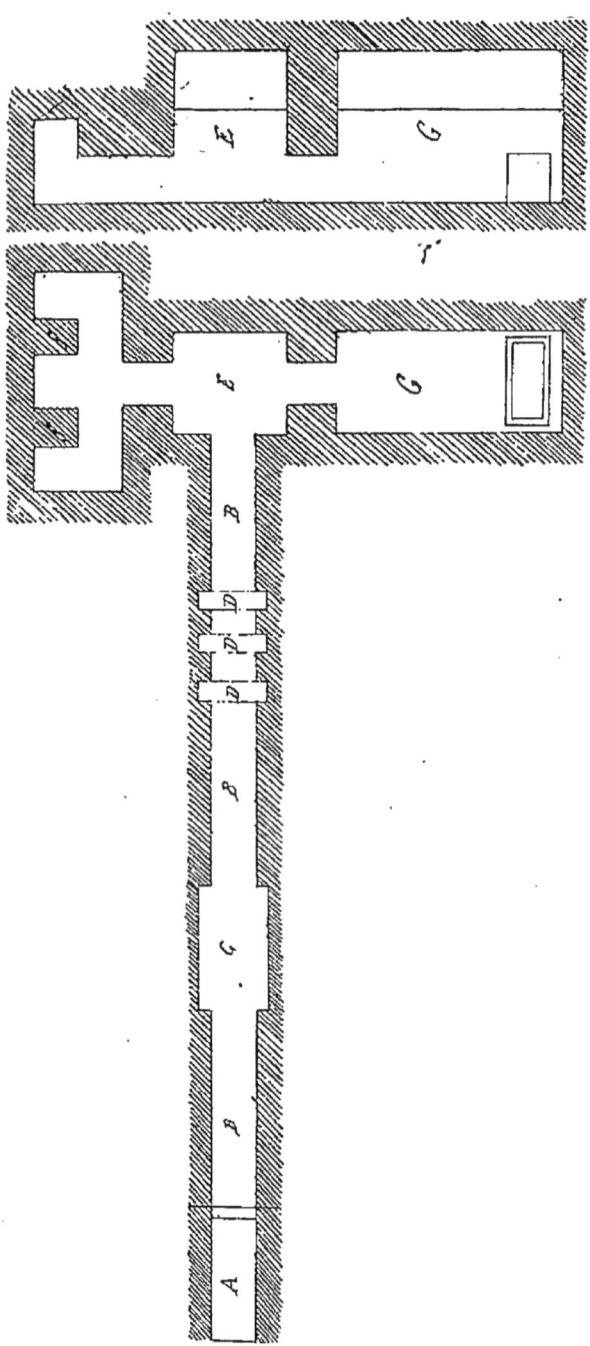

Plan de l'intérieur des pyramides d'Ounas, Teti, Pepi Ier, Mirinri et Pepi II.

les étais, et les trois herses tombant en place, interceptaient toute communication avec le dehors. Le vestibule était flanqué, à l'est, d'un serdab à toit plat, divisé en trois niches et encombré d'éclats de pierres, balayés à la hâte par les esclaves au moment où l'on nettoyait les chambres pour y recevoir la momie. La pyramide d'Ounas les a conservées toutes trois. Dans Teti et Mirinri, les murs de séparation ont été fort proprement enlevés, dès l'antiquité, et n'ont laissé d'autre trace qu'une ligne d'attache et une teinte plus blanche de la paroi, aux endroits qu'ils recouvraient primitivement. Le caveau (G) s'étendait à l'ouest du vestibule ; le sarcophage y était déposé le long de la muraille occidentale, les pieds au sud, la tête au nord (H). Le toit des deux chambres principales était pointu. Il se composait de larges poutres en calcaire, accotées l'une à l'autre par l'extrémité supérieure, appuyées par en bas sur une banquette basse (I) qui courait antérieurement. La première poutre était surmontée d'une seconde, celle-ci d'une troisième, et les trois réunies (I) protégeaient efficacement le vestibule et le caveau.

Ces pyramides sont contemporaines des mastabats à caveaux peints. On ne s'étonnera donc point d'y rencontrer des inscriptions et des ornements. Partout les plafonds sont chargés d'étoiles pour figurer le ciel et la nuit. Le reste de la décoration est fort simple. Dans la pyramide d'Ounas, où elle joue le plus grand rôle, elle n'occupe que le fond de la chambre funéraire ; la partie voisine du sarcophage avait été revêtue d'albâtre et ornée à la pointe des grandes portes monumentales par lesquelles le mort était censé entrer dans ses magasins de provisions. Les figures d'hommes et d'animaux, les scènes de la vie courante, le détail de sacrifice, n'y sont point représentés et n'auraient pas d'ailleurs été à leur place en cet endroit. On les retraçait dans les lieux où le double menait sa vie publique, et où les visiteurs exécutaient réellement les rites de l'offrande ; les couloirs et le caveau où l'âme était seule à circuler ne pouvaient recevoir d'autre ornementation que celle qui a rapport à la vie de l'âme. Les textes sont de deux sortes. Les moins nombreux ont trait à la nourriture du double et sont la transcription littérale des formules par lesquelles le prêtre lui assurait la transmission de chaque objet au-delà de ce monde : c'était pour lui une ressource suprême, au cas où les sacrifices réels auraient été suspendus, et où les tableaux magiques de la chapelle auraient été détruits. La plus grande partie des inscriptions se rapportaient à l'âme et la préservaient des dangers qu'elle courait au ciel et sur la terre. Elles lui révélaient les incantations souveraines contre la morsure des serpents et des animaux venimeux, les mots de passe qui lui permettaient de s'introduire dans la compagnie des dieux bons, les exorcismes qui annulaient l'influence des dieux mauvais. De même que la destinée du double était de continuer à mener l'ombre de la vie terrestre et s'accomplissait dans la chapelle, la destinée de l'âme était de suivre le soleil à travers le ciel et dépendait des instructions qu'elle lisait sur les murailles du caveau. C'était par leur vertu que l'absorption du mort en Osiris devenait complète et qu'il jouissait désormais de toutes les immunités naturelles à la condition divine. — Là-haut, dans la chapelle, il était homme et se comportait à la façon des hommes ; ici, il était dieu et se comportait à la façon d'un dieu [1].

1. G. Maspero, l'*Archéologie égyptienne*.

PYRAMIDES D'ABOUSYR

Des quatorze pyramides qui existaient autrefois à Abousyr, il n'en reste plus guère aujourd'hui que quatre de visibles.

La plus grande mesurait originairement, selon les mesures du colonel Wyse, 359 pieds et 9 pouces carrés, et 227 pieds 10 pouces de hauteur.

Ces mesures sont réduites, aujourd'hui, à 325 pieds et 164 pieds.

La plus au nord est celle de Sahoura (V^e dynastie). Elle avait originairement 257 pieds carrés et 162 pieds 9 pouces de hauteur, qui sont réduits maintenant à 216 pieds carrés et 118 pieds de hauteur.

Elles sont, extérieurement, en très mauvais état, mais les chambres intérieures ont été construites avec le plus grand soin et possèdent des blocs servant des plafonds qui sont plus grands que ceux des pyramides de Gyzeh.

Quelques-uns de ces blocs n'ont pas moins de 35 à 50 pieds de longueur sur 12 pieds d'épaisseur.

Sur quelques blocs provenant de la seconde de ces pyramides on a trouvé tracé à la sanguine le nom du roi Ra-nouser de la Ve dynastie.

Une autre pyramide isolée est située à environ 900 mètres au nord du groupe. On reconnaît à l'Est et au Sud des pyramides deux chaussées analogues à celles des pyramides de Gyzeh et les restes de plusieurs temples.

« Nous vîmes à Bousir plusieurs pyramides. Il y en avait une démolie dont il ne restait que le noyau ; nous la mesurâmes à partir de ses fondements et nous trouvâmes qu'elle ne le cédait point aux pyramides de Djizeh [1]. »

---

1. Abd-el-Latif, *Description de l'Egypte,* p. 204.

MASTABAT-EL-FARAOUN [1]

Cette immense construction s'élève au sud de la nécropole de Sakkarah. Elle a une hauteur moyenne de 20 mètres, une largeur de 72, une profondeur de 102. Elle est orientée comme les pyramides.

Le Mastabat-el-Faraoun est une sépulture royale dont la disposition intérieure rappelle celle de la pyramide de Mycérinus : mêmes couloirs inclinés, mêmes chambres, mêmes grandes niches latérales.

On trouve sur la plate-forme du Mastabat-el-Faraoun quelques blocs en place, qui ne peuvent être que des pierres d'attente, et d'où l'on pourrait conclure que la construction n'a pas été achevée, ou bien qu'elle a perdu son couronnement. Il n'est pas rare de lire parmi les titres des personnes ensevelies dans la nécropole de Sakkarah, celui de prêtre attaché au culte d'un monument funéraire dont la forme est dessinée page 98.

Qui sait si nous n'avons pas là, le Mastabat-el-Faraoun lui-même.

---

1. Mastabat-el-Faraoun, nom arabe qui signifie « *siège de Faraoun* ».

Jusqu'en 1858, le Mastabat-el-Faraôun était fermé et l'entrée inconnue.

Mariette [1] a fait faire à ce [moment des recherches qui ont amené la découverte de la porte donnant accès dans l'intérieur du monument.

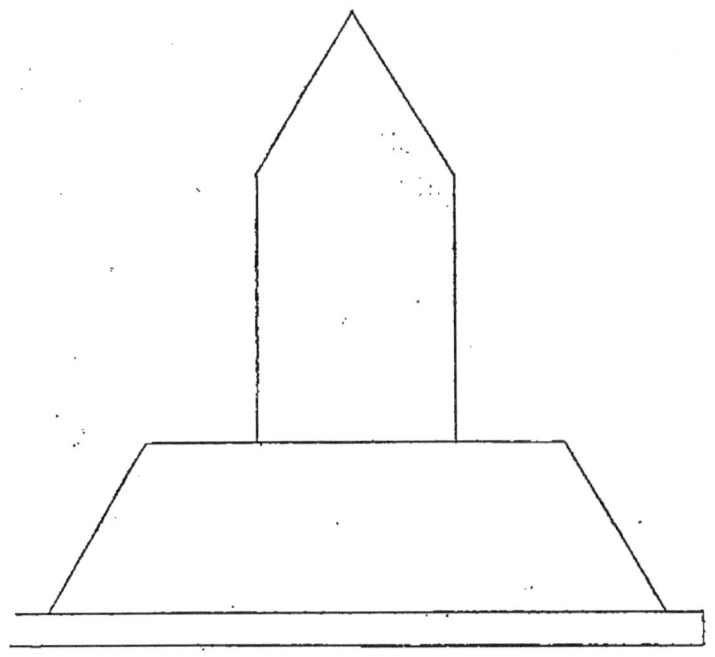

Les blocs tombés en travers étaient de proportions si énormes qu'il a fallu les efforts les plus énergiques pour les déplacer, et que souvent on n'y a réussi qu'en faisant jouer la mine.

L'intérieur du Mastabat-el-Faraoûn n'a pas d'inscriptions.

Le sarcophage destiné à la momie royale était de cette pierre basaltique très noire dont les frag-

---

1. Mariette, *Voyage dans la Haute-Égypte*.

ments gisent en avant de la face orientale de la pyramide principale de Gyzeh; il avait été brisé. Dans l'interstice de deux blocs, on a recueilli un maillet en bois oublié, sans aucun doute, pendant la construction. Ce très ancien outil est maintenant déposé dans la collection du musée de Gyzeh [1].

1. Mariette, *Voyage dans la Haute Égypte.*

PYRAMIDES DE LICHT

Les deux pyramides de Licht, bâties en pierre, sont situées au sud des pyramides de Dachour, sur la gauche du village de Licht. Le revêtement de ces deux pyramides a disparu tout entier et l'on dirait de loin deux tertres qui rompent la ligne du désert, plutôt que deux édifices façonnés de main d'homme. Les chambres funéraires ménagées fort bas dans le sable se sont remplies d'eau par infiltration, et l'on n'a pas réussi encore à les vider assez pour y pénétrer [1].

---

1. Ces pyramides, signalées par Jomard, *Description des Antiquités de l'Heptamonide*, et par Perring-Vyse, *Operations carried on*, t. III, pp. 77-78, ont été ouvertes de 1882 à 1886 par M. Maspero (V. Maspero, *Études de mythologie et d'archéologie égyptiennes*, t. I, pp. 148-149). Les objets qui y ont été recueillis sont conservés aujourd'hui au musée de Gyzeh.

TEMPLE FUNÉRAIRE DE L'ANCIEN EMPIRE

Ce temple est situé à 40 mètres au sud du

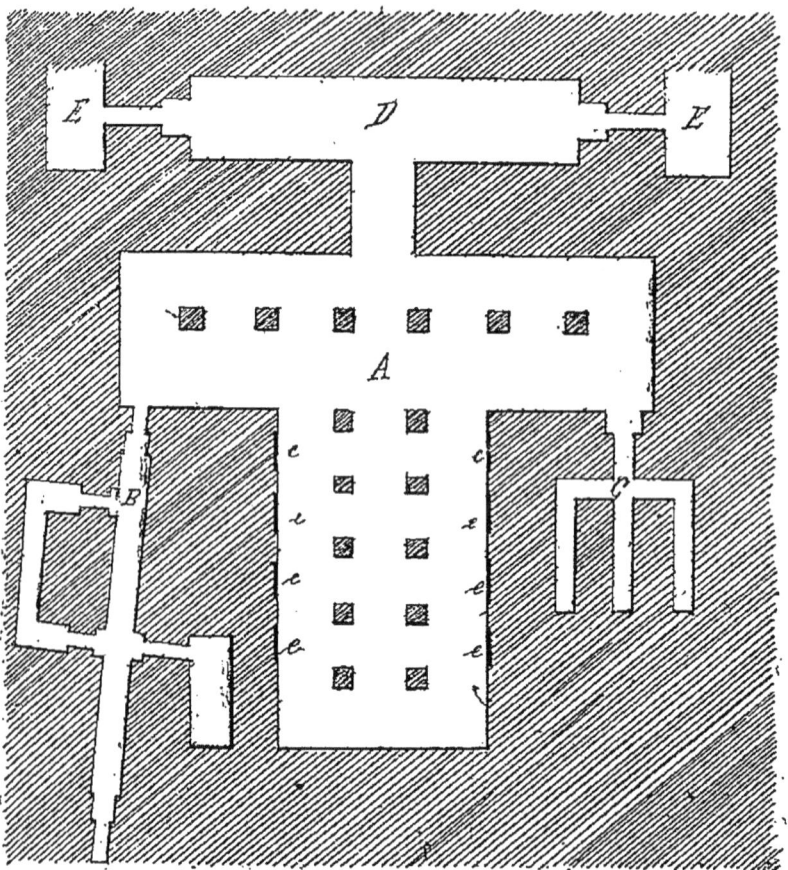

Plan du temple funéraire de l'Ancien Empire [1].

Sphynx de Gyzeh. La façade ne paraît pas,

---

[1]. Ce temple a été découvert par A. Mariette en 1858.

cachée qu'elle est sous le sable ; l'extérieur seul a été déblayé en partie. Le noyau de la maçonnerie est en calcaire fin de Tourah. Le revêtement, les piliers, les architraves, la couverture, étaient en blocs d'albâtre ou de granit gigantesques. Le plan est des plus simples. Au centre (A), une grande salle en forme de T, ornée de seize piliers carrés, hauts de 5 mètres, à l'angle Nord-Ouest, un couloir étroit, en plan incliné (B) par lequel on pénètre aujourd'hui dans l'édifice, à l'angle Sud-Ouest, un retrait qui contient six niches superposées deux à deux (C). Une galerie oblongue (D), ouverte à chaque extrémité sur un cabinet rectangulaire enseveli sous les décombres (EE), complète cet ensemble. Point de porte monumentale, point de fenêtre, et le corridor d'entrée était trop long pour amener la lumière ; elle ne pénétrait que par des fentes obliques ménagées dans la couverture, et dont les traces sont visibles encore à la crête des murs (*e*, *e*), de chaque côté de la pièce principale. Inscriptions, bas-reliefs, peintures, ce qu'on est habitué à rencontrer dans les temples funéraires des époques postérieures ne se trouvent en aucune part ici.

NÉCROPOLE DE SAKKARAH

La plus ancienne, la plus étendue et la plus importante des nécropoles de Memphis est celle à laquelle le village de Sakkarah a donné son nom [1].

La nécropole de Sakkarah est située en plein sable. Juste au point où le désert commence et où les terres cultivées finissent, est un plateau sablonneux qui domine, d'une quarantaine de mètres, la plaine verdoyante étendue à ses pieds. Ce plateau a 7,000 mètres environ de longueur, sur une profondeur qui varie entre 500 et 1,500. C'est au sommet de la plaine qu'on trouve la nécropole.

La nécropole de Sakkarah devait être autrefois, comme toutes les nécropoles égyptiennes, une véritable ville des morts. Douze pyramides s'y dressaient, la signalant de loin à l'attention du voyageur. Elle avait ses rues bordées de tombes

---

[1]. Sakkarah est un gros village de la province de Gyzeh. Il est situé à l'ouest de l'emplacement de Memphis et à l'extrême limite des terres cultivées. Son nom ancien, d'après une liste du grand temple d'Abydos (Chambre *T*), est *Soker*, ce qui semblerait le mettre en rapport avec le culte de Socharis. Cf. Brugsch, *Geog. TT.*, p. 238.

monumentales, ses quartiers, ses carrefours, ses places.

La nécropole de Sakkarah n'est plus aujourd'hui qu'un amas de ruines entassées sur des ruines. Il est certain que, depuis douze cents ans, au moins, cette nécropole est la proie, non seulement du sable qui l'a envahie, mais des fouilleurs. Le sable a submergé ses tombes, effacé ses rues; les fouilleurs ont été, jusque dans les entrailles du sol, chercher les momies pour les violer et leur arracher l'or et les bijoux dont on les a trop souvent décorées. De là le spectacle attristant que présente aujourd'hui la nécropole de Sakkarah.

Il n'est pas sans intérêt de voir comment s'exprimaient déjà, à cet égard, deux historiens arabes du xie et du xve siècles de notre ère, et je ne résiste pas au désir de donner ici les renseignements si intéressants qu'ils nous ont laissés dans leurs remarquables ouvrages :

« Ainsi, tout ce qui paraissait désigner quelque chose, a été, à leurs yeux (les gens de son époque), le signal d'un trésor caché : ils n'ont pas pu voir une ouverture pratiquée dans une montagne, sans s'imaginer que c'était un chemin qui conduisait à quelque riche dépôt; une statue colossale a été pour eux le gardien de l'argent déposé à ses pieds, et le vengeur implacable de toute entreprise formée contre la sûreté de ce dépôt. Ils ont donc eu recours à toutes sortes d'artifices pour détruire ces statues et les dégrader; ils en ont mutilé les figures, comme des gens qui espéraient, par là, atteindre leur but, et qui craignaient, en les attaquant ouvertement, de s'attirer leur propre ruine : ils ont fait des ouvertures et creusé des trous dans les pierres, ne doutant point que ce ne fussent autant de coffres-forts remplis de sommes immenses ; ils se sont aussi enfoncés dans les fentes des montagnes, semblables aux voleurs qui pénétrent dans les maisons par toute autre voie que par les portes, et qui saisissent évidemment une occasion inconnue à tout autre qu'à eux.

« Parmi ces hommes avides dont nous parlons, les uns, qui jouissaient de quelque aisance, ont perdu leur bien à ces infructueuses recherches ; les autres, gens pauvres et sans ressources, vont trouver des hommes opulents, dont ils excitent la cupidité et enflamment les espérances, tant par les serments qu'ils prodiguent que par les secrets qu'ils se vantent d'avoir découverts et de posséder seuls, et par les indices certains qu'ils assurent avoir vus : ils font perdre ainsi aux victimes de leurs séductions, tout d'une fois, et leur raison et leur argent ; et ces malheureux finissent par se trouver réduits à une affreuse misère, en récompense de leur sotte crédulité.

« Il y a cependant quelques circonstances qui contribuent réellement à fortifier leur convoitise et à soutenir leur constance : c'est qu'ils rencontrent de temps à autre, sous terre, de vastes caveaux très solidement construits où sont renfermés une quantité immense de cadavres qui y ont été déposés à des époques très reculées. Ces corps ont été enveloppés dans des linceuls de toile de chanvre ; il y en a pour lesquels on a employé plus de mille aunes de toile. Chaque membre d'abord, comme la main, le pied ou les doigts, a été enveloppé séparément avec des bandes très fines. Tout le corps ensuite a été emmailloté d'une seule pièce, de manière à n'avoir plus que l'apparence d'un grand ballot. Les Bédouins, les Arabes établis dans les terres en culture et tous ceux généralement qui s'occupent à la recherche de ces caveaux mortuaires, enlèvent les linceuls et tout ce qui se trouve avoir encore une consistance suffisante ; ils emploient tout cela à se faire des vêtements ou bien ils le vendent à des manufacturiers de papiers, qui en font du papier à l'usage des épiciers [1]. »

« Ce qui donne lieu à la recherche des trésors et des dépôts enfouis en Égypte, a été pendant deux mille ans et plus sous la domination des Égyptiens, qui ensevelissaient leurs morts avec ce qu'ils posssédaient d'or, d'argent, de diamants et de pierres précieuses, suivant l'usage des anciennes nations. Quand l'empire des Égyptiens fut détruit et que les Perses furent devenus maîtres de ce pays, ils ouvrirent les sépultures pour en tirer ces richesses, en firent la recherche et enlevèrent des trésors immenses, tant de l'intérieur des pyra-

---

1. Abd-el-Latif. Traduction de M. Sylvestre de Sacy, pp. 197 et 198.

mides, par exemple, qui étaient les tombeaux des rois, que des autres sépultures. Les Grecs, après les Perses, en usèrent de même. En conséquence, les sépultures des Égyptiens passèrent depuis ce temps, et passent encore de nos jours, pour recéler des trésors. Effectivement, on y en trouve souvent. Ce sont donc les richesses que les anciens Égyptiens ensevelissaient avec leurs morts, les vases et les cercueils d'or et d'argent faits exprès pour cela, qu'ils consacraient à leur sépulture, qui ont donné lieu, plusieurs milliers d'années, à regarder leurs tombeaux comme une source de découvertes précieuses. C'est aussi ce qui a inspiré aux habitants de l'Égypte cette passion pour la recherche des trésors. Ce métier est si commun parmi eux, que lorsque, sous le dernier règne [1], on mit des impositions sur les diverses denrées et les différents genres d'industrie, on en mit aussi sur les gens qui font métier de chercher des trésors. Cet impôt tomba sur les imbéciles et les insensés qui se repaissent de ces recherches, et les imposteurs qui, par intérêt, font profession de s'y livrer, trouvèrent, dans cette imposition même, un prétexte de faire valoir leurs talents pour ce genre de recherches et de se vanter de leurs prétendues découvertes. »

Le règne dont il parle doit-être celui de Melik-el-Achraf Schaban, l'un des derniers mamlouks

---

[1]. Ebn Khaldoun écrivait ses *Prolégomènes historiques* vers l'an 780 de l'hégire.

Baharis, qui régna quatorze ans, depuis 764 jusqu'à la fin de 778 de l'hégire [1].

Il est important de se rendre compte de la constitution physique du plateau sur lequel la nécropole est fondée.

On doit se représenter ce plateau comme partagé par une coupe verticale en deux zones superposées. En dessous est un rocher de calcaire à surface accidentée; en dessous est une couche de beau sable fin.

La même coupe montrerait que le rocher n'est pas de même composition à toutes les profondeurs. Jusqu'à 6 ou 8 mètres de la surface on trouve un calcaire marneux entremêlé de filons de gypse cristallisé qui s'effrite au moindre contact. Un peu plus bas, le calcaire prend de la consistance, et à une vingtaine de mètres de profondeur, on arrive à une zone de calcaire siliceux aussi résistant et aussi compacte que l'assise du calcaire marneux des couches supérieures est tendre et friable.

La nécropole de Sakkarah doit aux conditions géologiques dans lesquelles se présente le sol qui lui sert de support, le caractère particulier par lequel elle se distingue, et qu'elle partage, du reste, avec les autres nécropoles de Memphis. A Abydos, les caveaux mortuaires sont, le plus souvent, construits dans le sable et en grosse

---

1. Extrait des *Prolégomènes historiques* d'Ebn-Khaldoun, liv. V, chap. 4. Traduction de M. S. de Sacy. — Appendix n° IX de la relation de l'Égypte-d'Abd-el-Latif, pp. 514 et 515.

maçonnerie, parce que le rocher que recouvre le sable est un grès à peine agglutiné; ils sont ménagés à Thèbes, dans le rocher et à une très petite profondeur, parce qu'à Thèbes, le rocher est immédiatement d'excellente qualité. Il n'en est pas de même à Sakkarah. Là le besoin d'aller chercher, pour le dépôt et la conservation des momies, une couche saine, a obligé les habitants de Memphis à creuser dans leurs nécropoles ces puits très profonds que l'on ne retrouve que par exception ailleurs, et qui, pour les cimetières memphites, sont la règle.

Bien que la nécropole de Sakkarah ait servi aux habitants de Memphis pendant toute la durée de la monarchie égyptienne, toutes les époques n'y sont pas également représentées. Les tombes anciennes y sont plus nombreuses, plus importantes que les autres, et à proprement parler, la nécropole de Sakkarah, comme celle de Gyzeh, est une nécropole de l'Ancien Empire.

Mais c'est surtout dans cette nécropole bien plus que dans celle de Gyzeh, que l'on peut le mieux étudier les divers modes de sépulture usités sous l'Ancien Empire.

LES MASTABATS

OU TOMBES DE L'ANCIEN EMPIRE

A l'exception du plateau situé au sud de la pyramide à degrés et de quelques plis de terrain qu'on trouve çà et là, l'Ancien Empire a répandu ses tombes sur toute la surface de la nécropole de Sakkarah [1]. Si d'autres époques sont venues

---

[1]. On peut diviser les tombes de Sakkarah en trois parties d'après leur position par rapport à la pyramide à degrés. Ce sont : 1° celles du plateau situé au nord de la pyramide; elles appartiennent en général, à l'Ancien-Empire, et c'est parmi elles que l'on trouve les plus vieux monuments de l'Égypte. 2° celles du plateau situé au sud de la pyramide; c'est la partie de la nécropole réservée à la sépulture des momies contemporaines des XVIIIe, XIXe et XXe dynasties. Les fouilles de ce plateau ont fourni au musée de Gyzeh des monuments de toute sorte, parmi lesquels il convient de citer la *Table de Sakkarah*, qui a donné une liste de rois, très importante pour l'histoire de l'Égypte; 3° celles du plateau situé à l'est de la pyramide. En marchant de l'ouest à l'est, c'est-à-dire de la pyramide vers les terres cultivées, on trouve sur ce plateau une première zone de tombes dont la construction remonte à l'Ancien-Empire, une seconde zone qui comprend les sépultures de la XXVIe dynastie et des suivantes, enfin une troisième zone qui est la nécropole grecque. Si l'on excepte les papyrus grecs qu'on y a trouvés, ce dernier plateau n'a donné qu'un petit nombre d'objets remarquables. L'intérêt se porte donc sur les deux premiers plateaux, dont le plus riche est celui du Nord.

ensuite, elles ont profité des vides laissés entre les anciennes tombes ; elles ont démoli celles-ci, usurpé celles-là ; moins grandes d'ailleurs, moins importantes que les tombes de l'Ancien-Empire, elles apparaissent dans la nécropole comme au second plan, et révèlent par leur pauvreté relative leur qualité d'usurpatrices. Sakkarah est ainsi, principalement, une nécropole de l'Ancien-Empire, dans les mêmes limites que le Moyen et le Nouvel Empire ont principalement leurs nécropoles, l'une à Abydos, l'autre dans la partie occidentale de Thèbes.

Les tombes de l'Ancien-Empire qu'on trouve à Sakkarah appartiennent à deux types.

Le premier est le type vulgaire. Les morts sont enterrés dans le sable, à un mètre de la surface. Les corps sont nus et à l'état de squelettes. Les os sont blancs, très légèrement jaunâtres. Il n'y a aucune trace de linges ni de cercueils en bois. Il semble que le sable seul ait été chargé du dessèchement du cadavre. Quelquefois, on trouve les quatre murs d'une tombe rectangulaire. Ces murs sont grossièrement bâtis en briques jaunes, faites avec du sable mélangé de limon et de cailloux. Un crépissage de terre noire et de paille hachée les enjolive à l'intérieur. Le plafond est aussi fait de briques et en voûte, le plus souvent ogivale. Quand la courbe du plafond amène un vide entre l'extrémité de deux briques, ce vide est tout simplement bouché avec un caillou ou un éclat de poterie. Très souvent, plusieurs tombes du premier type sont côte à côte et forment un petit ensemble. Les crânes de l'Ancien-Empire, qui ont figuré à l'Exposition de Paris en 1867, et qui sont maintenant déposés dans les collections du Muséum d'histoire naturelle, ont été extraits de ces tombes. Ils proviennent, par conséquent, d'individus des basses classes. Du reste, on n'y trouve rien, en fait d'objets de musée, que des vases d'une poterie grossière.

Les tombes plus soignées, plus riches, appartiennent uniformément au type du *Mastaba*.

Le Mastaba est une construction massive et lourde, dont le plan est un rectangle, et dont les faces sont quatre murs à peu près nus, symétriquement inclinés vers leur centre commun. Notre vignette fera comprendre, mieux que toute description, la forme extérieure du Mastaba (fig. 1).

Ainsi qu'on le voit par cette vignette, les faces du Mastaba ne sont pas lisses. Chaque assise, formée de blocs posés verticalement, est en retraite sur l'autre, ce qui donnerait au monument l'apparence extérieure de gradins, si la retraite des assises était plus profonde.

L'idée qu'on se fait, en général, de l'architecture égyptienne, porterait à croire que les Mastabats sont construits avec des blocs énormes. C'est, en effet, avec des blocs énormes qu'ont été élevés certains monuments d'une importance exceptionnelle, comme le Mastabat-el-Faraoun, le temple du Sphinx, les couloirs et les chambres des grandes pyramides. A Sakkarah, les architectes

Fig. 1.

Fig. 2.

Fig. 3.

Tombes de l'Ancien Empire.

des Mastabats ont été plus modestes. A part les cas où l'on ne pouvait pas faire autrement, comme, par exemple, pour les plafonds et certaines architraves, on n'y trouve que des blocs ordinaires d'une hauteur moyenne de 50 centimètres, avec une largeur et une profondeur proportionnées.

Il y a des Mastabats de toutes les dimensions. Le Mastaba de *Sabu* a 53 mètres sur 26, le Mastaba de *Ha-ar* 46 mètres sur 23, le Mastaba de *Ra-en-ma* 52 sur 25. Mais il en est, comme le Mastaba de *Hapi*, qui ne demandent à la nécropole qu'une surface de 8 m. 10 sur 5 m. 90. Quant aux hauteurs, elles varient moins. En général, les plus grands Mastabats n'ont pas plus de 8 à 9 mètres de hauteur, les plus petits atteignent à peine 4 mètres.

La nécropole de Sakkarah est située dans le désert. Pour en avoir une juste idée, il faut se la représenter comme un plateau dont le sol est un rocher calcaire recouvert de sable sur une épaisseur qui varie, mais qui n'est jamais considérable. C'est dans ce sable que les Mastabats sont plongés plus ou moins profondément, puisque leurs fondations sont toujours posées sur le roc. Nous insistons sur cette particularité, parce qu'il faut la connaître pour comprendre certaine disposition intérieure des Mastabats sur laquelle nous reviendrons.

Le plan du Mastaba, avons-nous dit, est un rectangle. Le grand axe du rectangle est, sans exception, dans la direction nord-sud. Aussi, aux pyramides de Gyzeh, la nécropole de l'Ouest, où les Mastabats sont rangés selon un plan symétrique, ressemble-t-elle à un échiquier dont les cases seraient uniformément allongées vers le nord.

Le Mastaba est ou doit être orienté astronomiquement selon le nord vrai. Cette loi ressort évidente de l'étude des Mastabats si nombreux qui couvrent, non seulement le plateau de Sakkarah, mais les plateaux d'Abousyr et de Gyzeh. Les plus soignés ont, uniformément, cette direction ; les autres y tendent tous, et si un écart de quelques degrés se fait remarquer, on voit clairement qu'il faut l'attribuer, non à la permission qu'auraient eue les constructeurs de donner à leurs Mastabats une direction quelconque, mais à leur négligence.

Les mastabats qu'on trouve sur le plateau de Sakkarah sont construits en pierre ou en briques.

Les mastabats construits en pierre sont de deux sortes : ceux qui sont construits en blocs de calcaire siliceux, pierre très dure, d'un ton bleuâtre ; ceux qui sont construits en blocs de calcaires marneux, pierre jaune relativement plus tendre, prise sur les lieux mêmes. Les mastabats en calcaire siliceux sont les plus importants et, à certains égards, les plus modernes. Les mastabats en calcaire marneux n'ont pas la richesse des autres. La pierre employée est celle dont on s'est servi pour la pyramide à degrés. Comme elle, ils semblent dominer la nécropole par leur plus grande antiquité.

Les mastabats en briques sont également de deux sortes. Les plus négligés sont en briques jaunâtres, les plus soignés en briques noires. Les briques jaunâtres sont faites de sable mélangé de cailloux et d'un peu de limon ; les briques noires sont faites de terre pure et de paille. Les premières sont toujours assez petites ($0,22 \times 0,11 \times 0,07$); les secondes sont plus massives ($0,38 \times 0,18 \times 0,14$). Les unes et les autres ne sont que séchées au soleil. Sur la question de l'antiquité relative des mastabats construits en briques jaunâtres et des mastabats construits en briques noires, je dirai que les briques jaunâtres me paraissent avoir été le plus anciennement employées et que leur usage, propre à l'Ancien-Empire, commence et finit avec lui. Les briques noires, au contraire, n'apparaissent guère qu'avec la seconde moitié de la IVe dynastie. On les emploie, en quelque sorte, exceptionnellement; mais plus tard, sous la XVIIIe dynastie et les suivantes, sous les Saïtes et jusque sous les Grecs, elles seront les seules dont on se servira.

Bien que tous orientés, les mastabats de Sakkarah ne sont pas rangés avec la symétrie des mastabats situés à l'ouest et au sud de la grande pyramide de Gyzeh. Tout est ici un peu pêle-mêle. En certaines parties, les mastabats sont disséminés ; plus loin, ils sont les uns sur les autres. Il en résulte, qu'on chercherait en vain, à Sakkarah, ce plan en damier qui s'accuse au premier coup d'œil, quand on parcourt le champ des grandes pyramides. A Sakkarah, la nécropole comportait certainement des rues, bordées de chaque côté de tombeaux. Mais ces rues se suivaient si irrégulièrement, elles se terminaient si fréquemment en impasse par les constructions ajoutées, elles étaient si étroites et avec si peu d'échappées de vue, qu'une fois engagé dans la nécropole le visiteur pourrait se croire dans un vrai labyrinthe.

C'est la face orientale qui, dans les mastabats est la face principale. C'est à la face *Est* en effet, que, quatre fois sur cinq, se trouve l'entrée du tombeau. Il est extrêmement rare que cette face soit absolument nue. — Presque toujours, voici ce qu'on y remarque :

1° A quelques mètres de l'angle Nord-Est est une niche quadrangulaire, très haute et très étroite, au fond de laquelle la maçonnerie même du mastaba dessine les longues rainures verticales qui distinguent les stèles de cette époque; cette niche est quelquefois remplacée par une stèle sans importance, avec ou sans inscription;

2° A quelques mètres de l'angle Sud-Est, se rencontre, tantôt une autre niche plus profonde, plus soignée, plus large, au fond de laquelle est une belle stèle monolithe de calcaire blanc couverte d'hiéroglyphes, tantôt une véritable petite façade architecturale au centre de laquelle est une porte (planche, fig. 2). Quand la face orientale présente à l'angle Sud-Est la niche que nous venons d'indiquer, le tombeau se termine là ; il n'y a pas de chambre intérieure, ou plutôt la niche en tient lieu. Quand, au lieu d'une niche, c'est la façade (fig. 2) qu'on rencontre, on a affaire à un tombeau complet, tel que nous le décrirons tout à l'heure.

Après la face *Est,* vient, comme importance relative, la face Nord. Quand l'entrée du tombeau est à la face Nord, il est de règle que la façade dont nous venons de montrer le style (fig. 2), soit reculée au fond d'une sorte de vestibule, et que, sur le devant du vestibule, on érige deux piliers monolites, sans abaque et sans base, soutenant l'architrave qui soutient elle-même le plafond (fig. 3).

Plus rarement que la face Nord, la face Sud est réservée à l'entrée du mastaba, et encore cette exception est-elle, le plus souvent, motivée par des circonstances locales dont il est toujours facile de se rendre compte. Quand l'entrée du mastaba est à la face Sud, le style d'architecture est tantôt celui que nous venons de voir réservé aux entrées de la face Est (fig. 2), tantôt celui que nous venons de voir réservé aux entrées de la façade Nord (fig. 3).

Quant à la face Ouest, on ne connait aucun exemple qui autorise à penser que cette face ait jamais été employée à autre chose qu'à terminer le mastaba de ce côté.

Le sommet du mastaba est une plate-forme

unie, sans accident d'aucune sorte. Mais le sol de la plate-forme est parsemé de vases qu'on y a enterrés à peu de profondeur. Ces vases sont pointus et sans anses. A l'ouverture, on y recueille une mince couche de limon jaunâtre, sans aucun doute, laissée en dépôt par l'eau dont on les avait emplis.

L'intérieur d'un mastaba complet se compose de trois parties : la *chambre*, le *serdab*, le *puits*.

1° *Chambre*. L'intérieur d'un mastabat peut être divisé en plusieurs chambres ; le plus souvent, il n'en a qu'une. On y entre par la porte au milieu de la façade (fig. 2 et 3).

La chambre de l'intérieur d'un mastaba est quelquefois toute blanche, quelquefois couverte à profusion de sculptures.

Au fond de la chambre, et regardant invariablement à l'est, est une stèle [1]. On trouve des chambres où la stèle seule est gravée et où le reste de la chambre est nu ; mais on ne trouvera pas une chambre dont les parois aient été gravées et où la stèle soit restée en blanc. On voit par là que la stèle est la partie principale de la chambre.

Au pied de la stèle est souvent une table d'of-

---

1. Les *stèles* sont ces dalles plates, quelquefois rectangulaires, plus souvent arrondies par le haut, dont tous les musées et particulièrement le musée de Gizeh sont si riches. Elles sont couvertes sur la face principale (rarement sur la face postérieure et les tranches) de tableaux entremêlés de textes plus ou moins serrés en écriture hiéroglyphique.

frande en granit, en albâtre, en calcaire, posée à plat sur le sol.

En général, l'ameublement de la chambre ne comportait aucun autre objet. Quelquefois cependant, de chaque côté de la table d'offrande et, par conséquent, de la stèle, on trouve, toujours posés sur le sol, soit deux obélisques de calcaire, soit deux supports également de calcaire, en forme de pieds d'autels et évidés à leur sommet pour recevoir des offrandes.

La chambre que nous venons de décrire était ouverte à tout venant. Il est remarquable, en effet, que l'entrée a toujours été sans porte. Nous ne connaissons que deux exceptions à cette règle dont on trouve l'application dans plusieurs centaines de tombeaux.

2° *Serdab*. Non loin de la chambre, plus souvent au sud qu'au nord, et plus souvent au nord qu'à l'ouest, caché et enfoui dans l'épaisseur de la maçonnerie, est un réduit bâti de grosses pierres, haut de plafond, étroit de murailles. Nos ouvriers l'ont nommé *Serdab*, un corridor, nom que nous lui avons laissé.

Le Serdab est quelquefois sans communication, d'aucune sorte, avec les autres parties du mastaba : il est muré pour l'éternité. Mais, quelquefois aussi, une sorte de conduit ou de boyau très étroit et quadrangulaire part du serdab et vient aboutir à la chambre sous la forme d'un trou oblong, assez petit pour qu'on ne puisse y introduire la main qu'avec peine.

L'usage du serdab nous est révélé par les objets que nous y avons trouvés; on y enfermait une ou plusieurs statues du défunt [1]. Quant au conduit, il servait aux personnes placées dans l'intérieur de la chambre, à faire passer jusqu'aux statues (qu'elles ne voyaient pas) la fumée d'un parfum.

Il est sans exemple que des inscriptions aient été trouvées dans l'intérieur d'un serdab, autre part que sur les statues. Il est aussi sans exemple qu'on ait trouvé dans les serdabs autre chose que des statues.

---

1. Qu'elle succombât (la momie) de manière ou d'autre et fût anéantie, que deviendrait le *double?* Cette crainte, cette terreur, suggéra l'idée de lui donner un soutien artificiel, la statue.

Les statues étaient plus solides que la momie, et rien n'empêchait de les fabriquer en la quantité qu'on voulait. Un seul corps était une seule chance de durée pour le *double*, vingt statues représentaient vingt chances. De là ce nombre vraiment étonnant de statues qu'on rencontre quelquefois dans une seule tombe. La piété des parents multipliait les images du mort et, par suite, les supports, les corps impérissables du *double*, lui assurant, par cela seul, une presque immortalité.

Un réduit spécial était préparé, dans l'épaisseur du massif qui formait la partie construite de la tombe, pour recevoir ces statues de bois ou de pierre, pour les conserver à l'abri des regards et de toute tentative indiscrète. D'autres effigies étaient placées dans les chambres du tombeau ou dans les cours qui le précédaient.

Si, pour résister à l'anéantissement, le *double* n'avait eu besoin que de la persistance de l'image, celui de Chephren, le constructeur de la seconde des grandes pyramides, vivrait encore, préservé par la magnifique statue de diorite qui fait la gloire de Boulaq; grâce à la dureté de la matière, il aurait toute chance de ne jamais périr *.

* G. Maspero, *L'archéologie égyptienne.*

Le musée de Boulaq possède une centaine de statues de l'Ancien-Empire provenant de Sakkarah. Les neuf dixièmes de ces statues ont été recueillies dans les serdabs. Les autres étaient placées dans des cours, qu'à une certaine époque de la IVe dynastie, il a été de mode de construire en avant de la façade du mastaba.

3° *Puits*. Le puits est une excavation artificielle, de forme carrée ou rectangulaire, jamais ronde, au fond de laquelle on trouve des chambres où sont déposées les momies.

Pour arriver à l'orifice du puits, il faut monter sur la plate-forme du mastaba. Comme le mastaba n'a jamais eu d'escalier intérieur ou extérieur, on voit déjà que le puits devait être une partie inaccessible du tombeau.

La place du puits est en général au milieu du grand axe du mastaba, et plus près du nord que du sud.

La profondeur du puits varie. Elle est en moyenne de 12 mètres; elle est quelquefois de 20 ou 25. Le puits partant de la plate-forme et aboutissant à des chambres qui sont taillées dans le rocher, on voit que le puits traverse verticalement : 1° le mastaba de part en part, 2° le rocher sur lequel le mastaba pose ses fondations.

Dans la partie construite, le puits est bâti de belles et grandes pierres. C'est même là un des caractères auxquels, à part tout autre indice, on reconnaît les puits de l'Ancien-Empire.

Quand le puits est vierge, il est rempli jusqu'à la bouche d'éclats de pierre mêlés de sable et de terre, le tout formant, avec l'eau qu'on y a jetée, une sorte de ciment compacte, qu'on ne parvient aujourd'hui à percer qu'avec les plus grands efforts.

Pour descendre dans le puits, il faut être muni de cordes. Arrivé au fond, on est déjà sur le rocher. Un trou béant se montre à la paroi du sud. C'est l'entrée d'un couloir. Ce couloir, où l'on ne marche que courbé, ne suit pas tout à fait l'axe du mastaba. Il se dirige obliquement vers le sud-est, précisément dans la direction de la chambre extérieure. Tout à coup, le couloir s'élargit en tous sens; une chambre se présente : c'est la chambre mortuaire proprement dite, celle pour laquelle en définitive le mastaba tout entier a été construit.

Cette chambre mortuaire est dans la verticale de la chambre extérieure.

Les survivants qui profitaient de l'accessibilité de la chambre extérieure et s'y réunissaient, avaient ainsi, à une plus ou moins grande distance, selon la profondeur du puits, le défunt sous leurs pieds.

Les chambres mortuaires du mastaba sont grandes, bien taillées. « Une seule fois », dit Mariette, « j'en ai trouvé une dont les parois avaient été utilisées pour des ornements. » Au milieu de ces ornements, on distinguait, à grand'peine, quelques lambeaux de phrases paraissant appartenir au *Rituel*.

En un coin de la chambre, est le sarcophage. Le sarcophage est le plus souvent en calcaire fin, rarement en granit rose, plus rarement encore en pierre basaltique d'un noir opaque. La cuve est rectangulaire. Le couvercle est plat comme une dalle, ou voûté par dessus avec quatre oreillettes carrées aux angles. Les inscriptions ne sont que le nom et les titres du défunt; on y gravait, par exception, la formule des cérémonies à accomplir à certains anniversaires. Jusqu'à la VIe dynastie, le caveau est nu; une seule fois Mariette y a trouvé des lambeaux d'inscriptions appartenant au Livre des morts. M. Maspero a découvert à Saqqarah, en 1881, des tombes où, dit-il,[1] il est orné, de préférence à la chapelle. Elles sont en grosses briques et n'ont, pour le sacrifice, qu'une niche renfermant la stèle. A l'intérieur, le puits est remplacé par une petite cour rectangulaire, dans la partie occidentale de laquelle on ajustait le sarcophage. Au-dessus du sarcophage, on bâtissait, en calcaire, une chambre aussi large et aussi longue que lui, haute d'environ 1 mètre, et recouverte de dalles posées à plat. Au fond ou sur la droite, on réservait une niche qui tenait lieu de Serdab. On ménageait, au-dessus du toit plat, une voûte de décharge d'environ 0 m. 50 de rayon et, par dessus la voûte, on plaçait des lits horizontaux de briques jusqu'au niveau de la plate-forme. La chambre occupe les deux tiers

---

1. G. Maspero, *L'archéologie égyptienne*, p. 123.

environ de la cavité et a l'aspect d'un four dont la gueule serait restée béante. Quelquefois, les murs de pierres reposent sur le couvercle même du sarcophage, et la chambre n'était achevée qu'après l'enterrement. Le plus souvent, ils s'appuient sur deux montants de briques, et le sarcophage pouvait être ouvert ou fermé à volonté. La décoration, tantôt peinte, tantôt sculptée, est la même partout. Chaque paroi était comme une maison où étaient déposés les objets dessinés ou énumérés à la surface; aussi avait-on soin d'y figurer une porte monumentale, par laquelle le mort avait accès à son bien. Il trouvait sur la paroi de gauche un monceau de provisions et la table d'offrandes; sur celle du fond, des ustensiles de ménage, du linge, des parfums, avec le nom et l'indication des quantités. Ces tableaux sont un résumé de ceux qu'on voit dans la chapelle des mastabats communs. Si on les a distraits de leur place primitive, c'est qu'en les transportant au caveau, on les garantissait contre les dangers de destruction qui les menaçaient dans des salles accessibles au premier venu, et que leur conservation assurait plus longtemps au mort la possession des biens qu'ils représentaient.

On ne s'est pas toujours fié à la masse et au poids du couvercle pour fermer solidement le sarcophage. Le dessous du couvercle conserve, au milieu, une saillie de quatre ou cinq centimètres qui a la forme exacte de la cuve et s'y emboîte. Les bords de la cuve et les bords du couvercle sont, en outre, rendus plus adhérents par un ciment très dur. Enfin, comme si ce n'était pas assez de ces précautions, des boulons en bois, qui passent en travers le couvercle et vont se perdre dans le bord de la cuve, achèvent de sceller l'une à l'autre les deux parties du sarcophage. Il faudrait, dit Mariette, réunir plus d'exemples qu'il n'a pu en trouver pour décider la question de la momification sous l'Ancien Empire. Ce qu'il y a de certain, est :

1° Qu'il n'existe aucun morceau de linge de momie authentique de cette époque;

2° Que cependant les ossements recueillis dans les sarcophages ont la couleur brunâtre des momies et exhalent une vague odeur de bitume. Les sarcophages que nous avons trouvés vierges ne sont pas au nombre de plus de cinq ou de six. Chaque fois, à l'ouverture, nous avons constaté que le mort était à l'état de squelette. Quant au linge, nulle trace qu'un peu de poussière sur le fond du sarcophage, laquelle pouvait provenir de toute autre chose que d'un linceul réduit en poudre.

L'ameublement du caveau d'un mastaba ne comporte ni statues, ni statuettes funéraires, ni amulettes d'aucune sorte, ni Canopes. Quelquefois des ossements de bœuf jonchent le sol [1]. Deux

---

1. On trouve quelquefois aussi une couche de sable fin répandue sur le sol, et sur ce sable, on voit encore distinctement l'empreinte des pieds des ensevelisseurs qui, trois ou quatre mille ans auparavant, avaient déposé le mort dans son sarcophage.

ou trois grands vases rouges, pointus, ne contenant qu'une mince couche de limon, sont appuyés contre les parois du caveau. Dans l'intérieur du sarcophage, même sobriété d'objets funéraires. Un cheval en bois ou en albâtre, une demi-douzaine de petits godets en albâtre, c'est là tout ce qu'on y recueille.

Une fois le corps dans le sarcophage, le sarcophage fermé et les divers objets que nous venons de décrire en place, on murait l'entrée du couloir horizontal au fond du puits, on emplissait le puits lui-même de pierres, de terre, de sable, et le mort reposait ainsi pour l'éternité, à l'abri de toute violation facile [1].

Du fond des ténèbres où il demeure, le mort semble avoir ainsi les yeux fixés vers la région du ciel où se rallume chaque jour la flamme de la vie; on dirait qu'il attend et qu'il épie le rayon qui doit venir illuminer sa nuit et le tirer de son long sommeil.

Tous les monuments de l'Ancien-Empire paraissent se ressembler. Ils forment un tout compact, uniformément revêtu de ce style *sui generis* qu'on appelle le style de l'Ancien-Empire. Mais bientôt, en y regardant de plus près, des nuances s'établissent. On obtient alors le tableau suivant :

Tombeaux de l'une des trois premières dynasties.

---

[1]. Les mastabats de l'Ancien-Empire trouvés à Sakkarah n'ont pas tous des inscriptions. Il y en a à peine un sur quatre qui soit dans ces conditions favorables.

Tombeaux de la IVe dynastie.
Tombeaux de la Ve dynastie.
Tombeaux de la VIe dynastie.

Bien que ces tombeaux embrassent la période de l'Ancien-Empire et que l'Ancien-Empire soit compris entre la première et la XIe dynastie, on voit cependant que la série s'arrête à la VIe. Cette lacune n'est que la conséquence d'un fait reconnu depuis longtemps.

De la VIe à la XIe, la série des monuments s'interrompt brusquement, et nous avons là toute une période historique qui n'est représentée que par les extraits de Manethon.

TOMBEAUX DE L'UNE DES TROIS PREMIÈRES DYNASTIES.

Les tombeaux de l'une des trois premières dynasties ne diffèrent pas, comme ensemble, des autres tombeaux de l'Ancien-Empire. Mais ils offrent dans les détails quelques traits distinctifs, auxquels on les reconnaît.

1° Ils n'ont qu'une chambre extérieure bâtie en briques jaunes, bien rarement en calcaire. Le plan de la chambre a la forme d'une croix. L'arche est le couloir d'entrée ; la chambre figure les deux bras ; la stèle donne le chevet. La chambre a des dimensions si petites en largeur, qu'on a de la peine à s'y retourner ;

2° La stèle est l'exagération de stèles de l'Ancien-Empire. Plus tard, les accidents de cette stèle (qui, dans l'ensemble, est la représentation d'une façade d'édifice du temps) ne sont indiqués que par des reliefs peu saillants et comme adoucis.

Ici les creux s'enfoncent dans la pierre à une profondeur extrême, au point que les côtés mêmes des creux ont pu être sculptés et ornés de tableaux ;

3° Les hiéroglyphes et les figures sont en reliefs plus vigoureux qu'ils ne le seront jamais. Les figures sont trapues, ébauchées à grands coups, plutôt que finies. Les hiéroglyphes sont comme en désordre ; les formes inconnues et inusitées y sont communes ; ils sont lourds, espacés, gauchement ajustés. On n'a pas su les proportionner les uns avec les autres, ni avec les figures qu'ils accompagnent. Bien qu'aucune partie de la chambre ne soit peinte, les personnages ont la paupière inférieure bordée d'une bande verte. En ce qui regarde la langue et l'écriture, on n'en saurait trop rien dire, vu le petit nombre d'exemples dont nous disposons. Cependant certaines formules, qui bientôt seront banales, semblent être inconnues. La phraséologie est plus brève. Il y a un moins fréquent usage du phonétisme. Les charges attribuées au défunt sont souvent propres à cette époque et intraduisibles. Tout, dans l'écriture aussi bien que dans la sculpture, présente quelque chose qui dépayse l'œil ;

4° Loin d'être orientés, les tombeaux de ce temps dévient d'une douzaine de degrés en moyenne, à l'ouest du nord vrai. Mais ce caractère perd de sa valeur, si l'on songe, en premier lieu, que ces observations n'ont pu être faites que sur un

8*

nombre restreint de monuments ; en second lieu, que ces monuments appartiennent à une même zône de la nécropole et à un ensemble où toutes les tombes ont plus ou moins cette direction. Il a suffi d'une mauvaise orientation donnée à la plus anciennement bâtie, pour que toutes les autres aient dévié dans le même sens.

Il n'est pas rare de trouver des morts ensevelis au milieu d'une construction rectangulaire de briques jaunes formant, à l'intérieur, une petite chambre voûtée, enduite d'un crépissage blanc. Le cadavre, en ce cas, est un squelette déposé nu dans le sable ; mais on trouve non loin, des vases d'une poterie grossière, en général pointus, des godets de petite forme (4 ou 5 centimètres de diamètre) taillés soit dans le calcaire, soit dans l'albâtre, et des ossements de bœufs. Les statuettes funéraires, les canopes, les amulettes, les coffrets qui, plus tard, formeront le mobilier des tombes, sont encore à ce moment absolument inconnus.

TOMBES DE MEÏDOUM [1]

Ces tombes appartiennent au type des *mastabats*. Elles rappellent, comme plan et disposition générale, les tombes trouvées par Mariette près de la pyramide à degrés de Sakkarah, et par lui rangées dans la catégorie des monuments appartenant aux trois premières dynasties. Cependant

---

1. Les tombes de Meïdoum ne sont connues que depuis les fouilles pratiquées par nous en 1871.

C'est sous les monticules de sable qui sont au nord de la pyramide, que nous découvrîmes une dizaine de tombes, malheureusement presque toutes déjà violées, à une époque qui ne peut être déterminée.

La seule tombe que nous eûmes la bonne fortune de trouver intacte, appartenait au prince Ra-Hotep et sa femme Nofert, et renfermait les deux admirables statues en calcaire peint, conservées actuellement au Musée du Caire.

Ces deux statues ont été trouvées l'une à côté de l'autre. La première représente un prince du sang qui avait le titre de *général d'infanterie*, très rare sous l'Ancien-Empire, et qui s'appelait *Ra-Hotep*. La seconde représente une femme nommée *Nofert* (la belle); elle n'a pas d'autre titre que celui de *parente du roi*.

Les têtes de ces statues sont pleines de vérité et de vie. La bouche de Nofert, plissée par un léger sourire, semble sur le point de parler; les yeux ont le même regard, si animé qu'il inquiète, observé dans le scribe du Louvre et dans la statue en bois du Musée de Gyzeh. Ils sont incrustés et exécutés au moyen du procédé qui a servi pour ces deux figures :

Une enveloppe de bronze représentant les paupières, enchâsse

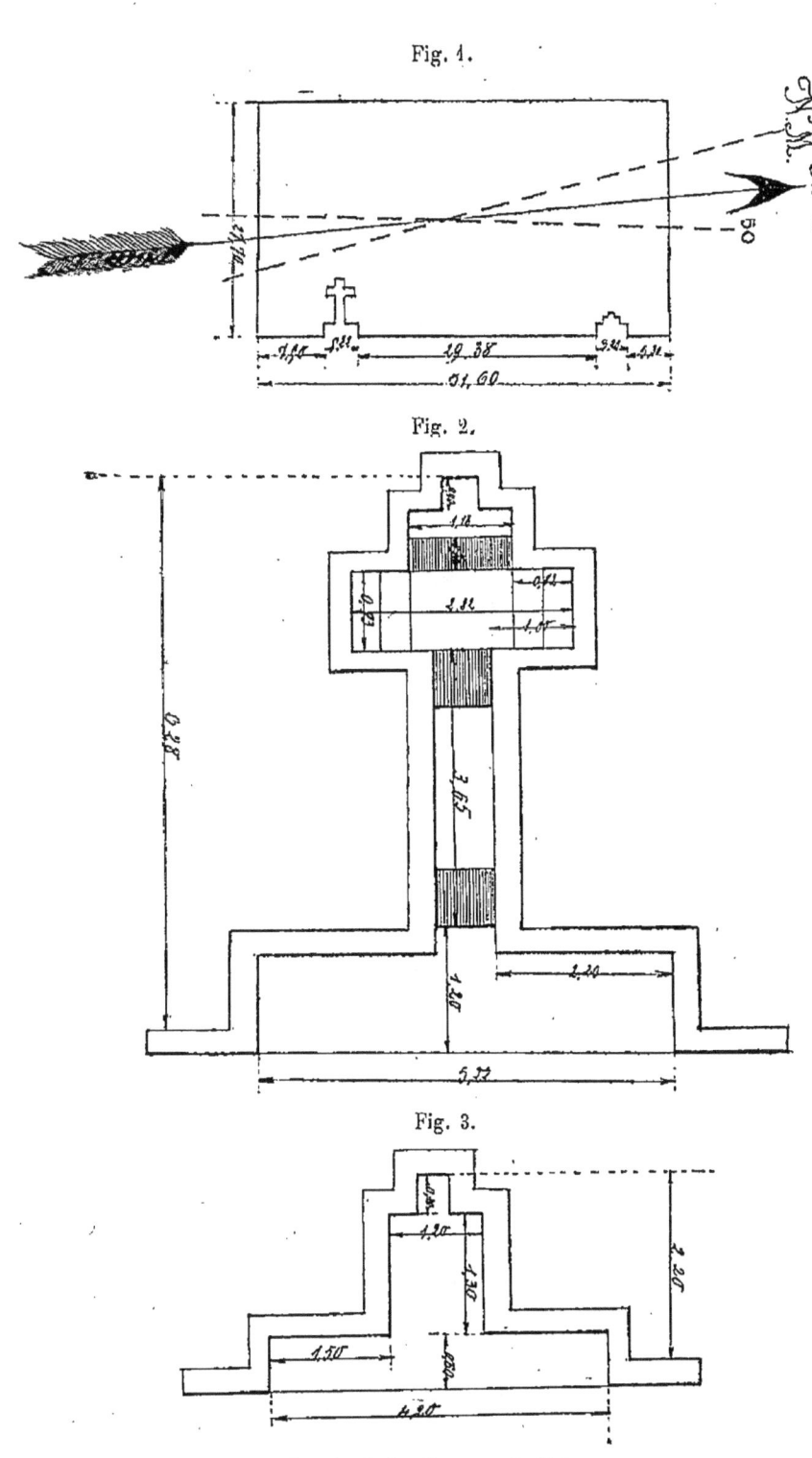

Tombe de Ra-Hotep et de Nofert.

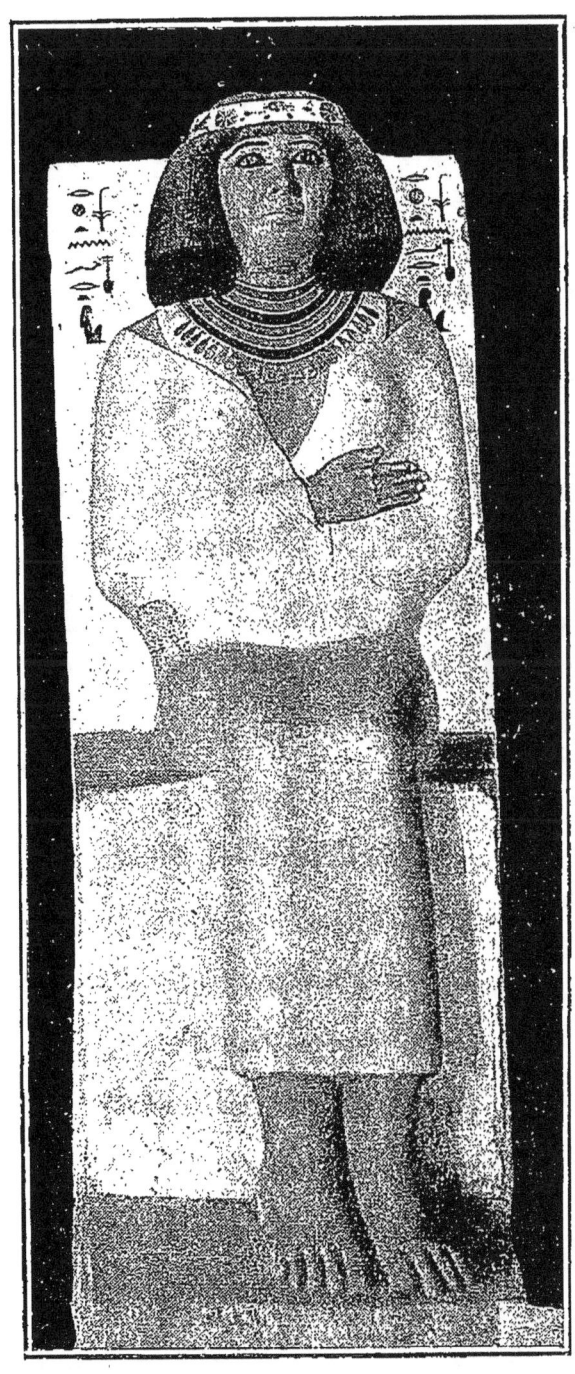

Nofert
Statue de Meïdoum

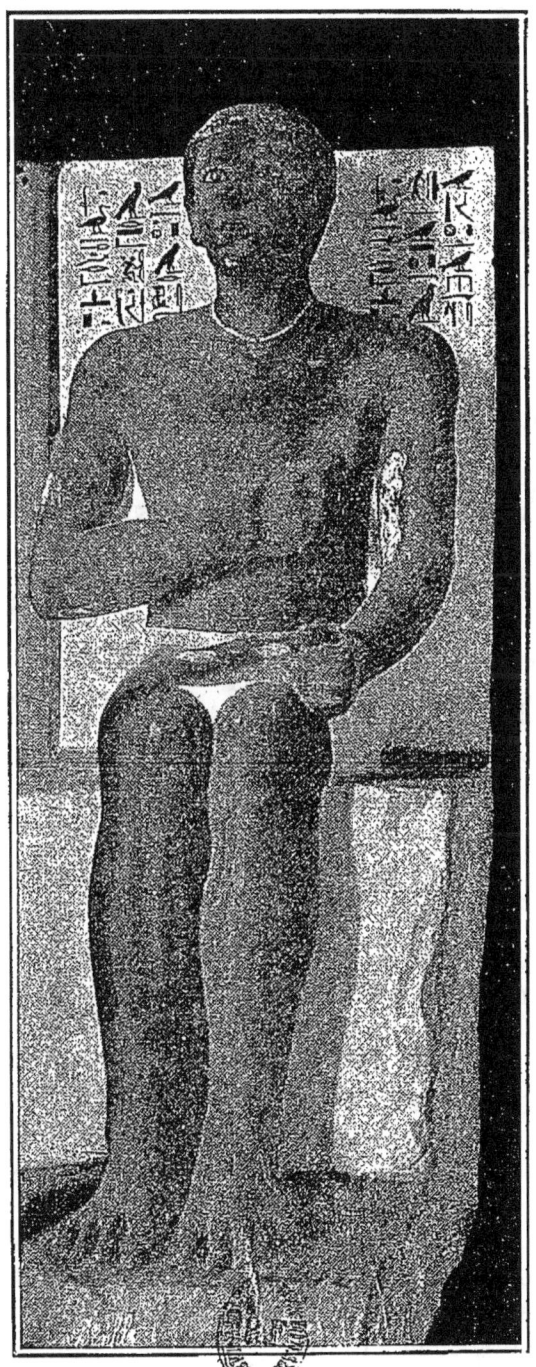

Ra-Hotep.
Statue de Meïdoum.

elles offrent, dans la décoration extérieure, des particularités qu'on ne retrouve ni à Sakkarah, ni à Gyzeh. La plus grande d'entre elles, celle de Nofer-Mat, mesure 105 mètres de façade sur 75 de profondeur. La façade principale, construite en belles pierres calcaires parfaitement ajustées, est décorée de scènes sculptées en creux assez profonds remplis de pâte émaillée de diverses couleurs. Quelques-unes des figures sont représentées en grandeur naturelle. Un long couloir aboutissant à l'entrée du tombeau est décoré de fresques en partie détruites.

Les bas-reliefs peints qui décorent les couloirs

---

le globe formé d'un fragment de quartz blanc adroitement veiné de rose au centre duquel un morceau de cristal de roche, à sa surface un peu tombée, représente la prunelle. Sous ce cristal est fixé un clou brillant qui détermine le point visuel et produit ce rayonnement faisant croire à la persistance de la vie. L'effet en fut si saisissant sur le premier de nos ouvriers arrivé inopinément en face de ces têtes qu'il recula épouvanté s'imaginant se trouver en présence de vivants.

Les deux figures sont en calcaire peint. Le corps des personnages et l'espèce de fauteuil, à large marchepied, sur lequel ils sont assis, tout a été tiré, pour chacune des statues, d'un même bloc, haut de 1 m. 20. L'homme est presque nu; il n'a qu'un ruban au col et le pagne autour des reins. La femme porte une robe ouverte en cœur entre les seins. Un large et riche collier s'étale sur sa poitrine. Elle est coiffée d'une perruque carrée, qui recouvre ses cheveux, visibles sur le front. Par-dessus, la perruque est posée une calotte très basse, décorée d'élégantes rosaces. Ra-Hotep a la tête nue et les cheveux coupés très court. Partout le pinceau a complété l'œuvre du ciseau. La perruque et les cheveux sont peints en noir, ainsi que le collier et les ornements de la calotte. Le nu, chez l'homme est indiqué par une couche de brun rouge, chez la femme par un ton jaune clair.

et les parois des chambres intérieures, rappellent ceux du tombeau de Ti à Sakkarah, comme représentations, mais sont d'un style plus fin comme sculpture [1].

TOMBEAUX DE LA PREMIÈRE MOITIÉ DE LA IVe DYNASTIE.

Ils n'ont qu'une chambre extérieure, bâtie en calcaire aussi souvent qu'en briques jaunes. Le plan affecte encore la forme d'une croix; seulement le chevet est quelquefois donné par une niche quadrangulaire, au fond de laquelle est logée une stèle. Du reste, mêmes dimensions restreintes, au point que certaines chambres n'ont pas plus de 60 centimètres de largeur et qu'on a peine à y entrer.

Quant à la stèle, elle est, comme les précédentes, taillée à grands pans. Souvent la maçonnerie même de la chambre en dessine les divers accidents. La chambre n'offre alors aucune légende. Quand le tombeau a des inscriptions et des figures, on y reconnaît, avec des nuances, le style des premiers tombeaux. Figures et inscriptions, tout est encore en relief, avec une certaine rudesse impossible à méconnaître. L'œil cependant est moins dépaysé; on a affaire à des textes avec lesquels on commence à se sentir plus à l'aise. Les hiéroglyphes ont pris plus d'assiette;

---

[1]. V. *Recueil de travaux relatifs à la philologie et l'archéologie égyptienne et assyrienne*, vol. VIII, liv. 1 et 2.

la phrase a plus de souffle; des formules sont créées. L'orientation est défectueuse, comme sous les trois premières dynasties, mais pour les mêmes causes. Les statues qu'on trouve dans le serdab, sont toujours un peu rudes, bien que déjà, sous cette rudesse, on sente la vigueur particulière aux statues de l'Ancien-Empire; le cou est très gros et comme engagé dans le bloc; la tête porte en avant. Inutile de dire que les légendes inscrites sur les côtés du siège ont tous les signes caractéristiques du temps.

TOMBEAUX DE LA SECONDE MOITIÉ DE LA IVe DYNASTIE.

A ce moment les mastabats prennent une grandeur et une étendue qu'ils n'ont point possédées jusqu'alors. Ils sont construits tout en briques noires ou tout en pierre; quelquefois ils n'ont qu'une chambre qui offre encore dans son plan la forme d'une croix; mais le chevet a disparu. Quelquefois ils n'ont plus de chambre du tout. Une niche peu profonde et une stèle occupent alors la place où serait la façade de la chambre, et une sorte de cour dont la porte regarde le Nord, précède et protège la niche. Quand la chambre existe, la paroi de l'ouest est souvent ornée de ces grandes rainures prismatiques à fleurs de lotus affrontées, dont l'emploi, à Sakkarah même, remonte aux plus anciennes tombes. L'apport des offrandes, les scènes diverses de la vie privée se montrent déjà, mais rarement et avec peu de développements. L'orientation devient parfaite. En même temps, un troisième pas est fait en avant dans la langue, dans la sculpture des figures et des hiéroglyphes. Les formules sont définitivement fixées. Les statues, qui sont très nombreuses dans les serdabs, joignent à la vigueur des statues de la première moitié de la IVe dynastie, la finesse des statues de la Ve.

TOMBEAUX DE LA Ve DYNASTIE.

C'est l'époque fleurie de l'Ancien-Empire. A cette époque les mastabats sont moins grands, mais toujours en pierre. Le plan en croix est abandonné, Une ou plusieurs chambres auxquelles on arrive par de longs couloirs, compliquent la disposition intérieure du monument. Quelquefois une cour ornée d'un péristyle à piliers carrés, ajoute à la grandeur de l'ensemble. Les statues sont fines, moins bonnes cependant que les bas-reliefs sculptés sur les murs, lesquels sont incomparables. Évidemment, la belle époque de la statuaire sous l'Ancien-Empire est la seconde moitié de la IVe dynastie ; la belle époque des bas-reliefs élégants et fermes des hiéroglyphes pouvant servir à jamais de modèle, est la Ve.

TOMBEAUX DE LA VIe DYNASTIE.

Le passage de la Ve dynastie à la VIe se fait par une série de tombeaux, dont le type est celui d'un certain *Sabou*. Le grand art de la Ve dynastie qui, un ou deux règnes auparavant, est encore dans tout son éclat, n'a certainement pas encore pâli au point de s'obscurcir complètement ; les contemporains de Sabou laissent cependant pressentir une prochaine décadence. Les figures sont toujours sculptées avec le relief léger qui est la marque de l'époque ; mais les hiéroglyphes sont plus souvent gravés. En même temps, les formules s'allongent ; la phrase est plus coulante.

Quand on entre dans la chambre extérieure d'un tombeau de l'Ancien Empire, ce qui frappe avant tout, c'est le nombre considérable de tableaux animés qui couvrent les murs, tableaux parfois amusants, toujours égayés par les plus vives couleurs ; c'est au milieu de toutes les scènes qui font le sujet de ces tableaux, l'absence absolue de toute représentation de divinité ou de tout emblème religieux. Cette dernière règle ne souffre pas d'exception.

Parmi les inscriptions très nombreuses, une seule revêt une forme religieuse, c'est l'inscription principale.

L'inscription principale, celle qui résume et annonce le tombeau en lui servant pour ainsi dire d'enseigne, est gravée au-dessus de la porte d'entrée en grands hiéroglyphes profonds qui, de loin, attirent et fixent le regard. Elle est aussi gravée aux endroits les plus apparents de la stèle qu'on trouve à l'intérieur, laquelle est elle-même, comme on le sait déjà, le monument principal du tombeau. La voici dans son type le plus habituel :

« Proscynème fait à Anubis, celui qui est à la porte divine, qu'une sépulture lui (soit donnée) dans l'Amenti, la contrée de l'Ouest, l'ancienne, la bonne et la grande (à lui qui) est dévoué au grand dieu. Qu'il suive les chemins suivis, (lui qui) est dévoué au grand dieu. Que les offrandes funéraires lui soient faites au commencement de l'année, à la fête de Thoth, au premier jour de l'an, à la fête de la navigation, à la grande panégyrie, à la fête de la chaleur, à l'apparition du dieu Khem, à la fête de l'holocauste, aux fêtes des mois et des demi-mois, et tous les jours. »

En d'autres termes, une invocation est faite à Anubis, laquelle porte successivement sur ces trois points :

1° Le dieu est prié d'accorder au personnage nommé une bonne sépulture dans la nécropole, quelques textes ajoutent « après une vieillesse heureuse et longue » ;

2° Le dieu est prié de favoriser la route du défunt dans les régions d'outre-tombe ;

3° Le dieu est prié d'assurer l'apport dans le tombeau de ce que le texte appelle « les dons funéraires ».

Si l'inscription rédigée en ces termes est bien l'annonce du tombeau, il est naturel de penser que les tableaux de l'intérieur doivent se rapporter à l'une ou à l'autre des trois parties de cette annonce. En effet, tous les tableaux, quelque nombreux qu'ils soient, appartiennent, par leur sujet, soit au personnage encore vivant pour lequel la tombe a été exécutée, soit au défunt, à son passage de ce monde dans l'autre, soit aux dons funéraires quand le tombeau a définitivement reçu sa destination dernière. C'est ce que nous allons expliquer.

Tableaux relatifs au personnage encore vivant.

Ce serait en quelque sorte la partie biographique du tombeau, et on la retrouve, non seulement dans les tombeaux de l'Ancien Empire, mais à toutes les époques. Évidemment, quand certains tableaux nous montrent tel personnage revenant d'une expédition guerrière et amenant avec lui les produits de cette expédition, il ne peut s'agir d'épisodes qui se passeraient dans l'autre vie du personnage, si semblable à celle-ci que les Égyptiens l'aient supposée.

Dans les tableaux de l'Ancien Empire, l'intention biographique, si manifeste qu'elle soit en certaines occasions, revêt, presque toujours, un caractère plus général. Le personnage est représenté se livrant aux plaisirs des riches. Il chasse, il pêche dans les marais ; on exécute de grandes joutes sur l'eau ; les femmes chantent et dansent devant lui ; des musiciens jouent de leurs instruments, etc. [1].

[1]. Dans les scènes variées qui tapissent les parois des tombeaux, les artistes égyptiens ont eu de fréquentes occasions de

Les Égyptiens avaient l'habitude de commencer de leur vivant et de faire exécuter sous leurs yeux le tombeau où ils *voulaient reposer plus tard.*

On expliquera, par là seulement, qu'on trouve à Sakkarah un nombre si considérable de tombeaux inachevés, même parmi les plus riches et les plus soignés. C'est aussi dans ce sens seulement qu'on comprendra les inscriptions où le personnage demande à entrer dans sa tombe, soit après une vieillesse heureuse et longue, soit après une vie qui se prolongera jusqu'à cent dix ans. Parmi les tombeaux de l'Ancien-Empire dont nous nous occupons, il en est un destiné à un fonctionnaire nommé *Ape-em-Ankh*. La chambre principale est au nom de ce personnage. Mais dans le couloir sont deux stèles où Ape-em-Ankh annonce que c'est lui qui a donné place, dans son propre tombeau, à sa femme et à son fils mort jeune.

représenter des hommes nus, les représentations autorisent à affirmer qu'à cette époque on pratiquait la circoncision même sur des individus des dernières classes.

Des tombeaux de ce temps nous montrent, mêlés aux serviteurs de la maison, d'autres serviteurs remarquables par la conformation particulière de leur crâne. La tête est très développée au front et à l'occiput, très aplatie au sommet. Les cheveux sont taillés de manière à dénuder le front. La barbe devait être très fournie, puisque, contre toutes leurs habitudes, les artistes égyptiens se sont donné la peine de l'indiquer. Le nu est le plus souvent de la couleur du nu des Égyptiens; mais quelquefois aussi, il est peint en brun.

Comme nous venons de le dire, ces étranges dolichocéphales figurent parmi les serviteurs de la maison. On en trouve cependant quelques-uns, parmi les intendants, chargés de la surveillance des travailleurs indigènes.

Comment expliquer ce fait si, du vivant d'Ape-em-Ankh, son tombeau n'était pas déjà en voie d'exécution?

La première partie de l'inscription a donc sa suite et son explication dans les tableaux correspondants de l'intérieur. Le personnage est encore vivant. Selon l'usage, il se bâtit à lui-même son tombeau qu'il met sous la protection d'Anubis.

Tableaux relatifs à la mort du défunt.

La seconde partie de l'inscription, celle qui se rapporte au vœu exprimé pour qu'Anubis favorise l'accès du défunt dans les régions célestes, est illustrée, dans l'intérieur de la chambre, par un petit nombre de tableaux, et il ne pouvait en être autrement du moment où, de parti pris, les tombeaux de cette époque s'interdisent toute représentation de divinités ou d'emblèmes religieux. Sur un cours d'eau que les légendes nomment le *bassin de l'ouest* flottent de grandes barques. Les unes naviguent à la voile ou à la rame, elles ont à bord un équipage nombreux. Les autres portent à leur centre un édicule fermé. Le défunt, dit l'inscription gravée au-dessus, « traverse, pour se diriger vers l'Amenti, l'ancienne, la bonne et la grande ». C'est la scène du transport de la momie qui est évidemment figurée. Mais le défunt ne quitte pas pour cela le rôle que nous l'avons vu prendre dans les tableaux où il est vivant. C'est debout et le bâton de commandement à la main, qu'il se tient au milieu de la barque par laquelle il est porté au tombeau. De même, nous le verrons bientôt assistant, tout aussi vivant, aux cérémonies célébrées en son honneur après sa mort, et dont il prend sa place comme acteur.

Tableaux relatifs aux dons funéraires.

Le troisième paragraphe de l'inscription est celui par lequel le personnage auquel appartient le tombeau demande à Anubis d'assurer l'apport des objets qui, à certaines époques de l'année, doivent être déposées en nature dans la chambre [1].

---

[1]. Ce qui ne périssait pas au moment où le dernier souffle s'exhalait des lèvres de l'agonisant, ce qui lui survivait, c'était ce que les Égyptiens appelaient le *Ka*, terme que M. Maspero traduit ainsi : *le double.*

Ce *double*, il fallait le loger et l'installer dans une maison appropriée à sa nouvelle existence, l'entourer des objets jadis affectés à son usage, et surtout le nourrir des aliments qui avaient la vertu d'entretenir la vie. Voilà ce qu'il attendait de la piété des siens; voilà ce qu'il en recevait à jours fixes, au seuil de la *bonne demeure* ou de la *demeure éternelle* comme disaient les Égyptiens.

De part et d'autre, les objets figurés sont conçus comme réels, de même que dans la décoration des parois de la chambre. Ils sont offerts directement, dans le registre inférieur, à celui qui doit en profiter, tandis que dans le registre d'en haut, pour être plus sûr qu'ils iront à leur adresse, on charge le dieu d'en opérer la transmission. On donne au dieu les provisions que le dieu doit fournir au *double*; par l'intervention d'Osiris, le *double* des pains, des liquides, de la viande, passe dans l'autre monde et y nourrit le *double* de l'homme; mais il n'est pas nécessaire que l'offrande, pour être effective, soit réelle ou

Ces scènes sont de beaucoup les plus nombreuses. Le tombeau est-il parmi les plus simples? ses murs peu développés n'admettent-ils que des scènes restreintes? avant tout les dons funéraires y sont figurés ; mais ils se présentent sous des formes diverses qu'il faut connaître.

Le défunt est assis ou debout, de proportions colossales par rapport aux autres parties du tableau. Une table ronde, à un pied, est devant lui. Au pourtour de la table sont fichés des bâtons coupés dans des branches de dattiers et serrés les uns contre les autres, à la manière des *cafass* modernes.

Il en résulte que le dessus de la table est un récipient dans lequel les dons funéraires, fruits, légumes, volailles et têtes de quadrupèdes, sont sensés déposés [1]. Le plus souvent ces objets s'en-

---

même quasi réelle, il suffit que l'art en ait reproduit le simulacre sur la pierre.

« Le premier venu, répétant en l'honneur du mort la formule de l'offrande, procurait, par cela seul, au *double* la possession [*].

1. C'était une vie toute matérielle, le mort-vivant avait faim et soif, il lui fallait des aliments et des boissons. Cette nourriture lui était fournie par les vivres déposés auprès de lui, puis, comme cette provision était censée s'user par les repas funéraires qui se célébraient dans la tombe et dont il prenait sa part.

Le premier de ces repas se donnait à la fin de la cérémonie de l'enterrement; puis ces festins se continuaient et se répétaient d'année en année, plusieurs fois par an, aux jours fixés par la tradition, et d'ailleurs, souvent rappelés par l'expresse

[*] G. Maspero, *L'archéologie égyptienne.*

tassent en groupes plus ou moins artistiquement arrangés au-dessus de la table, quelquefois on en voit jusque sur le sol. Aucune légende explicative n'accompagne d'ordinaire ce tableau, ou plutôt le cas le plus fréquent est celui où l'on profite de cette composition primitive pour donner tout an

volonté du défunt. Une pièce ouverte et publique avait été ménagée dans la tombe en vue de ces réunions ; c'était une sorte de chapelle, ou, si l'on veut, de salle à manger, où prenaient place les parents et les amis. Au pied de la stèle où le défunt était représenté en adoration devant Osiris, le dieu des morts, était dressée une table d'offrandes, sur laquelle on déposait la portion destinée au *double* et l'on faisait couler la libation.

Dans la muraille était réservé un conduit par lequel arrivait jusqu'aux statues, l'agréable odeur des viandes rôties et des fruits parfumés, ainsi que les fumées de l'encens jeté sur la flamme.

Pour assurer la régularité de ce service et ne pas risquer de mourir d'inanition dans la tombe négligée, ce n'était pas assez de compter sur la piété de ses descendants ; au bout de deux ou trois générations, elle pouvait se refroidir et se relâcher de ses soins.

D'ailleurs, à la longue, la famille pouvait s'éteindre. Tout roi, tout prince, tout grand seigneur, tout grand personnage un peu riche et considérable avait donc soin de faire, pour l'entretien de sa tombe, ce que nous appellerions une fondation à perpétuité, il affectait à cet usage les revenus d'un domaine qui devait en même temps, nourrir le prêtre ou les prêtres chargés d'accomplir ces rites cérémoniaux. On trouve encore, sous les Ptolémées, des desservants attachés à la chapelle funéraire de Choufou, le constructeur de la grande pyramide. Il est difficile de croire qu'une fondation faite sous l'Ancien-Empire ait pu traverser sans encombre tant de changements de régime, mais les honneurs rendus aux anciens rois étaient devenus, en Égypte, une institution de l'État; pour faire acte de piété envers ses lointains prédécesseurs, quelque souverain réparateur avait dû restituer le culte des princes, presque légendaires, qui représentaient les glorieux commencements de l'histoire nationale.

long les charges et le nom du défunt, inscrits en grands hiéroglyphes au-dessus de sa tête.

Une autre série de tableaux nous montre encore le défunt assis ou debout devant la table; mais, cette fois, les serviteurs se présentent, portant des offrandes sur leur tête et dans leurs mains ou conduisant en laisse les animaux destinés à être abattus. Ces groupes, souvent pittoresques, sont accompagnés d'une légende qui sert d'étiquette au tableau et en donne le sens.

Un corollaire presque inévitable de la scène des serviteurs déposant aux pieds du défunt les produits annoncés dans l'invocation à Anubis, est l'abatage des animaux dont les membres doivent être ajoutés aux dons funéraires. A en juger par les tableaux figurés de ces dons, les oiseaux en

---

Dans l'effort que l'on faisait pour ne laisser manquer de rien ce pauvre mort qui ne pouvait plus s'aider lui-même, on ne se contenta donc pas de ses aliments et de ces meubles figurés sur les murs; malgré tout l'espace qu'ils couvrent et la variété qu'ils présentent, ils restent toujours en nombre limité. On avait comme la secrète impression qu'ils pourraient finir par s'épuiser et par ne plus suffire à des besoins éternellement renaissants. On fit donc un pas de plus dans la voie où l'on s'était engagé; par une fiction plus étrange encore et plus hardie, on attribua à la prière le pouvoir de multiplier et de renouveler indéfiniment, par la vertu magique de termes consacrés, tous ces objets de première nécessité qui étaient indispensables à l'hôte de la tombe.

Il ne leur en coûtait donc pas plus de prêter la vie à ces serviteurs en peinture, qu'à la momie et à la statue du défunt, qu'à ce fantôme qu'ils nommaient le *double* [*].

[*] G. Maspero, *Études de mythologie et d'archéologie égyptienne*.

font partie aussi bien que certains quadrupèdes. L'abatage du quadrupède est cependant seul figuré, et parmi ces derniers on ne distingue que le bœuf et les deux sexes de l'antilope, du bouquetin et de la gazelle.

Nous réunissons les variantes qu'il importe de connaître. L'étude de ces variantes fournit les résultats suivants :

1° Le tombeau est appelé :

La demeure éternelle, ce qui remet en mémoire immédiatement ce passage de Diodore : « ...Cela tient à la croyance des habitants qui regardent la vie actuelle comme fort peu de chose, mais qui estiment infiniment les vertus dont le souvenir se perpétue après la mort. Ils appellent leurs habitations hôtelleries, vu le peu de temps qu'on y séjourne ; tandis qu'ils nomment les tombeaux *demeures éternelles*. »

Le tombeau n'était pas seulement pourvu de son personnel. Certaines terres étaient spécialement affectées au service des offrandes. Elles sont distinguées en *domaines du Sud* et *domaines du Nord*.

Dans les tombeaux les plus soignés, les terres étaient représentées d'une manière symbolique par des femmes (beaucoup plus souvent que par des hommes) qui défilent processionnellement, apportant les produits. Chacune de ces terres avait son nom propre. Ces terres faisaient partie, en général, d'une fondation destinée à assurer l'apport des objets en question dans le tombeau

De même qu'ils avaient leur personnel, les tombeaux avaient donc leurs revenus, comme les temples.

La liste de ces revenus était souvent présentée dans des tableaux quadrillés qu'on plaçait au-dessus des tables sur lesquelles les offrandes étaient censées déposées. Un chiffre écrit en regard de chaque objet, indiquait la quantité des offrandes consentie dans la dotation. On sait que les temples offrent à chaque pas des tableaux analogues où sont énumérées synoptiquement les fondations faites par quelque roi au retour d'une campagne victorieuse. Dans les offrandes, les dons funéraires sont présentés selon un certain ordre qui a un peu varié avec les époques. Les listes les plus anciennes comprennent l'eau, l'encens, les sept huiles, les deux collyres, le linge. Plus tard, une nouvelle série, bien plus longue que la première, a été ajoutée. Elle débute par le vase pour l'eau, le vase pour l'encens, l'autel, deux sortes de tables, la chaise, et elle se termine par l'énumération de tous les dons proprement dits, où l'on trouve les parties d'animaux, les oiseaux, les cinq espèces de vin, les deux espèces de bière, les fruits, les légumes, etc.

On peut difficilement se figurer que le service intérieur des tombeaux annoncé dans l'invocation, à Anubis, sous le titre collectif d'apport des dons funéraires, n'ait pas compris quelque cérémonie religieuse célébrée spécialement. Sur les plus anciens tombeaux, se trouve la trace de cette sorte de service religieux. Des porteurs d'offrandes sont devant le défunt, tenant le rouleau de papyrus, versant l'eau sacrée, déployant les bandelettes. Deux tombeaux seulement nous ont fourni le tableau d'une cérémonie plus complète. Cette fois, (nous expliquerons par là l'extrême rareté de cette représentation), les personnages en scène ne sont pas des serviteurs compris dans le personnel des domaines : ce sont des prêtres parcourant la nécropole et pouvant officier de tombeau en tombeau. Un personnage sans nom et sans qualification est agenouillé sur un escabeau ; un autre épanche l'eau d'un vase par dessus sa tête ; un troisième entr'ouvre les cassolettes de l'encens. Derrière lui est un *heb* debout, dans le costume de cérémonie, l'écharpe blanche en sautoir, le rouleau de papyrus dans la main droite, le bras gauche étendu. Un autre personnage sans insignes, tenant les deux bandelettes, vient après le *heb*. De nouvelles cassolettes à parfums sont portées par un sixième personnage, suivi lui-même d'un second *heb*, dans la posture du premier. La scène est complétée par une procession des fils du défunt et des porteurs d'offrandes.

De la chambre extérieure du mastaba nous nous transportons maintenant dans les domaines affectés à la fourniture des dons funéraires. Des tableaux souvent répétés sont destinés à nous montrer le défunt inspectant ses domaines. Selon l'usage, il est représenté debout, tenant le bâton de commandement à la main. Les serviteurs des domaines défilent, conduisant tous les animaux que l'on y entretient et qui sont destinés à fournir leur part des dons funéraires : ce sont des bœufs, des antilopes, des bouquetins, des gazelles, des oies, des canards, des tourterelles, des demoiselles de Numidie, une fois des cygnes. Ici la fantaisie s'est un peu donné carrière dans les nombres inscrits au-dessus de chacun des groupes de ces animaux. Sabou possédait-il réellement dans les propriétés qui étaient l'apanage de son tombeau, 1,237 bœufs d'une espèce, 11,360 d'une autre, 1,220 d'une troisième espèce, 1,138 d'une quatrième, sans parler de 405 autres bœufs comptés à part (en tout 15,360 bœufs)? Phtah-hotep avait-il 121,200 demoiselles de Numidie, 111,200 canards, 1,225 cygnes? Il est permis d'en douter.

Les voyageurs qui ont visité les tombeaux de Sakkarah ont certainement conservé le souvenir des tableaux très animés, très pittoresques, sculptés sur les murs de la plupart des chambres. Il s'agit des scènes d'agriculture. On laboure la terre, on sème le blé, on le récolte, on l'entasse en meules, on l'emmagasine. De curieux petits épisodes nous montrent des troupeaux passant un gué, des veaux jouant dans les herbes, des vaches qu'on trait, des ânes qu'on mène boire. Le défunt est présent comme toujours. Cette fois il surveille la partie des dons funéraires que le sol du domaine doit fournir.

Autre tableau qui se relie aux précédents. Nous sommes dans les marais. Des serviteurs en grand nombre sont occupés à la chasse des oiseaux aquatiques. Les uns traînent dans l'eau un énorme filet qui se referme et se replie au moyen de longues cordes, et tient prisonniers les oiseaux qui s'y sont engagés. Les autres font entrer les oiseaux déjà pris, dans des cages qu'ils emportent. Ici encore, ce sont les employés du domaine qui travaillent à assurer l'approvisionnement des dons funéraires.

A la troisième partie de l'invocation à Anubis correspondent, comme on le voit, des tableaux aussi nombreux qu'intéressants. Nous pourrions facilement en augmenter la liste. La récolte du raisin, la fabrication du vin, des vases, des meubles destinés au service intérieur du tombeau, entreraient dans ce cadre, avec beaucoup d'autres. Pour rester conséquents à leur principe, tous les tableaux de cette troisième série sont relatifs aux dons funéraires, soit qu'on les apporte dans le tombeau tout préparés, soit qu'on pourvoie sur place à leur préparation.

Tels sont les tombeaux de l'Ancien Empire dont les ruines courent le plateau de Sakkarah. On y trouve, en somme, un puits et une chambre, qui a pour annexe le serdab. Bien que les exemples fassent un peu défaut, on peut affirmer que dans le puits règne le *Rituel*. Là, tout est muré, tout est caché, tout est inaccessible à la main et au regard. La chambre, au contraire, est ouverte à tout venant. De l'inscription qui en occupe les parties principales rayonnent, en trois faisceaux, tous les tableaux, sans exception, qui sont gravés à l'intérieur. Dans ces tableaux, le défunt s'est-il représenté parcourant les chemins célestes et désormais perdu pour notre monde ? Aucunement : le défunt n'a encore fait qu'un pas au delà de la mort ; il n'a pas encore pénétré dans le monde des dieux invisibles. Bien que mort, on peut presque le regarder comme vivant ; il ne s'est point séparé des siens ; il est au milieu d'eux ; il inspecte ses domaines. Au fond du caveau où se cache le cercueil, le *Rituel* l'a saisi ; il lui échappe encore dans la chambre ouverte. Un dernier trait achèvera de nous révéler la physionomie générale des tableaux qui couvrent les parois de cette chambre. Là, jusque dans l'ensemble des parties que nous avons appelées biographiques, toutes les peintures sont tirées d'un même fond, et, qu'elle qu'ait été la profession du défunt, que nous ayons à voir en lui un soldat, un prêtre, un agriculteur, un fonctionnaire ou un artisan, la décoration représente les mêmes sujets, les mêmes scènes accompagnées des mêmes paroles. Entrons dans cinquante tombeaux, et cinquante fois nous verrons cette décoration se copier elle-même, sans autre changement que l'adaptation des noms propres aux personnages représentés. Évidemment, nous avons là sous les yeux, comme un chapitre antérieur du *Rituel,* ou plutôt, ce que les murs de la chambre ouverte nous montrent, ce sont les pages éparses de quelque livre inconnu, livre amusant, presque gai, qui prend le défunt pendant la vie, l'accompagne à son premier pas dans la mort, et où l'on ne préjuge rien encore du sort de l'âme, livre réservé, sous l'Ancien Empire, aux chambres extérieures des mastabats, comme le *Rituel* est réservé aux puits [1].

---

[1]. Mariette, *Les Mastabats de l'Ancien Empire*.

TOMBEAU DE TI

Le tombeau de Ti est situé au nord-ouest et à une distance de huit minutes environ de la pyramide à degrés. Le mastaba était autrefois de plain-pied avec la plaine environnante ; mais le sable l'avait recouvert, comme toutes les autres tombes de la nécropole, et aujourd'hui, on y descend par un plan incliné.

Sur les deux larges piliers qui formaient la façade de l'édifice, se trouvent le nom et les titres du propriétaire du tombeau.

C'était un haut fonctionnaire nommé *Ti*, « *l'un des familiers du roi, chef des portes du palais, chef des écritures royales, commandant des prophètes* ». Il vivait à Memphis sous la VIe dynastie, sa femme était *Nofer-hotep*, « *palme ou délice d'amour pour son époux le Semer Ti* ». — Derrière ces piliers est une cour carrée, entourée de douze piliers, qui paraissent avoir supporté le toit d'un péristyle. Les parois de cette cour, couvertes de fines sculptures nous offrent, aussi bien que les autres chambres de ce monument, une occasion excellente d'étudier les représentations de l'intérieur des tombeaux. Nous verrons que ces tableaux, parfois amusants, toujours égayés par les plus

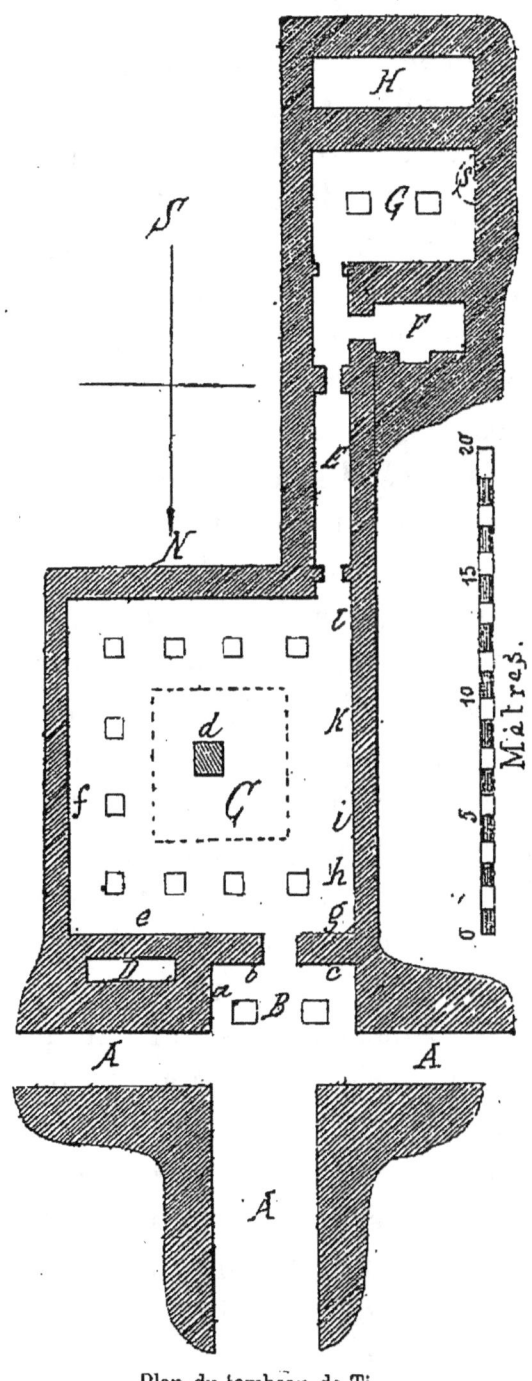

Plan du tombeau de Ti.

vives couleurs, appartiennent par leur sujet, soit au personnage encore vivant, pour lequel la tombe a été faite, soit au défunt, à son passage de ce monde dans l'autre, soit aux dons funéraires. A droite, les statues de Ti sont embarquées dans des navires pour être transportées dans la tombe qu'elles doivent orner. Des bœufs sont amenés pour le sacrifice qui doit être accompli en faveur du défunt, à certains anniversaires, selon les rites funéraires. L'un d'eux est saisi, des serviteurs lui lient les jambes et se préparent à l'abattre. Sur la paroi de droite, Ti est représenté lui-même, accompagné de sa femme et de ses enfants ; il est au milieu de ses gens dont il surveille le travail. Quelques-uns des serviteurs portent sur leurs épaules des sacs pleins de grains pour la volaille ; d'autres engraissent les oiseaux en enfonçant dans leur gosier de la farine roulée en boules. Un peu plus loin est une vue pittoresque des constructions de la ferme ; les plafonds sont soutenus par des colonnes de bois élégamment sculptées ; au milieu des bâtiments est une mare dans laquelle nagent des canards. Plus loin, sont des champs dans lesquels paissent des quadrupèdes. Parmi les oiseaux que possède Ti, on voit des oies, des canards de diverses espèces, des grues de Numidie, des pigeons, etc. Il possède également des animaux en grand nombre, antilopes, gazelles, etc.; des cartouches portent les noms des rois Heka et Noferkarâ.

Toutes ces représentations se rapportent, comme

on le voit, au personnage encore vivant; malheureusement, cette décoration est devenue indéchiffrable en plusieurs endroits et, en particulier, sur les piliers. Au milieu de cette salle, s'ouvre le puits qui aboutit à la chambre du sarcophage, laquelle, du reste, est obstruée par les décombres. Par une exception bien rare, le puits, au lieu d'être vertical, est incliné comme le couloir d'une pyramide. Le sarcophage est en calcaire et ne porte aucune inscription.

A l'angle sud-ouest de la salle des piliers, une porte donne accès dans un couloir étroit sur les parois duquel sont représentées diverses scènes. Sur la paroi Est de ce couloir, est figuré, comme dans la chambre précédente, le transport des statues destinées au mastaba. « Ceci, disent les légendes, ce sont les statues, en bois d'acacia, du défunt Ti; ceci, ce sont les statues en bois d'ébène ». Des musiciens et des danseurs y sont représentés. Sur cette même paroi, on a figuré l'abatage des bœufs destinés à fournir une partie importante des dons funéraires. A droite du couloir, s'ouvre une petite chambre dont les peintures ont trait également aux dons funéraires; des serviteurs apportent sur leur tête, sur leurs épaules, sur leurs mains étendues, des victuailles, des fleurs, des plateaux chargés de vases. Ces dons funéraires, d'après le proscynème fait à Anubis et gravé à l'entrée du tombeau, devaient être apportés dans la chambre mortuaire, « au commencement de l'année, à la fête de Thoth, au premier jour de l'an, à la fête de la navigation, à la grande panégyrie, à la fête de la chaleur, à l'apparition du dieu Khem, à la fête de l'holocauste, aux fêtes des mois et des demi-mois, et tous les jours ».

Sur la paroi de l'Ouest, de grands navires aux voiles étendues, des barques montées par des rameurs sillonnent les eaux du Nil ; elles portent le corps de Ti et les objets destinés au culte des morts.

Ces représentations marquent le passage du défunt de ce monde dans l'autre ; elles sont l'illustration du vœu exprimé dans l'inscription qui décore l'entrée du tombeau, qu'Anubis, « celui qui est à la porte divine », favorise l'accès du défunt dans l'Amenti, la contrée de l'Ouest, l'ancienne, la bonne et la grande (à lui), qui est dévoué au grand dieu. Qu'il suive les chemins suivis, lui qui est dévoué au grand dieu ».

Ce couloir aboutit à la principale chambre, couverte de tableaux aussi importants par les sujets qu'ils traitent et qui nous initient à mille détails de la vie privée et des mœurs des Égyptiens, que remarquables par le fini de l'exécution ; il serait impossible de les décrire tous, il suffira d'indiquer les principaux. Sur la paroi du Nord (à droite de l'entrée) sont de délicieuses représentations de la vie des champs. Des vaches traversent un gué ; des veaux paissent dans une prairie, des serviteurs conduisent un troupeau de chèvres. Plus loin, sur la même paroi, sont figurées des scènes de chasse et de pêche, les oiseaux sont plumés et portés dans la maison, les poissons placés dans des filets. Le défunt chasse dans les marais. Il est debout sur une grande barque en roseaux de papyrus ; d'une main, il tient les appelants ; de l'autre, il lance sur les oiseaux aquatiques répandus dans les roseaux un bâton recourbé qui part en tournoyant. Dans l'eau, sur laquelle vogue la barque, sont blottis des hippopotames et des crocodiles ; un des serviteurs prend un hippopotame avec une sorte de harpon ; à côté est figuré un combat entre un crocodile et un hippopotame. Sur le registre inférieur de cette paroi Nord est une file de femmes conduisant des animaux et portant des couffes sur la tête. Ce sont les propriétés du défunt ainsi symbolisées, qui toutes concourent à fournir les objets destinés à figurer en nature dans la chambre, animaux, oiseaux, vin, fruits, légumes. Sur la paroi de l'Est, les tableaux d'agriculture ne sont pas moins curieux. Près de cent personnes y sont figurées. Des bœufs et des ânes sont employés au dépiquage du blé, on récolte le blé, on le forme en meules, on assemble les gerbes. Au-dessus des moissonneurs on lit ces paroles : « *C'est ici la moisson ; quand il travaille, l'homme reste plein de douceur et je suis tel.* »

Devant chacune de ces scènes, le défunt est debout, le bâton de commandement à la main. Sur la paroi du Sud, se voient des artisans, sculpteurs, peintres, tourneurs, souffleurs de verre, tanneurs, cordonniers. La paroi de l'Ouest porte, près de deux fausses portes qui figurent l'entrée dans la

« seconde vie », l'énumération des offrandes funéraires qui doivent être présentées au défunt. C'est devant l'une de ces fausses portes que se trouvaient placées, sur un socle, les belles statues de Ti et de sa femme qui ont été transportées au musée de Gyzeh.

Ce beau tombeau n'était pas isolé; les nombreuses buttes qui l'entourent montrent qu'il y avait là une nécropole régulièrement distribuée, comme à Gyzeh; mais les monuments sont ensevelis sous un épais linceul de sable.

TOMBE DE PHTAH-HOTEP

Cette tombe, située au sud de la maison du Sérapéum, ne renferme qu'une seule chambre. Les parois sont couvertes de sculptures et de peintures, reproduisant des scènes semblables à celles déjà décrites dans le tombeau de Ti, avec des particularités curieuses qu'il nous suffira de mentionner. Les scènes relatives à l'apport des dons funéraires occupent la première place. Le défunt est assis (paroi de l'Ouest) entre les deux stèles. Devant lui commence une véritable procession de serviteurs apportant les dons ; en tête marchent des prêtres récitant les hymnes sacrés ; derrière eux, des serviteurs disposent sur une table les offrandes destinées à la cérémonie. — Phtah-Hotep lui-même accueille les dons, et on le voit porter à la bouche un vase contenant une des substances qui figurent dans les dons funéraires. Phtah-Hotep se qualifie de « prêtre de la pyramide Men-Assou de Ranouser et de la pyramide de Nuter-Assou de Menkaouer ».

MOYEN EMPIRE

DE LA XI° A LA XVIII° DYNASTIE
(DE 3064 A 1700 ANS ENVIRON AVANT J.-C.).

La riche nécropole de Thèbes ne nous a pas gardé, pour cette époque, de monuments funéraires qui soient en aussi bon état que ceux d'Abydos, de Beni-Hassan ou de Siout.

On ne trouve de monuments funéraires de la XI° dynastie que dans la partie de Thèbes appelée Drah-Abou'l-neggah. L'étude des caveaux de ce temps ne dément pas les conclusions que l'examen des stèles de la même époque nous a déjà révélées. Pas de régularité, pas de grandeur, rien qui rappelle l'Ancien Empire. Quelques traits d'une commune parenté se laissent cependant apercevoir, et je ne sais quelle gaucherie dans l'art de ce temps avertit que certaines traditions rompues se renouent, comme si l'Égypte se réveillait d'une invasion. Dans ces caveaux d'une détestable exécution sont partout déposés des objets dignes de l'attention des fouilleurs. Çà et là contre les murs, contre les cercueils qui s'empilent jusqu'aux voûtes, sont rangés des chaises, des tables, des tabourets, de grands coffres, des vases pleins de cendres, des paniers qui ont conservé jusqu'à nous le blé, les raisins, les grenades, les *doum*, que la piété des parents y avait enfermés.

Sous la XIᵉ dynastie, le mode des cercueils de bois a prévalu. Les plus communs sont rectangulaires et à couvercle plat. Les peintures qui les couvrent sont vives et discordantes ; les grandes rainures prismatiques à fleurs de lotus épanouies en sont toujours l'ornement principal ; on y mêle des dessins de sandales, de vases, d'armes, d'objets d'offrandes ; des imitations de bois assez habilement exécutées s'y font remarquer. Le plus souvent, les sarcophages rectangulaires de la XIᵉ dynastie sont d'une rudesse dont on s'étonne. A Sakkarah, les fouilles ont donné des boîtes de momies appartenant à la basse époque romaine, mais tellement semblables à celles de Drah-Abou'l-Neggah qu'à première vue il semble difficile que les unes ne soient pas du même temps que les autres. Des deux côtés, même inexpérience, même agencement maladroit des ornements ; des deux côtés aussi, on trouve des légendes hiéroglyphiques tracées par des mains si ignorantes que ces légendes ne se lisent même pas. La vieillesse de l'art égyptien semble aussi toucher à cette période de résurrection qui, sous la XIᵉ dynastie, fut, pour l'Égypte, comme une seconde enfance. A la XIᵉ dynastie appartiennent encore des cercueils à visage humain qui occupent, comme les sarcophages, une place à part dans l'archéologie égyptienne. Nous avons vu que, sous l'Ancien Empire, les momies sont enfermées dans des cercueils de bois minces, formés de planches assemblées avec des chevilles de bois ; ici, nous avons affaire à de véritables troncs d'arbres évidés pour recevoir le dépôt funèbre qu'ils sont chargés de conserver. Le style primitif de la XIe dynastie s'y retrouve : les couleurs sont éclatantes, les contours du visage sont rudes ; ces visages sont peints en jaune, en blanc et quelquefois en noir. Le mode de décoration usité pour les cercueils de ce temps est caractéristique. Sur la poitrine, au-dessus d'un large collier qui descend des épaules, sont figurés l'uræus et le vautour, symbole de la souveraineté sur la Haute et la Basse Égypte. Sous les pieds Isis et Nephtys sont représentés à genoux, dans l'attitude du deuil. De longues ailes, vivement accusées, semblent se rabattre sur le cercueil qu'elles couvrent tout entier [1], et rappellent le souvenir d'Isis ressuscitant son frère Osiris, auquel le défunt est assimilé. Quand aux momies de la XIe dynastie, elles ne sont remarquables que par la quantité d'objets de toutes sortes . paniers, outils de bronze, miroirs, arcs, flèches, poignards, sabres, vases à poudre d'antimoine, qu'on trouve avec elles en ouvrant le cercueil dans lequel elles sont enfermées. L'état des corps atteste des procédés d'embaumement toujours imparfaits : les momies sont jaunes, desséchées, cassantes ; une fois sur trois, elles sont réduites à

---

1. D'où les Arabes les appelaient *richi*, c'est-à-dire à *plumes*.

l'état de squelette. L'emmaillotage des membres par des bandelettes étroites n'est appliqué qu'aux plus riches d'entre elles. Le plus souvent, le défunt est enveloppé, comme au hasard, dans plusieurs draps pliés, sur lesquels un dernier drap est étendu tout au long. Du reste, jamais une amulette, jamais une figurine de dieu; le seul emblème vraiment funéraire est le scarabée qu'on recueille presque à coup sûr au petit doigt de la main gauche des momies de cette époque.

Sous la XIIe et la XIIIe dynasties, les caveaux funéraires sont, comme sous la XIe, étroits, bas et irrégulièrement percés. Des têtes de bœufs, des poteries rouges s'y rencontrent. Quelques figures de bois, représentant soit Osiris, soit Isis et Nephtys, accompagnent le sarcophage. Les cercueils *richi* ont disparu ; mais la mode des beaux sarcophages ornés de rainures prismatiques s'est maintenue. Les momies sont noués ; la peau quoique flexible encore est desséchée. L'emmaillotage proprement dit ne se rencontre qu'en de rares occasions. Des draps à peine noués enveloppent les membres, et le corps semble ainsi flotter dans ses langes. Des scarabées, des amulettes diverses, quelques figurines de divinités (surtout de Pascht) commencent à se montrer dans la partie de la nécropole d'Abydos consacrée aux sépultures de la XIIe dynastie. Les caveaux funéraires de la XIIe et de la XIIIe dynastie qu'on retrouve intacts sont d'ailleurs d'une rareté si grande qu'il serait peut-être téméraire de pousser au-delà de ces renseignements généraux la description du mode de sépulture usité sous les rois qui ont suivi les Entef.

Il serait difficile de dire quel fut le mode d'arrangement des chambres mortuaires après la XIVe dynastie, c'est-à-dire sous les Pasteurs. Mais la nécropole de Thèbes a fourni assez de sépultures de la XVIIe pour que nous sachions qu'à cette époque l'Égypte avait adopté les usages funéraires en vogue sous la XIe dynastie.

A ce moment, Drah-Abou'l-neggah devient en effet, de nouveau le cimetière de Thèbes, les cercueils *richi* et les mauvaises momies reparaissent. Les mêmes vases, les mêmes meubles se retrouvent dans les tombeaux. Quelques cercueils de princes et de personnages élevés, sans négliger l'ornement traditionnel des ailes, sont dorés des pieds à la tête, autre manière de rappeler, par le chatoiement de l'or, dans les parties saillantes, l'un des titres d'Isis protégeant Osiris : *elle a fait de la lumière avec ses plumes*. En outre, les morts s'appellent encore, comme autrefois, *Entef, Améni, Ahmès, Aah-hotep*, si bien qu'aujourd'hui, l'œil le plus exercé a peine à distinguer entre eux des monuments que plusieurs dynasties et une longue invasion séparent.

On n'a que des données assez vagues sur la disposition de la partie accessible des tombes pendant le *Moyen Empire*, c'est-à-dire après la Xe dynastie et avant la XVIIIe. Rien ne laisse supposer qu'à cette époque l'usage des *mastabats* fût encore en vigueur; mais rien non plus ne donne à croire que la XIIᵉ dynastie et les dynasties environnantes n'aient pas suivi le mode de construction si généralement adopté sous l'Ancien Empire. Les seules chambres accessibles de ce temps qui soient venues jusqu'à nous sont des *speos*, et on n'a qu'à nommer les hypogées de Beni-Hassan pour montrer que les tombes élevées aux fonctionnaires des Ousertasen dépassaient encore en magnificence les tombes qui remontent jusqu'à l'âge des pyramides. Alors tout est grand, soigné, éclatant, et la belle époque des chapelles extérieures est évidemment celle qui fut contemporaine de ces magnifiques monuments.

L'ornementation des chapelles funéraires du Moyen-Empire est, du reste, à peu près la même que celle des *mastabats* de l'Ancien Empire. Le défunt, sa famille, la pêche, la chasse, l'agriculture, quelques épisodes de sa vie, en font tous les frais. La fête de l'apparition de Sothis, la fête des épagomènes, s'ajoutent à celles déjà mentionnées et dont l'usage était maintenu. Pas de représentations divines, peu de noms divins employés dans les formules de prières, au moins quant aux légendes qui couvrent les murs. A première vue, les chapelles du Moyen Empire sont ainsi une continuation régulière de celles des dynasties précédentes. Il est cependant quelques différences dont l'archéologie doit tenir compte. Les dates, les cartouches employés pour désigner la personne royale se montrent; au contraire, les titres donnés aux prêtres attachés aux monuments funéraires des rois de l'Ancien Empire ont disparu. La clarté des textes est augmentée par l'emploi plus régulier des déterminatifs et l'arrangement plus fréquent des éléments phonétiques autour des caractères-symboles. En même temps, après la formule *le justifié auprès d'Osiris,* qui désormais est fixe, apparaît la mention de la mère du défunt, plus fréquente que celle du père. *Les parents du roi* (*Suten rekh*) deviennent aussi de plus en plus rares, à mesure que s'élèvent *les nobles chefs* (*erpaha*). En général, les titres sont plutôt civils que religieux. Autrefois, l'usage du *Serdab* multipliait les statues du mort ; sous la XII⁰ dynastie, au contraire, ces images deviennent extrêmement rares. Il est une autre particularité propre à la plupart des tombes de cette époque qu'il importe de signaler. Jusqu'ici, la partie accessible des monuments funéraires déjà décrits est distincte du caveau proprement dit où les momies reposent. Très souvent, au contraire, sous les rois du Moyen Empire, la chambre ouverte où, à certains jours, se réunissaient les parents, était aussi celle où le cercueil était conservé. Les exemples de cet arrangement sont fréquents à Drah-Abou'l-neggah, Thèbes (XI⁰ dynastie) et à Abydos (XIII⁰ dynastie), soit que la chapelle funéraire ait été taillée en *spéos,* soit que le monument prenne la forme d'une pyramide et s'élève au milieu de la plaine, soit enfin que ces mêmes pyramides se retrouvent surmontant, comme une sorte de couronnement, une massive construction carrée qui donne à l'édifice tout entier l'apparence de ces profils d'hypogée qu'on voit représentés sur certains bas-reliefs funéraires. Les monuments les plus intéressants que le Moyen Empire, et en particulier les tombes de Drah-Abou'l-Neggah et Abydos nous aient rendus, sont les stèles. Quand, après le vide monumental qui sépare la VIe dynastie de la XIe, surgissent, tout à coup, les Entef dans la nécropole de Thèbes, on s'aperçoit que, durant cette période, il s'est opéré un travail qui a donné aux stèles un tout autre caractère que celui qu'elles avaient auparavant. Les stèles de la XIe dynastie sont rudes ; elles ont conservé la forme quadrangulaire, dépouillée cependant des ornements à rainures prismatiques qui caractérisent l'Ancien-Empire ; mais elles semblent avoir un point de départ inconnu et ne présentent avec les stèles de la VIe dynastie aucune de ces ressemblances qui accusent un lien de parenté. Sous la XIIe dynastie, la transformation est déjà sensible. Les stèles arrondies par le haut paraissent, des dates royales se montrent. La formule des proscynèmes n'est plus, comme autrefois, une brève invocation à Anubis suivie tout aussitôt des titres du défunt. On sent que cette formule se fixe. Les titres des dieux y prennent plus de place. Osiris y est en pleine possession du séjour des morts. Autrefois, la stèle n'était qu'un texte gravé sur une façade d'édifice ; elle tend maintenant à devenir un tableau où le défunt est représenté entouré des siens et assistant aux offrandes par lesquelles ses mânes sont honorés. Malgré quelques points de contact communs, malgré les exemples où les stèles de la XII° dynastie nous montrent l'Égypte renouant avec la VI° les traditions interrompues, on découvre donc entre les deux périodes des différences marquées. Sous la XIII° dynastie, la séparation est complète. A ce moment les stèles deviennent confuses, chargées, hérissées de noms propres. La famille envahit de plus en plus le champ du monument, et, en général, ses divers membres sont représentés, à droite et à gauche de la stèle, à genoux et alignés sur deux lignes verticales. Du reste, ici, comme sur tous les monuments funéraires de l'Ancien et du Moyen Empire, se remarque l'absence intentionnelle de toute représentation de divinités ; il est évident que l'usage de ces représentations ne s'est pas encore introduit, ou plutôt n'a pas encore été appliqué aux tombeaux.

PYRAMIDES DE DACHOUR

Ces pyramides sont situées à environ 4 kilomètres de Sakkarah et semblent marquer la limite Sud de la nécropole de Memphis.

Deux de ces pyramides sont en pierres, et les deux autres en briques crues. La plus au nord des deux pyramides en pierres mesure, selon le colonel Wyse, 700 pieds carrés. Elle aurait eu originairement environ 720 pieds, ce qui fait 40 pieds en moins que la grande pyramide de Gyzeh. Sa hauteur n'était que de 342 pieds seulement; elle n'a plus actuellement que 326 pieds.

Elle possède trois chambres souterraines construites l'une derrière l'autre. Les plafonds de ces chambres sont en forme de toit.

La plus au sud présente la particularité d'avoir été construite à deux différents angles, le plus bas côté à 54° 14',16" et le plus haut à 42° 59' 26".

Elle a conséquemment l'apparence d'une pyramide pointue posée sur une autre pyramide tronquée.

Elle possède une chambre souterraine de 80 pieds de hauteur, construite dans le même genre que les chambres des autres pyramides.

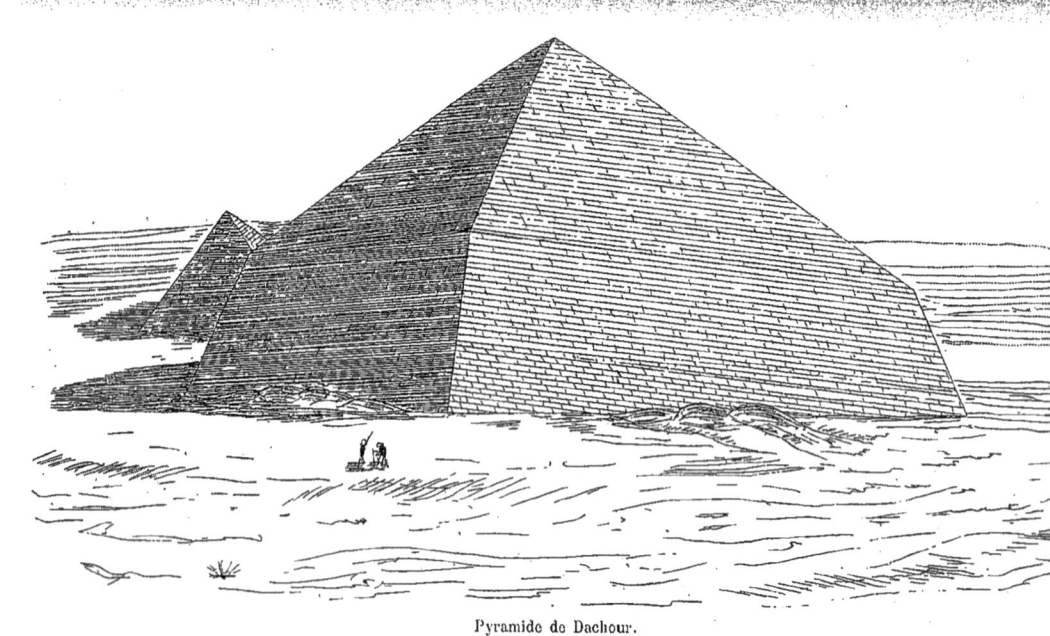

Pyramide de Dachour.

Le couloir est décoré de signes hiéroglyphiques.

Les deux pyramides en briques crues sont très dégradées. La plus au nord avait originairement, suivant le colonel Wyse, 350 pieds carrés et 215 pieds 6 pouces de hauteur; elle n'a plus actuellement que 90 pieds de hauteur.

Celle qui se trouve le plus au sud, et qui avait 342 pieds 6 pouces carrés et 267 pieds 4 pouces de hauteur, n'a plus, de nos jours, que 156 pieds de hauteur. Les briques crues dont elle est construite ont environ 16 pouces de longueur sur 8 de largeur et 4 1/2 à 5 d'épaisseur; quelques-unes sont fabriquées avec de la paille hachée.

Le revêtement de ces deux pyramides paraît avoir été en pierre calcaire, à en juger par les débris qui gisent encore près de là.

PYRAMIDES DE BRIQUES DE DACHOUR

Les pyramides de briques de Dachour, dites dans le pays « *les pyramides noires* », sont situées sur le bord du plateau sableux qui borde à l'occident la vallée du Nil. L'une d'elles, la plus méridionale, s'élève en face du hameau de Menchiyeh, au nord du village de Dachour; l'autre, distante de quelques kilomètres de la première, est située plus au nord, à mi-chemin environ, entre Menchiyeh et le village de Sakkarah.

Le vaste plateau qui s'étend entre la vallée du Nil et les collines lybiques est large de plusieurs kilomètres; il renferme un grand nombre de ruines encore inexplorées et deux énormes pyramides de pierres jadis ouvertes, mais qui ne nous ont point transmis le nom de leurs constructeurs.

PYRAMIDE SEPTENTRIONALE DE BRIQUES

La base de ce monument mesure 100 m. 80 de côté en dedans du revêtement et 104 m. 90 en dehors.

La pyramide est massive, ainsi que les travaux de M. Maspero l'ont pleinement démontré; elle se compose de briques crues placées par lits horizontaux dont le premier repose directement sur les graviers du dilivium.

Les diverses lignes de matériaux sont parallèles et les joints ne sont pas croisés dans une même assise, c'est le lit supérieur qui chevauche sur les couches inférieures et rompt la continuïté des plans verticaux.

Les briques ne sont pas maçonnées : une mince couche de sable les sépare entre elles et les isole des lits inférieur et supérieur.

Leurs grandes dimensions sont toujours placées perpendiculairement aux côtés de la pyramide correspondant aux faces dont elles font partie. Il s'ensuit que les changements dans la direction des matériaux se font suivant les diagonales du monument. Dans l'épaisseur de la maçonnerie on a ménagé de petits puits carrés dont la section est égale à la surface de deux briques placées à plat et côte à côte ; l'usage de ces petits puits est inconnu.

Les briques présentent comme dimensions moyennes 0 m. 42 de longueur, 0 m. 21 de largeur et 0 m. 115 d'épaisseur. Toutefois, elles ne sont pas d'une régularité absolue ; les plus grosses atteignent parfois 0 m. 43 de longueur, 0 m. 22 de largeur et 0 m. 15 d'épaisseur, tandis que les plus petites sont de 0 m. 39, 0 m. 19 et 0 m. 11. Ces différences se trouvent rachetées dans la construction par les lits de sable qui séparent les assises et remplissent les joints.

La composition des briques est variable, non

pas suivant les niveaux comme le dit Perring, mais probablement d'après la nature des limons qui ont fourni la matière première. La terre a été pétrie, mélangée de paille hachée en proportions plus ou moins grande et peut-être aussi de sable fin, si elle n'en contenait déjà.

Lors de leur confection, ces matériaux ont été marqués par les ouvriers à l'aide du doigt. Ces marques étaient probablement destinées à faciliter la vérification des livraisons.

Le revêtement, fait de blocs de calcaire blanc, présentait à la base une épaisseur de 3 m. 90. Il reposait sur des blocs simplement dégrossis qui, eux-mêmes, avaient été placés sur un triple lit de briques. La fondation tout entière était construite dans une tranchée pratiquée à cet effet au milieu des alluvions.

Tout autour de la pyramide s'élevait un mur d'enceinte en briques crues, situé à 35 m. 50 de la face septentrionale, à 31 m. 50 des faces orientale et occidentale et à 50 mètres de la face méridionale. Ce mur présentait une épaisseur constante de 4 m. 20 ; sa hauteur nous est inconnue.

Cette première enceinte, qui délimitait le terrain réservé à la famille royale, n'était pas la seule ; au nord, était une seconde enceinte distante de la première de 16 mètres et au sud s'étendaient deux grandes cours.

Les caveaux sont creusés dans le rocher à une grande profondeur au-dessous du sol.

Quatre tombeaux s'ouvraient sur la galerie

principale; le premier, le troisième et le dernier étaient anonymes, le second était celui d'une reine. L'étage inférieur contenait huit sarcophages dont deux seulement portaient des inscriptions. Ils avaient appartenu aux princesses *Ment* et *Sent-Senbet-s*, filles royales. La nécropole souterraine que M. de Morgan venait d'ouvrir n'était donc pas le tombeau du roi, mais bien la galerie des princesses, l'une des annexes du tombeau principal [1].

L'examen du sol des galeries fit découvrir, le 6 mars 1894, une cavité creusée dans le rocher au pied d'un sarcophage. Le terrain était meuble et le pied de l'ouvrier s'enfonçait au milieu des débris mobiles. En quelques coups de pioche, dit M. de Morgan, la cachette, car c'en était une, décela ses trésors : des bijoux d'or et d'argent, des pierreries étaient là, entassés au milieu des fragments vermoulus d'un coffret où jadis ils avaient été enfermés. Cette boîte, cubique, de 30 centimètres environ de côté, n'existait plus qu'à l'état de poussière; mais on retrouva les fils d'or, dont elle était incrustée et des hiéroglyphes d'argent qui, jadis, composaient le nom de la propriétaire du trésor.

Dans ce trésor, plusieurs pièces portaient des cartouches royaux; le pectoral fournit celui d'Ousirtasen II et un scarabée d'Ousirtasen III.

La galerie principale est dirigée de l'est à

---

1. De Morgan, *Fouilles de Dachour*, février 1894.

l'ouest et elle n'est pas placée sous la pyramide, son axe est distant de 15 mètres du pied du revêtement en calcaire.

Ces tombeaux ne sont donc que des annexes de la tombe principale.

PYRAMIDE MÉRIDIONALE DE BRIQUES

La pyramide méridionale de briques est située à l'ouest du village de Menchiyeh et s'élève sur un plateau sableux moins élevé que celui qui sert de base à la pyramide du nord. Ce monument a beaucoup perdu de sa hauteur primitive; son revêtement a été exploité dans l'antiquité et, plus tard, les fellahs des hameaux voisins y sont venus s'approvisionner de briques.

Malgré les attaques du temps et des hommes, la pyramide du sud est, certes, en bien meilleur état de conservation que sa voisine du nord ; elle s'élève encore à une hauteur imposante au-dessus du niveau des sables et sa pointe sombre se distingue de fort loin.

D'après les restes confus, rencontrés dans les fouilles on peut évaluer à 100 mètres environ son côté ; quant à sa hauteur, elle ne peut être estimée, car on ne sait pas si les faces de ce monument ne possédaient pas deux inclinaisons différentes, comme le fait a lieu dans la pyramide méridionale de pierres de Dachour.

Autour du monument s'élevait une muraille de briques crues ceignant les terrains réservés aux princes et aux princesses de la famille royale. La face septentrionale de cette enceinte mesurait 184 m. 20, soit environ 350 coudées égyptiennes.

La pyramide était construite de briques crues, tout comme sa voisine du nord, son revêtement était en calcaire blanc de Tourah.

Les fouilles de 1894 n'ont pas permis à M. de Morgan de trouver les chambres funéraires qu'elle renferme [1].

---

[1]. De Morgan, *Fouilles de Dachour*.

ABYDOS

La plus importante des nécropoles du premier empire thébain, la seule qui, par sa richesse et son intérêt, rappelle de loin celle de Memphis, c'est la nécropole d'Abydos, dans la Haute-Égypte, sur la rive gauche du fleuve. Le grand nombre des sépultures qu'elle a reçues, depuis les premiers temps de la monarchie jusqu'à la fin de l'antiquité, s'explique par le caractère particulièrement vénérable et sacré de cette ville, par la popularité dont jouissaient, d'un bout à l'autre de la vallée du Nil, les mythes qui y avaient élu domicile. C'était, dans les croyances égyptiennes, à l'occident d'Abydos que se trouvait la fente par laquelle, chaque soir, le soleil disparaissait pour commencer cette navigation souterraine qui devait, le lendemain matin, le ramener, aussi jeune et aussi radieux que la veille, au bord du ciel oriental. On sait quelle assimilation l'esprit égyptien avait établie entre la carrière du soleil et celle de l'homme; il était donc permis de croire qu'en se choisissant une tombe toute voisine de la région où l'astre semblait s'engloutir, on était plus sûr de triompher, comme lui, de l'ombre et de la mort.

Ce soleil non pas éteint, mais caché pour un moment au regard des hommes, ce soleil des régions infernales, c'était Osiris, celui de tous les dieux égyptiens dont le culte était le moins local et le plus universellement répandu ; or, si plusieurs villes montraient la tombe où les membres d'Osiris, dispersés par Set, avaient été réunis par Isis et Nephtys, aucune de ces tombes Osiriennes n'était aussi renommée et honorée avec autant de dévotion que celle d'Abydos, c'était là, si l'on peut ainsi parler, le *Saint-Sépulcre* de l'Égypte. De même que, dans les premiers siècles du christianisme, les fidèles tenaient beaucoup à être ensevelis aussi près que possible du lieu de repos d'un martyr, « les plus riches et les plus considérables des Égyptiens », nous dit un auteur grec très bien informé, « ambitionnaient l'honneur d'une sépulture commune avec Osiris [1] ». Dans de telles conditions il est aisé de comprendre qu'Abydos soit un des points sur lesquels Mariette a dirigé et concentré ses efforts ; malgré toutes ses recherches, il n'a pas réussi à retrouver la tombe même d'Osiris ; mais les résultats que lui ont donnés plusieurs campagnes de fouilles, n'en sont pas moins des plus importants et des plus intéressants à tous égards [2].

Tout un quartier de la nécropole renferme, en

---

1. Pseudo-Plutarque, d'Isis et d'Osiris, c. XX.
2. Mariette, *Abydos, description des fouilles exécutées sur l'emplacement de cette ville*, in-fol., t. Ier, 1869 ; t. II, 1880.

assez grand nombre, des tombes de l'Ancien-Empire et, particulièrement, de la sixième dynastie. On y retrouve, quoique dans de moindres proportions, les aménagements des Mastabats de Sakkarah : mêmes chambres servant de chapelles, même puits, tantôt vertical, tantôt incliné, comme au tombeau de Ti et comme les couloirs des pyramides, mêmes matériaux. La partie du terrain où se trouve ce cimetière, que M. Mariette appelle celui *du centre*, a permis d'adopter en cet endroit des dispositions analogues à celles que nous avons rencontrées là où, comme sur le plateau voisin de Memphis, le sable recouvre directement un roc compact à travers lequel il est aisé de creuser le puits et le caveau funéraire.

Dans le reste de l'espace qu'occupent les tombes, la nature du sous-sol est toute différente : « Là, au-dessus du roc dur et résistant, se trouve un grès en voie de formation, friable en certains endroits, en d'autres assez mou pour qu'on ne se soit risqué que bien rarement à y percer un puits ou une chambre [3]. » Il en est ainsi à peu près dans tout le champ où se serrent les unes contre les autres les tombes de la onzième, de la douzième et surtout de la treizième dynasties; c'est ce que M. Mariette nomme la *nécropole du Nord*.

De là l'aspect tout particulier que devait présenter, quand elle était intacte, la nécropole d'Abydos. Qu'on se figure, en effet, une multitude

---

1. Mariette, *Voyage dans la Haute-Égypte*, t. I, p. 79.

de petites pyramides de 5 à 6 mètres de hauteur, peu ou point orientées, et uniformément bâties en

Fig. 1.

briques crues (fig. 1). La pyramide, portée sur un socle, est creuse, et le dedans, par voie d'assises assez gauchement posées en encorbellement, évidé

Fig. 2.

en façon de coupole (fig. 2). La pyramide porte directement sur un caveau ménagé dans ses fondations

et qui abrite la momie, presque à fleur du sol;
quand on y avait déposé la momie dans son cercueil, la porte du caveau était maçonnée. En
avant de cette tombe était souvent bâtie une
chambre extérieure, ouverte en tout temps, qui
servait aux rites du culte funéraire; ailleurs, cette
chambre manquait, et ces cérémonies s'accom-
plissaient à l'air libre, devant la stèle. Celle-ci
était tantôt dressée sur le soubassement, tantôt
encastrée dans la paroi même du socle. Il n'est
pas rare de trouver au pied de la stèle un petit

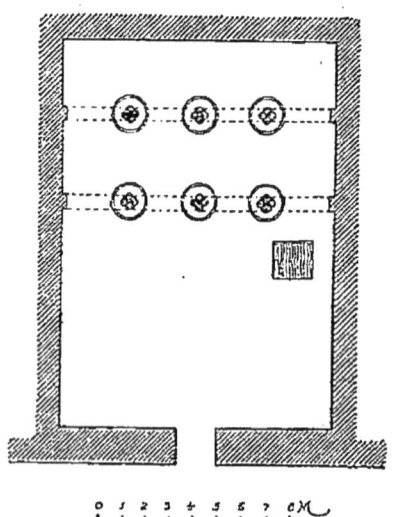

Fig. 3.

cube de maçonnerie, destiné probablement à recevoir des offrandes. Parfois, la pyramide était entourée d'un mur d'enceinte à hauteur d'appui; ce
mur délimitait aussi l'aire du tombeau. Il fermait
une enceinte où quand la chapelle faisait défaut,
les survivants pouvaient se réunir pour honorer
leurs morts (fig. 3).

Ces monuments, construits pour la plupart avec négligence, n'avaient pas de revêtement; la forme pyramidale était donnée par une série d'assises en retrait les unes sur les autres. Quand ce travail était achevé, on étendait d'ordinaire sur chaque face une couche unie d'une sorte de pisé recouvert d'un stuc blanc. Quand ils étaient entiers, tous ces petits monuments, de même forme et presque de même taille, devaient, serrés les uns contre les autres dans la plaine, ressembler de loin à une armée de tentes.

Les tombes n'ayant pas de profondeur verticale, cette nécropole a subi, plus qu'aucune autre, les atteintes de l'homme; pour que l'on y retrouvât les quelques tombeaux que nous avons reproduits comme types de cette architecture, il a fallu les fouilles profondes de Mariette. Si ces édifices sont encore debouts, composés comme ils le sont, de médiocres matériaux, ils ne tarderont guère à disparaître, comme l'ont fait déjà les milliers de tombes qui se pressaient jadis autour du sépulcre d'Osiris. Ce qui restera de ce cimetière, ce sont les stèles si nombreuses que Mariette a tirées des décombres; à elles seules elles forment les quatre cinquièmes environ des monuments de ce genre exposés dans le musée de Gizeh [1].

---

1. On trouvera toutes ces stèles reproduites dans le dernier ouvrage qu'ait publié Mariette, sous ce titre : *Catalogue général des monuments découverts pendant les fouilles de cette ville*, 1 vol. in-4º de vii-590 pages. Paris, 1880.

Là où un motif religieux n'a point, comme à Abydos, attiré les morts dans la plaine, on a préféré d'ordinaire, pendant cette période, pratiquer la tombe dans les flancs du rocher; c'était ce que les Grecs appelaient le *Speos* ou la grotte. Les plus intéressants de ces tombeaux nous sont offerts, pour l'époque de la douzième dynastie, par les nécropoles de *Beni-Hassan* et de Syout, situées l'une et l'autre entre Memphis et Abydos [1].

---

1. Champollion est le premier qui ait compris l'importance des grottes de Beni-Hassan. Depuis son voyage, elles ont fixé, à divers titres, l'attention des égyptologues.

BÉNI-HASSAN

Béni-Hassan est une nécropole [1] dont les tombes ont été taillées à mi-côte au-dessus du fleuve, dans la falaise que forme en cet endroit la chaîne arabique. Deux ou trois colonnes, réservées dans la roche vive, dessinent un portique dont les vides se détachent en noir sur la blancheur du roc; elles sont surmontées d'un entablement composé d'une architrave et d'une sorte de corniche. Sur ce portique s'ouvre une chambre qui ne prend jour que par la porte; le plafond est souvent taillé en forme de voûte. Une niche profonde, de forme carrée, est pratiquée tantôt en face de la porte, tantôt dans un angle; elle a reçu jadis la statue du défunt. Dans la plupart des tombes, il n'y a qu'une seule salle; quelques-unes en ont jusqu'à deux ou trois. Au coin de la pièce unique ou de la pièce la plus reculée, on aperçoit l'orifice d'un puits carré; celui-ci conduit à un caveau qui a été creusé à un niveau inférieur

1. La ville qui envoyait ses morts à cette nécropole est inconnue et les ruines n'ont pas même été retrouvées. On sait qu'elle était située dans le nome de *Sah*, lequel deviendra plus tard la province dont Antinoë sera la capitale.

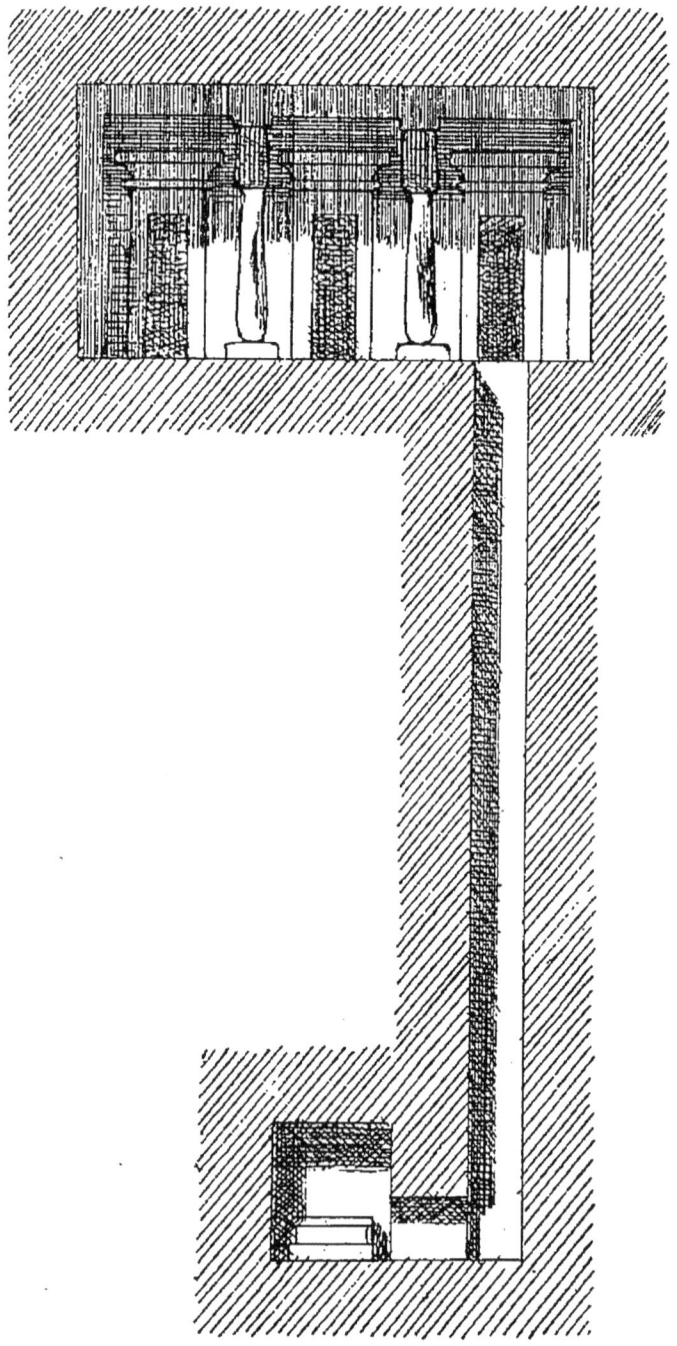

La chapelle extérieure, le puits et le caveau.

Les salles auxquelles donne accès le portique jouent le rôle de chapelles, de lieux de réunion, comme le remarque Mariette. Dès le premier pas qu'on fait dans la tombe de Noumhotep, à Béni-Hassan, on s'aperçoit, malgré la différence du site et du cadre, que les traditions de l'Ancien Empire sont encore vivantes. L'esprit qui a présidé à la décoration du tombeau de Ti à Sakkarah est encore l'esprit dont se sont inspirés les peintres qui ont couvert de tableaux les parois de la tombe de Noumhotep à Béni-Hassan. Le défunt est toujours chez lui et dans ceux de ses domaines qu'il a affectés à la production des dons funéraires. Il pêche, il chasse, ses troupeaux défilent, on construit des barques, on abat des arbres, on cultive la vigne et on récolte le raisin, on laboure la terre, on se livre à des exercices de gymnastique et à différents jeux d'adresse ou de calcul, les barques traversent des canaux et le défunt circule au milieu de tout ce monde, porté sur un palanquin. Ce sont ces tableaux variés que les mastabats de l'Ancien-Empire nous ont déjà montrées et que nous retrouvons ici. Seulement, à Béni-Hassan, la décoration prend en quelque sorte une teinte plus personnelle et les inscriptions contiennent sur le défunt des détails biographiques qu'on ne trouve jamais autre part, ni aussi précis, ni aussi étendus.

La nécropole de *Siout*, dans la chaîne Lybique, offre les mêmes caractères généraux. On y remarque surtout, pour son ampleur et pour ses inscriptions, la tombe de Hapi-Téfa, prince féodal de la douzième dynastie et, par conséquent, contemporain des princes du nome de Meh ensevelis à Béni-Hassan. La tombe se compose de trois grandes chambres qui communiquent entre elles, la première donnant sur un porche largement ouvert. Le puits des momies s'ouvre dans la troisième, la plus reculée de toutes.

On n'a trouvé dans ces grottes, personne ne s'en étonnera, ni statues, ni momies, ni objets divers. Par leur situation très apparente, ces tombes se dénonçaient d'elles-mêmes à l'avidité des chercheurs de trésors. Il y a des siècles qu'ont disparu les portes en bois d'acacia dont parle un texte de Béni-Hassan, et, tout rempli qu'il fut de sable, le puits était trop facile à trouver et à vider pour que les caveaux n'aient pas été dépouillés, dans l'antiquité même, de tout ce qu'ils pouvaient contenir de précieux. Seules les inscriptions et les peintures étaient restées à peu près intactes jusqu'au commencement de notre siècle. Préservées par la sécheresse du climat, difficiles à détacher et à exploiter en détail, elles s'étaient merveilleusement conservées, surtout à Béni-Hassan. Depuis que le voyage d'Égypte est devenu à la mode, elles ont beaucoup souffert. Ici, ce sont des sots qui ont gravé leur nom, à tort et à travers, sur les murailles décorées des scènes les plus curieuses, sans souci de couper les figures ; là, ce sont des morceaux plus ou moins grands que l'on a enlevés, sous prétexte de rapporter un souvenir ;

le ciseau et le marteau ont gâté toute une paroi. La fumée des torches a fait aussi son office en noircissant les tons clairs et en épaississant les fins et légers contours. Par bonheur, les plus intéressantes de ces représentations ont été reproduites dans les grands ouvrages que nous avons si souvent l'occasion de citer; il est même telle d'entre elles qu'ont donnée successivement l'Institut d'Égypte, Champollion, Lepsius et Prisse d'Avenne.

Les tombes de Béni-Hassan qu'on peut visiter sont au nombre de douze. Toutes appartiennent à la XIIe dynastie. Les deux tombes qui occupent l'extrémité le plus éloignée au nord sont les plus remarquables.

La première a servi à la sépulture d'un gouverneur en chef du nome de *Sah*, qui s'appelait *Amoni*. Il vivait sous Ousirtasen Ier, le deuxième roi de la XIIe dynastie, et se distingua par quelques expéditions, dont les incriptions gravées sur la porte d'entrée ont gardé le souvenir [1].

---

[1]. Amoni a été aussi gouverneur de la province de *Meh*, et par la sagesse de son administration, il a mérité et obtenu les faveurs de son souverain. « Moi, dit-il, j'étais un maître de bonté, plein d'amabilité, un gouverneur qui aimait son pays... j'ai travaillé, et le nome entier fut en pleine activité. Jamais petit enfant ne fut affligé par moi, jamais veuve maltraitée par moi; jamais je n'ai repoussé laboureur, jamais je n'ai empêché pasteur. Jamais n'exista commandant de cinq hommes dont j'ai réquisitionné les hommes pour mes travaux. Jamais disette ne fut de mon temps, jamais affamé sous mon gouvernement, même dans les années de disette, car j'ai labouré tous les terrains du nome de Meh jusqu'à ses limites au sud et au nord;

La deuxième tombe est celle d'un autre fonctionnaire qui s'appelait *Noum-Hotep* et qui exerça, sous Amenemhaït II et Ousirtasen II, les fonctions de gouverneur du pays de l'Est et de chef de la ville de Menât-Khoufou.

C'est dans le tombeau de Noum-Hotep et sur la paroi Nord de la chambre principale qu'est cette représentation fameuse dont Champollion a le premier fait valoir l'importance. Noum-Hotep est debout. Devant lui se présentent deux employés de sa maison, l'un nommé *Nefer-hotep* l'autre nommé *Kheti*. Ils amènent à Noum-hotep toute une famille de gens que les légendes appellent des *Amou*[1]. Ces *Amou* ont le type des races étrangères à peau blanche ou rouge clair, c'est-à-dire qui n'habitent pas les contrées situées au sud de l'Égypte. Leur chevelure est épaisse et noire, ils portent la barbe taillée en pointe, ils sont vêtus de caleçons ou de longues robes bizarrement bariolées. Ils ont avec eux leurs femmes, leurs enfants, leurs ânes, leurs bouquetins, leurs gazelles, leurs armes, et même leurs instruments de

---

je fis vivre ses habitants en leur répartissant ses constructions, si bien qu'il n'y eut pas d'affamés en lui. J'ai donné également à la veuve et à la femme mariée, et je n'ai pas préféré le grand au petit dans ce que j'ai donné. Quand la crue du Nil était haute et que les propriétaires... ainsi les propriétaires de toutes choses avaient bon espoir, je n'ai pas coupé les bras d'eau qui arrosent les champs. »

1. Ce titre, qu'on ne prendra pas pour un nom, signifie proprement *bouviers* et s'applique d'une manière générale aux peuples de l'Asie occidentale qu'on est convenu d'appeler les Sémites.

musique. La troupe, dit l'inscription, se compose de trente-sept personnes. Ils apportent au gouverneur de la province, peut-être dans le dessein de lui demander d'y résider, des lingots de ce minerai précieux que les hiéroglyphes appellent *Mest'em* et que les Égyptiens recherchaient parce qu'ils s'en servaient pour se teindre en noir le bord des paupières et les sourcils. On voit par ces détails l'intérêt qui s'attache au tableau peint sur les parois de la chambre du tombeau de Noumhotep. En définitive, nous sommes ici en présence d'une de ces immigrations de peuples étrangers analogue à celle dont la famille de Jacob fournira plus tard un autre exemple.

L'inscription qui fait le tour du soubassement de la chambre est un véritable extrait des archives de la grande famille féodale dont Noumhotep était le représentant. Il y raconte comment le roi Aménemhâït Ier, lorsqu'il vint, détruisant la révolte dans les premières années de son règne, donna à son grand-père maternel une principauté avec Menât-Khoufou (Minieh) pour capitale; comment au mariage de son père Néhéra avec la dame Bequet, le roi Ousirtasen Ier confirma cette première donation et agrandit les domaines de la famille; comment lui, Noum-hotep, et après lui son fils Nakht, devinrent, par mariage et par donations successives, princes d'une bonne moitié de la moyenne Égypte. Les peintures de son tombeau sont d'une finesse et d'une beauté remarquables.

Les animaux quadrupèdes, oiseaux et poissons, y sont représentés avec tant de vérité que les copies coloriées que Champollion en fit prendre, lorsqu'il découvrit ces trésors de l'antiquité égyptienne, ressemblaient aux gravures coloriées de nos beaux ouvrages d'histoire naturelle. Malheureusement, ces sculptures ont beaucoup souffert des injures du temps et plus encore de la barbarie des voyageurs qui croient la place d'autant meilleure pour y inscrire leurs noms inconnus que le monument est plus beau. Sur la paroi Ouest, à gauche de l'entrée, on remarque : au registre supérieur, des charpentiers et des menuisiers ; au-dessous, des bûcherons qui abattent des palmiers, dont les chèvres broutent les branches ; à côté Noum-hotep est porté dans une chaise, et plus loin à droite, on construit une barque ; la troisième rangée représente deux navires garnis de rameurs ; dans la quatrième, un potier pétrit de l'argile et en forme des vases ; à côté des femmes tissent et filent, sous la surveillance d'eunuques ; la sixième rangée offre le sculpteur sur pierre, le sculpteur sur bois, le peintre de statues.

La paroi Sud nous montre, dans les deux registres supérieurs, les femmes et les enfants du mort, et au-dessous, les offrandes, dont l'énumération est contenue dans une longue liste à gauche, sont présentées à Noum-hotep ; celui-ci, à l'extrémité de cette paroi, est assis sur un fauteuil. La quatrième rangée nous présente des bœufs, des vaches, des antilopes, deux porcs-épics, un lièvre, de la volaille, des bœufs sont abattus et dépecés.

Sur la paroi Est, au milieu de laquelle s'ouvre une chambre, Noum-hotep, debout sur une barque, pique à droite deux poissons, et à gauche il abat des oiseaux aquatiques. Le Nil, sur lequel flotte la barque, est peuplé de poissons, de crocodiles et d'hippopotames, et les bouquets de lotus qui s'élèvent au-dessus de l'eau, donnent asile à des canards, à des hérons et à d'autres oiseaux. Sur la porte, Noum-hotep prend une grande quantité d'oiseaux aquatiques avec un filet.

Les colonnes qui décorent soit l'entrée, soit l'intérieur de quelques-unes d'entre elles (celles du Nord) ont exactement la forme et l'aspect des colonnes doriques ; elles sont polygonales, à seize faces, légèrement cannelées, excepté sur une face qu'on a laissée lisse dans le but d'y graver des hiéroglyphes. Le fût se termine par un tailloir dont le diamètre est à peine plus grand que celui de la colonne. Les colonnes supportent le toit creusé en forme de voûte et formant trois nefs.

La colonnette légère n'est point abandonnée ; en principe, elle conserve sa forme. Mais elle devient pierre, de bois qu'elle était. A l'extrémité sud de la nécropole, un ou deux hypogées montrent leurs plafonds soutenus par des colonnettes de ce genre, formées de quatre tiges de fleurs liées par des bandelettes ; les quatre boutons réunis forment le chapiteau. C'est cette colonnette qui, reniant son origine et cessant d'être elle-même pour devenir, comme masse, comme solidité, comme lourdeur, la rivale du pilier, donnera naissance à la grosse colonne fasciculée, au

chapiteau en bouton de lotus fermé ou en fleur ouverte, qui commence à se faire voir dans tout son épanouissement à Karnak, à Louqsor, et dans

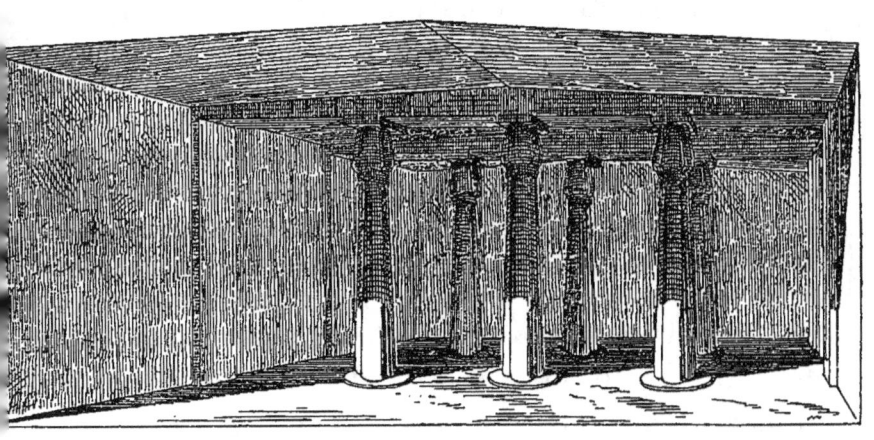

Hypogées de Béni-Hassan.

les temples des premières années du Nouvel-Empire.

Le côté Nord de la nécropole prouve qu'on n'abandonne pas non plus le pilier, principe des constructions mégalithiques de l'Ancien-Empire. Seulement, tandis que la colonnette se fait lourde pour ressembler au pilier, le pilier se fait léger pour ressembler à la colonnette. Un premier essai a lieu à Deïr-el-Bahari, sous le roi Mentouhotep II (XIe dynastie). Le pilier est alors à six pans. Il repose sur une base qui est un cube. Eut-il un chapiteau? C'est ce que la mutilation du petit temple, où des piliers de ce genre ont été employés, ne permet pas de dire. Chose remarquable, le pilier à six pans ne tourne pas vers l'avenue qu'il borde, une de ses faces plates, mais un de ses angles. L'essai devient définitif à Karnak et à Béni-Hassan (XIIe dynastie). Le pilier carré est alors la colonne à huit et à seize pans. Il a pour chapiteau l'abaque carré, sans *l'échinus*. La base est un simple disque à bords arrondis et beaucoup plus large que le fût. Le diamètre du fût lui-même n'est pas sensiblement plus grand en bas qu'en haut. Quant à la voie comparative suivie par le pilier aux âges postérieurs, elle est le maintien du *statu quo*, tandis que la colonnette de bois, devenue la colonnette fasciculée, tend de plus en plus vers une forme plus pure. La colonne polygonale se retrouve vers la XVIIIe dynastie à Karnak, sous la XXVIe à Medinet-Abou, sous les Ptolémées à Memphis; elle est, avec ou sans cannelures, existant telle que nous la rencontrons à Beni-Hassan [1].

---

[1]. Mariette, *Voyage dans la Haute-Égypte.*

NOUVEL EMPIRE

DE LA XVIIIe A LA XXXIe DYNASTIE (DE 1700 A 332 AV. J.-C.)

Le Nouvel Empire commence à la XVIIIe dynastie et finit à la conquête de l'Égypte par Alexandre. Quand les pasteurs sont expulsés, quand, avec Amosis, l'Égypte reprend possession d'elle-même, les bords du Nil semblent recevoir une vie nouvelle et l'histoire constate que ce moment fut le signal d'un développement considérable de la civilisation. Il est naturel de penser que les tombes eurent leur part de ce progrès et que tout au moins la partie visible et accessible de ces tombes fut mise en rapport avec le luxe des palais et des temples. L'exploration des lieux n'a donné qu'imparfaitement raison de cette conjecture.

Les sépultures du Nouvel Empire qui bordent les rues des nécropoles comme autant de petits temples, ont la forme extérieure d'élégants *naos*; des colonnes ornent les façades, et quelques-unes même étaient précédées d'une courte avenue de sphinx. Les chambres sont vastes, nombreuses, quelquefois tracées sur un plan qui rappelle celui des temples (hypogées) de *Tell-Amarna*. L'ornementation en est plutôt riche que soignée. Les couleurs brillent au plafond et sur tous les murs (hypogées d'*Abd-el-Quournah*). Au lieu des massifs piliers de l'Ancien-Empire, on trouve des colonnes cannelées à chapiteaux épanouis (tombes de Sakkarah). Des statues du défunt sont déposées dans des niches ou occupent les entrecolonnements. Sur des socles de granit ou d'albâtre sont placées des tables d'offrandes votives [1]. Des morceaux choisis de la littérature, le plus souvent des hymnes poétiques au Soleil, sont gravés sur des stèles adossées aux murs. Sans aucun doute, la personnalité du défunt est ici moins qu'autrefois mise en avant. Mais, si les travaux des champs et l'intérieur de la famille ne sont plus aussi souvent représentés, on trouve à étudier en de plus fréquentes occasions les peintures qui nous montrent diverses scènes dans lesquelles le défunt joue un rôle : processions religieuses, hommages rendus aux rois, missions à l'étranger, épisodes de batailles, etc. La vie civile, avec une nuance plus historique, prend aussi sa part de l'ornementation des chapelles accessibles du Nouvel Empire. Je me hâte d'ajouter que cette part fut toujours relativement petite, et qu'en général, les représentations sous les dynasties qui suivirent les pasteurs, furent plutôt religieuses. Autant, en

---

[1]. Ceci est l'exception. Les tables d'offrandes sont aussi rares sous le Nouvel Empire qu'elles sont communes sous l'Ancien.

effet, les anciens tombeaux se défendent contre l'envahissement du *Rituel*, autant ici le *Rituel* trouve un accès facile, et des parois entières, surtout à partir de la XXVI° dynastie, sont couvertes des principaux de ses chapitres. On voit que désormais ce livre célèbre a pris possession des tombeaux, et avec lui arrivent les représentations, jusqu'alors si rares, de toutes les divinités du panthéon égyptien. Les statues des dieux proprement dites font cependant encore défaut, et c'est tout au plus si, au fond de la chambre principale, apparaissent des figures de ronde-bosse représentant, soit le défunt assis entre deux divinités, soit la déesse de l'Amenti qui, sous la forme d'une vache dont la partie postérieure reste engagée dans la montagne, vient au-devant du mort. Ces rapides détails suffisent, je crois, pour donner une idée de l'ensemble des parties accessibles des tombes du Nouvel Empire.

Les stèles que le Nouvel Empire nous a laissées sont aussi nombreuses que différentes de style.

La loi la plus générale qui préside à l'arrangement des textes sur le champ des stèles est celle-ci : le premier registre est tout entier religieux. Certains dieux, particulièrement Osiris, en occupent la partie principale. Devant eux, le défunt debout, suivi de sa femme et de quelques personnes choisies de sa famille, est dans une des postures de l'adoration. A ses pieds est une table chargée des offrandes habituelles qu'il présente au roi de l'enfer égyptien. Le second registre nous fait retourner aux représentations du Moyen Empire. C'est le défunt qui maintenant est assis devant la table d'offrandes et qui reçoit l'hommage de ses parents, debouts ou agenouillés devant lui. Un dernier registre contient la formule des prières.

Quelque brillantes que soient les destinées de l'Égypte sous le Nouvel Empire, la partie souterraine des tombes ne retrouve jamais cette grandeur qui est le trait distinctif des caveaux de l'Ancien-Empire. Ici, tout est mesquin, étroit, sans profondeur. Un seul puits aboutit à un nombre infini de chambres qui se croisent et se superposent, après avoir donné asile à plusieurs générations de momies. Les exemples d'usurpation de sépultures, autrefois si rares, deviennent de plus en plus fréquents. Quand une bonne fortune a conduit la pioche des travailleurs à l'entrée d'un caveau mortuaire que des fouilles antérieures n'ont pas bouleversé, on s'aperçoit bien vite en y pénétrant qu'on a affaire à d'autres temps. Tout devient exclusivement religieux. Les premiers règnes de la XVIIIe dynastie se souviennent bien encore de ces anciens usages qui faisaient déposer avec les momies des meubles, des armes, des provisions; mais après eux, l'arrangement des objets divers dans les tombes est gouverné par un ordre d'idées tout différent. Les plus communs de ces objets sont les statuettes funéraires. Tantôt on les enfermait dans les boîtes scellées qu'on plaçait à côté du cercueil ; tantôt elles étaient répandues sur le sol de la chambre. Jusqu'à la XXVI. dynastie, les matières le plus souvent employées pour la fabrication de ces petits monuments sont l'albâtre, le calcaire, le granit, la serpentine, le bois ; les statuettes de porcelaine émaillée sont rares : avec les Saïtes (XXVI. dynastie), celles-ci apparaissent au contraire de plus en plus nombreuses. Les vases funéraires, improprement appelés *canopes,* se montrent aussi avec le Nouvel Empire. Aucune règle bien fixe ne préside au dépôt de ces vases parmi les objets dont la partie cachée des tombeaux est ornée. On les trouve dans un ordre indifférent, soit aux angles des sarcophages, soit dans des niches établies sur la paroi de la chambre, soit dans des caisses divisées en compartiments. Le mobilier funéraire des caveaux du Nouvel-Empire est complété, selon les temps et les lieux, par divers autres monuments dont les musées conservent un grand nombre d'échantillons. Les vases d'albâtre remplis de baume, les seaux de bronze destinés à contenir l'eau de purification, les jolies stèles de bois peint, les statuettes de bois à visages dorés représentant Osiris et ses deux sœurs, Isis et Nephtys, dans l'attitude des pleureuses, proviennent des caveaux situés à l'extrémité des puits funéraires.

Les monuments les plus intéressants que ces demeures souterraines offrent à l'étude des archéologues sont les momies et leurs enveloppes.

Sous le Nouvel Empire, c'est là que s'est portée toute l'attention des ordonnateurs des tombes. Jamais, en effet, on n'a entouré de plus de soins tout ce qui touche immédiatement à la personne du mort. Mais ici la voie qui s'ouvre devant nous s'élargit. Non seulement les momies et leurs enveloppes varient d'une dynastie à une autre ; mais, pour une même époque, elles se modifient selon les lieux. Thèbes et Memphis, par exemple, sont, sous ce rapport, dans un perpétuel antagonisme.

L'étude comparée des momies découvertes dans les souterrains de Thèbes, de Memphis, permet d'établir entre elles trois divisions chronologiques qui sont les suivantes :

1° Les plus anciennes appartiennent à la période qui s'étend de la XVIII° à la XXI° dynastie. Pendant cette période, Memphis a presque exclusivement employé des sarcophages de granit. Ceux de la XVIII° dynastie sont de forme massive et taillés en caisse de momie ; les mains, engagées dans les langes, ne sont même pas indiquées par un renflement de la pierre. En général, ces monolithes sont sobres d'ornements. Une légende verticale court de la poitrine aux pieds, et six autres lignes, qui se prolongent jusque sur la cuve, coupent la première à angle droit. Sous la XIX° et la XX° dynastie, les sarcophages de Memphis, quoique encore en pierre dure, prennent des proportions moins grandioses. Le défunt est maintenant couché sur sa tombe. Son menton est orné d'une barbe épaisse et carrée. Cette fois ses mains sont libres et tiennent divers emblèmes *(tat)*, (croix ansée et nœud de ceinture). Un tablier couvre le devant du corps et laisse paraître les pieds, qui sont nus. Sur la cuve se montrent, dans des tableaux symétriquement disposés, les images des quatre génies des morts et de quelques divinités funèbres. Pendant cette même période, Thèbes suit d'autres chemins, et les monolithes de Memphis y sont représentés par des cercueils de bois. Aux massifs sarcophages de Sakkarah correspondent, en effet, à l'Assassif et Abd-el-Quournah, des cercueils de bois peints intérieurement et extérieurement en noir. Le masque de ces caisses est rouge vif ou bien doré; les yeux, dont l'enveloppe est en pâte bleue plutôt qu'en bronze, sont rapportés; sur la poitrine est un grand vautour, les ailes étendues; les légendes disposées comme à Memphis, en lignes qui se coupent, sont tracées en jaune. A ces cercueils peints en noir (XVIIIe dynastie) succèdent ces belles caisses couvertes d'un vernis jaunâtre (XIXe dynastie) sur lesquelles sont peintes des représentations en toutes couleurs. La profusion des ornements sur les caisses de ce genre est extrême. Aucun texte un peu long n'y est cependant encore écrit, et si les allusions au Rituel sont fréquentes, on y trouve plus de vignettes que de légendes. Bien souvent l'aspect extérieur du monument est celui d'une momie en gaine; mais quelquefois Thèbes s'entend en ce point avec Memphis, et le mort est représenté couché sur sa tombe. Les mains sont alors croisées sur la poitrine et sortent des langes ; des boucles ornent les oreilles des femmes ; le même tablier, arrangé en plis serrés, couvre les jambes. L'intérieur du cercueil n'est pas moins riche d'ornement ; de grandes figures de divinités et de génies peintes en couleurs vives sur fond mat en forment le sujet principal. C'est, du reste, avec ces derniers monuments que s'introduit l'usage d'enfermer les momies dans de doubles, de triples et même de quadruples cercueils, qui s'emboîtent les uns dans les autres, et font au mort un rempart qu'il n'est pas toujours facile d'abattre. Quant aux momies qui appartiennent à la période comprise entre la XVIIIe dynastie et la XXIe, il existe entre les procédés d'embaumement usités dans les deux capitales des différences dignes d'être remarquées. A Memphis, les momies sont noires et si desséchées qu'elles se rompent sous le moindre effort ; mais la cavité de la poitrine est remplie de ces mille amulettes qui sont la richesse des vitrines des Musées. Alors, les *amandes* en cornaline, les grenouilles en feldspath vert ou en porphyre, les *colonnettes* vertes, quelques grands *tat* de porcelaine se montrent. On commence aussi à rencontrer les gros scarabées de pierre dure sur le plat desquels se lit la formule extraite du chapitre XXX du *Rituel*. A Thèbes, au contraire, ces objets sont pour ainsi dire inconnus ; mais l'art de l'embaumement y a atteint la dernière perfection. En de trop rares occasions, on recueille sur les momies des *Rituels* sur papyrus déposés dans l'intérieur de la caisse, ou bien déroulés en partie et étendus de la tête aux pieds du cadavre, par-dessus les bandelettes ;

2° Le second âge des momies du Nouvel-Empire commence à la XXIIe dynastie et se termine vers la fin de la XXVIe. Ici la scission entre Thèbes et Memphis devient complète. Thèbes n'offre alors aux visiteurs que des cercueils soignés, éclatants de peintures. Ce sont d'abord des cercueils à fond noir ou à fond de couleur de bois, au masque rouge, à la coiffure surchargée d'ornements bariolés, aux momies ornées d'une sorte de bretelles marquées aux cartouches du roi. A ces monuments succèdent les caisses à fond blanc. Autour de celle-ci court une légende en hiéroglyphes de toutes couleurs. Le devant du couvercle est divisé horizontalement en tableaux où alternent les représentations et les textes tracés en hiéroglyphes verdâtres. La momie elle-même est hermétiquement enfermée dans un cartonnage cousu par derrière et peint de couleurs tranchantes. Enfin, sur la fin de la XXVe dynastie, arrivent les momies placées, comme sous la XIXe, dans de triples et quadruples enveloppes. La première de ces enveloppes est encore un cartonnage ; la dernière, c'est-à-dire l'enveloppe générale, est un grand sarcophage à oreillettes carrées, dont le fond est blanc ou couleur de bois, et où de grandes figures ont pour texte explicatif des hiéroglyphes peints en vert sombre. Quant aux caisses intermédiaires, les visages, roses ou bien dorés : le bois y conserve sa couleur naturelle et n'est rehaussé que par des légendes sobrement tracées au pinceau. De la XXIIe dynastie jusqu'aux Saïtes, Thèbes conserve ainsi le privilège des riches sépultures. A Memphis, au contraire, une obscurité profonde enveloppe cette période. Comme les caveaux contemporains de la tombe d'Apis, les sépultures sont pauvres, négligées. Il est clair qu'aucune de ces grandes familles qui s'illustrent par des monuments funéraires somptueux n'habite en ce moment la plus ancienne capitale d'Égypte.

3° C'est l'inverse qui a lieu pendant le troisième âge des momies du Nouvel Empire, c'est-à-dire des Saïtes à Alexandre. En effet, la XXVIe dynastie paraît à peine qu'à Memphis un changement s'opère. De beaux et grands sarcophages de granit, tantôt rectangulaires et à chevet arrondi, tantôt taillés en forme de gaine de momie, sont descendus dans les caveaux funéraires. Des cercueils de granit et de basalte, travaillés avec ce soin minutieux qui est comme la marque du bel art de ce temps, y sont déposés. Les procédés de l'embaumement sont, à la vérité, en pleine décadence; mais les momies sont de plus en plus chargées d'amulettes, de scarabées, de figurines en toutes matières. Sous les derniers rois des dynasties pharaoniques, le luxe des sarcophages et des cercueils en pierre dure, usité à Memphis, loin de s'affaiblir, va en augmentant. Quant à Thèbes, elle a jeté tout son éclat pendant la période précédente, et les momies contemporaines des monolithes de Memphis qu'on trouve à l'Assassif, attestent la décadence qui a frappé cette ville vers le temps de la conquête de l'Égypte par les Perses. — Ainsi, pendant la durée du Nouvel Empire, les trois seules premières dynasties s'accordent pour nous donner, à Thèbes et à Memphis, des momies à peu près égales en valeur. Mais, plus tard, l'observation des monuments funéraires nous prouve que la puissance a passé alternativement de l'une à l'autre des deux capitales. Après les Ramsès, Thèbes a la suprématie et ne commence à décroître que quand les Saïtes transportent au nord de l'Égypte le siège officiel du gouvernement; après les mêmes rois, Memphis, travaillée par les germes de discorde qui éclatent vers la XXIII° dynastie, est en pleine décadence, et ne se relève qu'avec les Psamméthichus. Même contraste sous les Grecs et sous les Romains. A Thèbes, les caveaux funéraires sont plus bas, plus étroits, plus irréguliers que jamais. Souvent même on ensevelit les morts dans le sol ; plus souvent encore, on les confie à d'anciens souterrains déjà violés. Les cercueils sont faits de bois mince, et presque toujours quadrangulaires; il est très rare qu'on y trouve, comme autrefois, de longs extraits du *Rituel;* les peintures sont presque toujours, soit des ornements renouvelés de la XI° dynastie, soit des imitations de bois. Quelques caisses plus soignées sont pourtant enrichies de représentations compliquées, parmi lesquelles se rencontrent des zodiaques ; des sandales de bois, des chevets, quelques poteries rougeâtres des papyrus contenant des textes funéraires ou des documents de la vie privée, sont ensevelis avec le mort. Pendant ce temps, Memphis continue les traditions des derniers rois de sang national. Les grands sarcophages rectangulaires à chevet arrondi [1], les cercueils en pierre couverts de milliers de figures finement gravées deviennent plus nombreux qu'ils ne l'ont jamais été. Les momies qui y sont contenues sont d'ailleurs remarquables par la richesse de leur décoration extérieure [2]. Un masque doré, la chevelure peinte en bleu, couvre la tête par-dessus les bandelettes ; sur le devant du corps sont symétriquement disposés d'élégants cartonnages peints ; les pieds sont enfermés dans une gaine. A l'ouverture, la cavité de la poitrine laisse voir les mille statuettes dont nous avons parlé. Mais le temps n'est pas loin où de communs malheurs vont rapprocher Thèbes et Memphis, et où ces deux villes ne seront plus que des ruines. Peu à peu, les sépultures perdent alors de leur grandeur; les momies deviennent noires, pesantes, et ne forment avec leurs bandelettes qu'une masse compacte qu'on ne briserait pas sans le secours d'un instrument. Les cercueils eux-mêmes arrivent par d'insensibles traditions

---

1. Voir les nos 6, 7, 8 du catalogue du Musée de Gyzeh.
2. Voir le no 140, etc. du catalogue du Musée de Gyzeh.

à n'être plus que d'informes ébauches. Ils sont rudes, désagréables à voir, et dans leurs parties sculptées, ils semblent l'œuvre d'un peuple enfant. Un dernier symptôme achève de marquer la complète décadence de cette époque : les hiéroglyphes qui couvrent quelques-uns de ces cercueils ne sont plus que des ornements sans signification ; pour la main qui les traçait, le secret de cette mystérieuse écriture était déjà perdu. C'est qu'en ce moment, l'Égypte elle-même, succombant sous les coups du christianisme triomphant, avait cessé de compter au nombre des nations.

Telles sont, dans leurs détails principaux, les trois parties qui composent une sépulture égyptienne du Nouvel Empire. *Les chapelles extérieures* sont des oratoires ouverts à certains anniversaires ; on y trouve des *bas-reliefs*, des *inscriptions*, des *stèles*, des *statues*, des *tables d'offrandes*.

Les caveaux fermés pour l'éternité, abritent les *momies*, avec lesquelles sont disposés les *Rituels*, les *scarabées*, les *figurines*, les *amulettes*, les *statues funéraires*, les *canopes*, les *vases*, les *armes*, les *meubles*.

Les *puits* servent de passage des chapelles aux souterrains et ne sont qu'un seul obstacle de plus à la violation des morts. On n'y trouve jamais rien.

Après ces détails, le but essentiel que les Égyptiens se proposaient d'atteindre en donnant à leurs sépultures ces grandioses proportions, est facile à distinguer : tout y est combiné pour assurer la conservation du corps et sa durée. C'est qu'en effet, là réside le pivot de toutes les croyances égyptiennes sur la destinée de l'homme après sa mort. Pour l'Égyptien, la vie humaine ne finit pas au moment où l'âme se sépare du corps, elle se continue dans l'autre monde. Après les combats plus ou moins terribles qui, toutefois, ne mettent à l'épreuve que la piété et la morale du défunt, l'âme proclamée juste est enfin admise dans le séjour éternel ; mais l'heure des félicités sans bornes ne viendra que quand le corps aura été réuni au principe éthéré qui l'a déjà une fois animé. Alors commencera cette seconde vie que la mort ne pourra plus atteindre. L'homme alors identifié à Osiris sera éternellement juste et éternellement bon. Il sera celui qui cherche à faire le bien et qui l'aime. Quant aux réprouvés, à ceux qui, par leur conduite sur la terre, n'ont pas mérité d'entrer dans la demeure des bienheureux, ils subiront toutes les mêmes tortures de l'enfer ; ils deviendront des êtres malfaisants ; ils aimeront à faire le mal. Chose singulière, ils seront des esprits ayant, pour nuire à l'homme, tout le pouvoir qu'ont les autres pour lui être utile. A ceux-là, une seconde mort, c'est-à-dire l'anéantissement définitif, est réservée. Le secret de la grandeur des sépultures égyptiennes est dans ces croyances. Il faut qu'à un jour dit, le corps soit prêt à recevoir l'âme qui viendra l'animer de nouveau. Ces momies que nous poursuivons d'une si indiscrète curiosité attendent une seconde vie qui ne sera pas, comme la première, sujette à la douleur et qui ne finira pas. Les belles tombes que l'on admire dans les plaines de Thèbes et Sakkarah ne sont donc pas dues à l'orgueil de ceux qui les ont érigées. Une pensée plus large a présidé à leur construction. Plus les matériaux sont énormes, plus on est sûr que les promesses faites par la religion recevront leur exécution.

BAB-EL-MOLOUK

Bal-el-Molouk est une vallée aride, absolument inculte, perdue dans les montagnes situées à l'occident de Thèbes. On y arrive par un chemin non moins triste, entrecoupé de sables et de rochers qui semblent brûlés et calcinés par le soleil. C'est là ce que depuis longtemps on a appelé le Saint-Denis des rois de la XIXe et de la XXe dynasties égyptiennes. On ne pouvait pas choisir un endroit où l'idée de la désolation et de la mort s'imposât plus vite à l'esprit de ceux qui le visitaient.

Bab-el-Molouk n'est pas le seul lieu de la nécropole Thébaine où on trouve des sépultures de rois. La vallée de l'Ouest, située dans le désert, encore plus loin que Bab-el-Molouk, est également une sépulture royale, Drah-Aboul'l-neggah, je veux dire toute la plaine de sable qui s'étend de la montagne de ce nom à la lisière des terres cultivées et presque jusqu'au Nil, fut à une certaine époque réservée aux souverains qui avaient à Thèbes leur capitale. Une quatrième nécropole où cette fois les reines occupent la première place, est derrière Medinet-Abou, dans l'escarpement de la chaîne libyque qu'on appelle précisément la

Vallée des reines. A Thèbes, les tombes royales ont toutes les formes. Les unes sont destinées à être à jamais invisibles du dehors, et le mort, une fois en place, l'entrée en était cachée par tous les moyens et avec tous les artifices qu'on pouvait inventer ; telles sont les tombes de la Vallée des rois, de la Vallée de l'Ouest ; telles sont aussi celles qu'on creusait tout simplement dans le sol à deux mètres de profondeur, quelques dalles mal ajustées tenant lieu de caveau funéraire (Dra-Abou'l-neggab, cercueil de la reine Aahhotep). D'autres tombes, au contraire s'annonçaient au loin par une façade ou par divers édicules extérieurs. Il en est qui sont des pyramides, à la vérité de très petites dimensions (Drah-Abou'l-neggah, Entef-aa II). Il en est qui sont creusées sur le flanc de la montagne (Vallée des reines) et où le soin d'en cacher l'entrée a été si peu observé que la façade est précédée d'obélisques (Drah-Abou'l-naggah Entef Ra-noub Kheper). Il en est enfin dont l'emplacement était signalé, comme à Sakkarah, par une chapelle élevée au dessus du puits que contenait la momie [1].

Les tombeaux des rois qu'on trouve à Bab-el-Molouk sont disposés sur un plan à peu près uniforme. Un long couloir en pente assez élevée conduit à une salle dont le plafond est taillé en voûte comme un couvercle de sarcophage. Le plus

---

1. Drah-Abou'l naggah, prince Touaou et autres.

grand de ces hypogées n'a pas moins de 125 mètres de longueur. De distance en distance on rencontre de petites chambres carrées ou des salles oblongues, dont la voûte est soutenue par des piliers, jusqu'à ce que l'on arrive à la pièce principale où était déposé le sarcophage. Le tout est taillé dans le roc vif, et dans toute cette étendue il n'est pas une seule partie des parois, aussi bien des galeries que des chambres ou des salles, qui ne soit couverte de peintures ou de bas-reliefs. Quand le mort était en place, on bouchait la porte extérieure et des terres étaient jetées au-devant de manière à la masquer tout entière. Ainsi s'explique que le tombeau de Ramsès III rencontre en route un autre tombeau qui l'a forcé à modifier sa direction primitive. Les ouvriers ne voyaient évidemment pas l'entrée de l'autre et n'en connaissaient pas l'intérieur.

La décoration des couloirs et des chambres a été aussi conçue sur un plan qui n'admet guère de variantes que dans les détails. Nous sommes loin de Saqqarah, de Béni-Hassan et de ces délicieuses scènes de la vie intime qui, dans les tombes de l'Ancien-Empire, éveillent toutes les idées, excepté celle de la mort. Ici, les sombres doctrines du Rituel ont pénétré dans la tombe. Le défunt n'est plus chez lui, entouré de sa famille vaquant aux travaux des champs. Il accomplit le voyage souterrain à la fin duquel, et après une série d'épreuves sans nombre, il va trouver la lumière et la vie éternelle. On remarque, à l'entrée de la plupart des tombes, un tableau de haut relief qui représente un grand disque occupé par un scarabée et au dessus un crocodile qui s'enfuit. Le crocodile qui s'enfuit symbolise les ténèbres, le mal et la mort vaincus. Le scarabée et le disque, c'est le soleil qui se lève vainqueur de la nuit et du péché. L'immortalité promise au défunt et les luttes auxquelles il doit se soumetttre pour l'obtenir, sont résumées dans un tableau qui est lui-même le résumé de la tombe.

Quelques-unes des tombes royales de Bab-el-Molouk ont été ouvertes dès l'antiquité, ce que prouvent les proscynèmes en langue grecque qui y sont gravés. Il n'est pas probable que les Égyptiens eux-mêmes aient commis cette violation de sépulture, qui ne peut pas non plus être attribuée aux Ptolémées. On en accuse, avec plus de raison, Cambyse. « Pendant son séjour à Memphis, dit Hérodote, il lui échappa plusieurs autres traits de folie tant contre les Perses que contre ses alliés. Il fit ouvrir les anciens tombeaux pour considérer les morts... »

Nous voyons autre part les injures que Cambyse prodigua à la momie d'Amasis. Ce que Cambyse fit à Memphis et à Saïs, il avait aussi bien pu le faire à son passage à Thèbes.

TOMBE DE SÉTI Ier

La plus remarquable des tombes de Bab-el-Molouk est celle de Séti Ier [1]. L'hypogée était remarquable, il y a peu d'années encore, par la beauté de ses sculptures peintes et par son état de conservation. Malheureusement la tombe a subi depuis quelque temps et par la main des voyageurs, de tels outrages qu'il n'en restera bientôt plus rien. Nous ne saurions assez, à cette occasion, flétrir le vandalisme des voyageurs qui détruisent en un quart d'heure ce que quarante siècles ont respecté.

On a d'abord à descendre un escalier très rapide de 27 marches qui s'enfonce à 7 m. 1/2 au-dessous du sol de l'entrée ; puis on trouve un passage de 5 m. 72 sur 2 m. 80 de large, dont les inscriptions et les figures se rapportent à Séti Ier. père de Ramsès II. On passe une autre porte et l'on descend un second escalier, sur les côtés duquel sont représentés, d'un côté trente-sept, de l'autre trente-neuf génies de diverses formes. Au bas de cet escalier, un nouveau corridor de

---

1. Cette tombe a été découverte par Belzoni en 1818.

9 mètres conduit à une chambre oblongue de 3 m. 70 sur 4 m. 32.

Cette salle et le passage qui précède, sont décorés de scènes allégoriques, représentant le passage du roi dans le monde inférieur, l'Amenti, et sa réception par différentes divinités. Un puits, que Belzoni a comblé, semblait former ici la limite extrême de la tombe ; mais ce puits qui n'aboutit à rien, n'était destiné qu'à dérouter la recherche de ceux qui auraient voulu trouver la salle où reposait le corps du roi. Belzoni n'y fut pas trompé. En sondant avec soin les murs de la salle, dont la maçonnerie est recouverte d'une couche de stuc ornée de peintures, un son creux sur un certain point lui découvrit le secret. Une ouverture fut bientôt pratiquée et l'on vit alors recommencer une nouvelle série de salles et de galeries. La pièce où l'on pénètre d'abord est une salle carrée de 8 mètres de côté dont la route est soutenue par quatre colonnes décorées, ainsi que les murailles, de belles sculptures recouvertes de couleurs qu'on dirait appliquées d'hier. Un des sujets les plus intéressants est une procession allégorique des quatre races du monde assistant aux funérailles du héros : la race égyptienne appelée *Rotou*, peinte en rouge (comme le sont toujours les Égyptiens sur les monuments), la race des *Amou* de couleur claire, avec des yeux bleus et de longues barbes : ce sont les peuples du Nord (Asiatiques) Palestine et Syrie, Asie-Mineure, Chaldée, etc) ; la race noire, les *Naha-*

sou qui sont les nègres du sud; enfin, la race des *Tamahou*, peau blanche, yeux bleus, barbe en pointe, plumes dans les cheveux en guise d'ornement, grandes robes flottantes, les peuples de la Libye englobant aussi les îles de la Méditerranée et certaines contrées de l'Europe. Ces races étrangères sont placées sous la protection de dieux égyptiens; les nègres sont à Horus, les Amou et les Tamahou, à Sekhet « qui sauve les âmes ». Ce fait d'une commune providence veillant sur tous les peuples de la terre est d'un grand intérêt, et tout à l'honneur des conceptions religieuses des Égyptiens. Sur le mur du fond, dans un tableau remarquable par l'élégance du dessin et la richesse du coloris, le roi est conduit par Horus en présence d'Osiris et d'Hator. Là s'ouvre la suite de la galerie. Quelques marches que l'on descend conduisent à une autre salle de dimensions semblables à celle que l'on vient de quitter, mais qui n'est soutenue que par deux colonnes. Les scènes qui devaient en orner les murailles sont esquissées en noir sur le stuc, d'un trait ferme et bien arrêté; mais le sculpteur, dont ce tracé devait guider le ciseau, n'a pas eu le temps d'aborder son travail, sans doute interrompu par la mort du roi.

Un double passage dans l'un desquels le roi est représenté devant Hathor, Horus, Anubis, Isis, Osiris et Phtah, conduit de cette salle inachevée à une chambre de 5 m. 25 sur 4 m. 33, dont les peintures se rapportent à des scènes du rituel funéraire. De cette chambre, on pénètre, par une porte du fond, dans une salle carrée, plus grande qu'aucune des précédentes (chaque côté a 8 m. 34), et dont le plafond est supporté par 6 colonnes. A droite et à gauche est une petite chambre latérale, et à l'extrémité de la salle s'ouvre un espace transversal de 9 m. 27 de largeur, sur une profondeur de 5 m. 88. Le plafond en est arrondi en voûte.

Au centre de cette espèce de chapelle funéraire, ornée d'une profusion de sculptures, était un sarcophage en albâtre oriental; mais ce sarcophage était vide [1]. Il a été transporté en Angleterre. Il fait aujourd'hui partie de la collection de M. Sloane.

A gauche est une autre chambre dont les parois sont chargées de tableaux allégoriques. Là ne se termine pas encore cette longue série d'excavations. De même qu'il avait découvert la porte masquée qui conduit à la chambre du sarcophage, ici encore, à la base même du cénotaphe, Belzoni s'aperçut, au son que rendait le sol, qu'un espace vide devait exister en cet endroit. Cette partie du plancher enlevée mit effectivement au jour l'entrée d'un plan incliné, accompagné d'un double escalier à droite et à gauche, par lequel on descend très avant dans l'intérieur de la montagne. Des éboulements survenus à l'extrémité de cette descente, ne permettent plus de s'y avancer que de 46 mètres environ. Il est probable, du reste,

---

1. Le cercueil et la momie du roi ont été retrouvés en 1881 dans la cachette de Deir-el-Bahari.

que le couloir n'a jamais été achevé. Depuis l'entrée extérieure jusqu'à l'endroit du plan incliné où l'on est arrêté par les éboulements, ce vaste hypogée présente un développement en longueur de 145 mètres. Le point extrême du plan incliné est à 56 mètres environ de profondeur au-dessous du niveau de la vallée.

TOMBE DE SÉTI Iᵉʳ

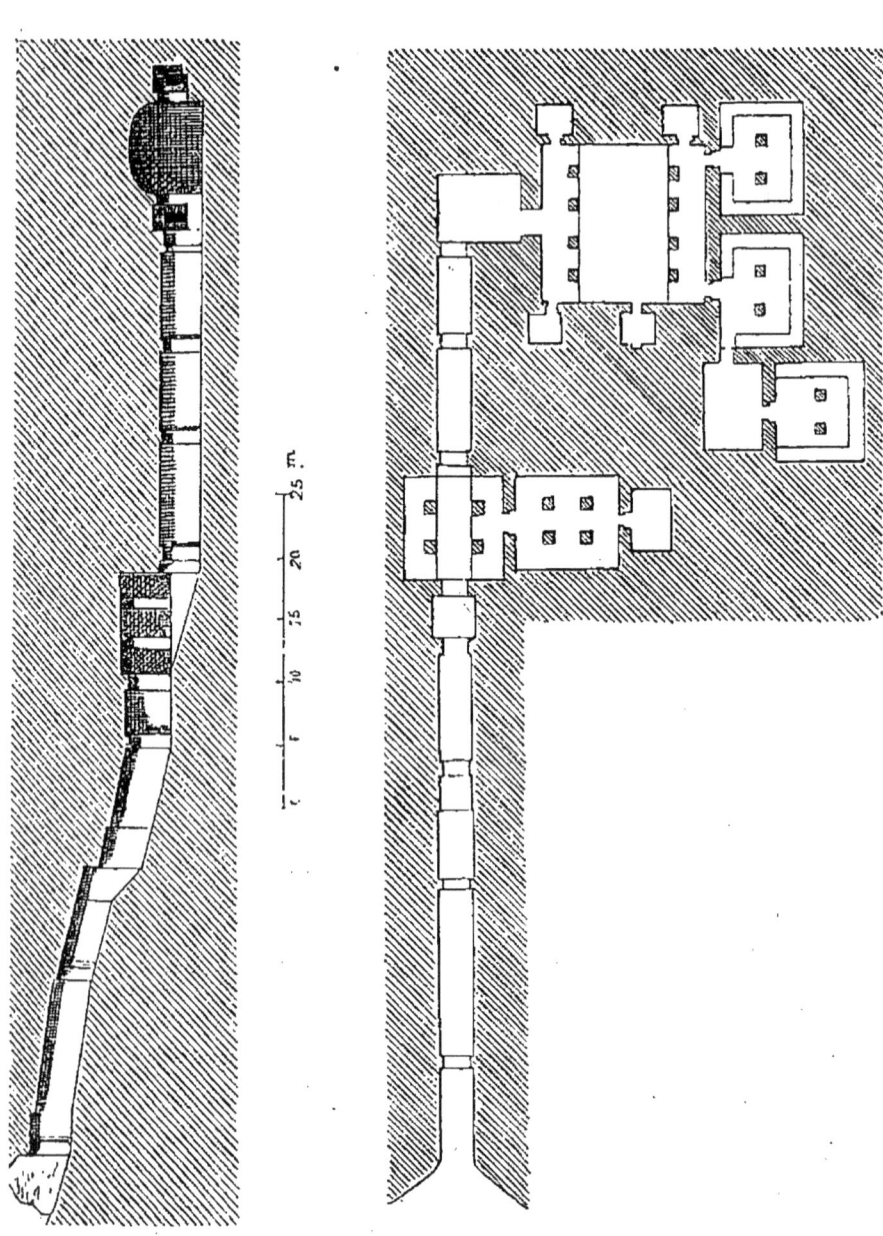

TOMBE DE RAMSÈS III

Cette tombe, dont le voyageur Bruce a parlé le premier, offre un très grand intérêt, sinon par l'exécution des dessins qui est fort médiocre, du moins par la nature des sujets représentés dans ses peintures. Toute la vie sociale des anciens Égyptiens y est en quelque sorte figurée. Le roi pour lequel la tombe fut creusée est le troisième Ramsès, chef de la XXe dynastie. Le développement total de l'hypogée, moins considérable que le précédent, est de 125 mètres en longueur, et sa plus grande profondeur n'est que de 9 à 10 mètres. La partie la plus intéressante est la suite de petites chambres des deux premiers passages. Dans la première, à gauche en entrant, on voit représentées différentes scènes relatives à la préparation des aliments. Des hommes sont occupés à abattre un bœuf et à en détacher les quartiers, que l'on met dans des chaudrons posés sur un trépied sous lequel brûle un grand feu. D'autres pilent quelque chose dans un mortier, hachent de la chair, font cuire les viandes, la pâtisserie, les légumes, etc. D'autres, sur la ligne inférieure, transvasent des liquides au moyen de siphons. Tous ces groupes, quoiqu'ils aient souffert, sont parfaitement reconnaissables. Sur le mur du fond, les boulangers pétrissent la pâte et préparent la cuisson du pain dans des fours pareils aux nôtres.

Dans la chambre opposée, on voit diverses sortes de barques richement peintes et très ornées. Quelques-unes ont des cabines spacieuses d'autres n'ont qu'un siège près du mât.

La chambre qui vient ensuite, à droite, nous montre les armes diverses et les instruments de guerre des Égyptiens, coutelas, sabres droits et recourbés, poignards, lances, avec flèches et carquois, cottes de mailles, casques, javelots, massues, étendards, etc. De chaque côté de la porte est représentée une vache noire avec les ornements de tête d'Hathor; les légendes hiéroglyphiques qui les accompagnent, désignent pour l'une le nord, pour l'autre le sud, comme pour indiquer que les armes sont celles de la haute et de la basse Égypte. La couleur bleue de quelques-unes de ces armes montre qu'elles étaient en acier et permet de conclure que les Égyptiens connaissaient l'usage du fer.

Dans la chambre suivante, on voit représentés des sièges et des couches de formes élégantes, couverts de riches draperies et du plus beau travail, ainsi que tous les accessoires d'un somptueux ameublement, vases, bassins, peaux de léopards servant de tapis, etc. Ces représentations, aussi bien que les bijoux trouvés par M. Mariette près de Gournah, suffiraient pour montrer tout à la fois à quel point étaient arrivés, chez les Égyptiens de cette époque reculée, les arts qui tiennent au luxe et les raffinements de la vie intérieure.

La chambre suivante nous transporte au milieu des scènes agricoles. Le Nil déborde, se répand sur les terres à travers les canaux. Ici, on répand la semence, plus loin on fait la récolte et on rentre les grains. Seulement, autant que les Égyptiens ont excellé à saisir le caractère des animaux qu'ils voulaient représenter, autant ils ont été inhabiles à peindre les arbres et les fleurs.

D'autres chambres sont consacrées à différentes divinités et à leurs emblèmes. Puis viennent des représentations d'oiseaux du ciel et d'oiseaux domestiques, avec les productions des jardins et des vergers. Enfin, dans la dernière chambre, on voit figurés deux musiciens jouant de la harpe devant le dieu Shou.

On remarquera la forme exquise de ces harpes; elles ont une console simple, presque droite et une cuvette élégante, richement ornée et travaillée, qui se termine par la tête royale coiffée, soit du pschent avec l'uraeus au front, soit de la couronne rouge (symbolisant la royauté de la haute Égypte) avec le même serpent. L'attitude des harpistes est rendue avec vérité et le mouvement des mains est finement observé.

Chacune de ces chambres a un puits, maintenant fermé, où furent probablement enterrés des officiers de la maison du roi. On peut supposer, avec beaucoup de vraisemblance, que la décoration de chacune des chambres avait rapport aux fonctions de chacun de ces officiers.

Cette première galerie avec ses chambres latérales, a une longueur de 40 mètres. Ici, la proximité de la tombe contiguë a obligé de décrire un coude, après lequel la galerie reprend sa direction première. Les sujets figurés sur les parois de cette seconde galerie, se rapportent au passage du défunt dans l'Amenti ou monde inférieur. On y voit aussi, comme dans la tombe de Séti Ier, le cortège symbolique des quatre races du monde; seulement, les quatre figures qui représentent la race égyptienne, sont ici peintes en noir quoique avec la même dénomination hiéroglyphique, le *Rotou* (l'Égyptien). Après la grande salle du sarcophage, on trouve encore trois passages successifs. Cette tombe est une de celles qui furent ouvertes sous les Ptolémées; il n'est donc pas surprenant que le sarcophage en ait été trouvé vide [1].

---

[1]. Le cercueil et la momie ont été retrouvés en 1881 dans la cachette de Deir-el-Bahari. La cuve du sarcophage en granit rose est au Musée du Louvre; le couvercle est à l'université de Cambridge.

TEMPLES FUNÉRAIRES DU NOUVEL EMPIRE

Le long de la ligne légèrement recourbée qui sépare les champs inondés et cultivés des sables qui s'entassent en pente douce sur les derniers mamelons de la chaîne libyque, se présentent, parmi de nombreuses ruines, trois monuments importants. Ce sont, en allant du nord-est au sud-ouest, le temple de *Qournah le Ramesseum* et *Medinet-Abou*.

Ces temples appartiennent à la nécropole. Ils ont, en effet, la même destination que les chapelles funéraires, ces chambres extérieures des mastabats où se réunissaient les parents du mort à certains jours de l'année; seulement, le défunt est ici le roi, et la chapelle est devenue un magnifique temple. Quant à la momie, elle reposait, non sous la chapelle au fond du puits, mais dans l'hypogée lointain de *Bab-el-Molouk*. Ainsi, le temple de Qournah est la chapelle funéraire de Ramsès Ier. Le Ramesseum est la chapelle funéraire de Ramsès II. Deir-el-Bahari a été consacré à la mémoire de la régente Hatasou. Le souverain auquel on rendait un culte à Deïr-el-Medineh n'est pas connu; mais la destination funéraire du

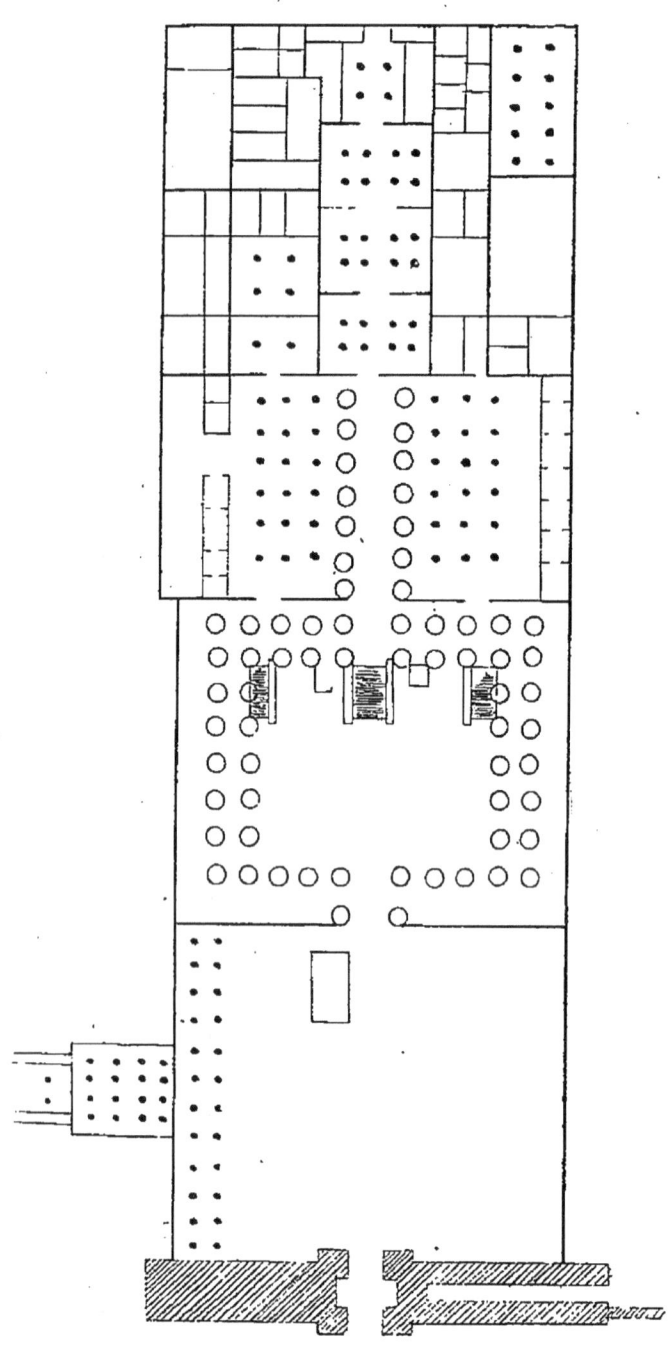

monument n'en est pas moins certaine. Enfin, les deux temples qui forment le monument connu sous le nom de Médinet-Abou sont consacrés à la mémoire de Thoutmès II et de Ramsès III.

TOMBES PRIVÉES

COLLINE DE CHEIKH ABD-EL-QOURNAH

Les excavations de la colline de Chéikh Abd-el Qournah appartiennent à des dignitaires des rois de la XVIIIe, XIXe et XXe dynasties. Les plus importantes sont celles que M. Wilkinson a marquées des n°s 16 et 35 [1].

Le n° 16 renferme les noms des quatre rois de Thoutmès III à Amenhotep III inclusivement.

Elle est placée dans la partie supérieure de la colline, au-dessus et au sud de la maison Wilkinson. Elle appartenait à un scribe royal d'Amenhotep III. Des deux chambres dont elle se compose, la première offre des scènes de la vie du défunt, parmi lesquelles on remarque un repas donné dans la maison du scribe royal. Celui-ci est assis à côté de sa mère et tient sur ses genoux l'enfant de son souverain, dont il était peut-être le père nourricier. Des femmes dansent au son de la guitare pendant que les esclaves placent devant les convives des vases de fleurs et des parfums. D'autres serviteurs offrent du vin à la ronde dans

---

1. V. Wilkinson, *Topography of Thebes*, pp. 151, 153.

des « gobelets d'or ». Dans la seconde chambre, une longue procession en quatre colonnes représente les obsèques mêmes du défunt, dont le cercueil est transporté sur un radeau traîné par quatre bœufs. Au second registre, des hommes s'avancent portant les insignes du roi Amenhotep. Dans le troisième sont représentées différentes offrandes, un chariot, des chaises et autres objets. Dans le dernier, un prêtre, accompagné du chef des funérailles, officie devant la barque où sont assis le basilico-grammate et sa sœur.

Le n° 34, situé au-dessous du précédent, porte les cartouches de Thoutmès Ier et d'Amenhotep II. La seconde chambre offre quatre figures bien conservées, mais en partie recouvertes par les décombres du puits situé dans le couloir, entre les deux chambres. Près du n° 16 est la tombe n° 17. Elle se compose de deux tombes réunies entre elles par un passage. L'une, dont l'entrée est à l'est, renferme une riche collection de vases, de bijoux et autres objets d'ornement dont la peinture est bien conservée. L'autre, dont l'entrée est au nord, nous offre sur une paroi de la première chambre des ouvriers au travail, menuisiers, sculpteurs, etc.

Du côté opposé, un des invités arrive sur son char à la maison de son ami ; des domestiques viennent au-devant de lui et emportent ses sandales, sa chaise, etc., à la maison où sont déjà assis les autres invités, écoutant des musiciens qui jouent de la harpe, de la guitare, etc.

La plus curieuse de toutes ces tombes est celle de *Rekhmara*, qui porte le n° 35. Elle est située au sud de la maison Wilkinson. Elle est du temps de Thoutmès III. On voit ici (dans la première chambre, à gauche en entrant), une longue file de nations étrangères apportant au roi leurs tributs.

Ces nations se distinguent en cinq groupes. Le premier se compose des envoyés du pays de *Pount*. Trois mulâtres, dont le type, nez épaté, lèvres épaisses et retroussées, front fuyant, chevelure touffue, se rapproche du type nègre, sont suivis par trois nègres purs et huit sémites. Les premiers ont une couleur d'un brun chocolat. Les nègres, semblables à tous ceux que les Égyptiens ont dessinés et peints, sont d'un noir de charbon. Les Sémites, alignés en haut et à gauche de ce premier rang, sont en rouge et leurs traits unissent, dit M. Hamy, « le profil accentué des races syro-arabes à une coloration qui dépasse en intensité celle que les Égyptiens s'attribuent ordinairement à eux-mêmes dans leurs peintures[1]. » Ces envoyés apportent de l'ébène, de l'ivoire, des plumes d'autruche, des léopards, des singes, des peaux, des fruits séchés. Ils sont vêtus d'un habillement court. Le second groupe représente un peuple dont la peau est rouge comme celle des Égyptiens, mais dont la coiffure est disposée en

---

1. *Bulletin de la Société d'anthropologie de Paris*, t. X, 2ᵉ série, p. 217.

partie, en touffes relevées sur la tête, et en partie en une tresse qui retombe sur le côté droit. Pas de barbe. L'habillement est une courte tunique serrée aux reins ; la chaussure, des brodequins qui rappellent ceux des Étrusques. Ils apportent des coupes et des vases de forme élégante, couverts de dessins, de fleurs et d'autres ornements. Le nom du peuple est Kefa (Phéniciens).

Les noirs du Midi, appelés le peuple de Kousch, forment le troisième groupe. Les chefs portent le costume égyptien. Les autres sont en partie vêtus d'une peau de bête sauvage. Leurs offrandes sont des anneaux d'or, des sacs de poudre d'or, des peaux, de l'ivoire, des œufs d'autruche, des plumes, des singes, des léopards, des chiens ornés de beaux colliers, et un troupeau de bœufs à longues cornes.

Le quatrième groupe se compose d'hommes à la peau blanche, portant de longs vêtements serrés au cou, les cheveux rouges, la barbe courte. Parmi leurs offrandes sont des vases pareils à ceux de Kefa, un chariot et des chevaux, un ours, un éléphant et de l'ivoire. Leur nom est Rotennou, Syriens du Nord et Assyriens. Les Égyptiens marchent en tête du cinquième groupe, et ils sont suivis des femmes noires de Kousch, portant leurs enfants dans une corbeille suspendue à leur tête. Derrière elles, marchent les veuves de Rotennou portant de longues robes. Les offrandes sont placées devant le monarque assis sur son trône à la partie supérieure du tableau. Elles consistent en fruits, anneaux d'or et d'argent, vases d'or et d'argent de forme élégante, œufs d'autruches, ivoire, pierres précieuses, ébène, peaux de léopards, lingots, etc. D'autres chambres intérieures présentent des tableaux extrêmement variés, où l'on voit, entre autres, des ouvriers de diverses professions livrés à leurs travaux, dont on connaît par là les procédés. A gauche en entrant, se trouvent des menuisiers, des charpentiers, des cordiers, des sculpteurs; quelques-uns de ceux-ci sont occupés à tailler une pierre, d'autres achèvent un sphinx et exécutent deux statues colossales du roi.

Sur le mur opposé, on voit une servante qui vient de verser à boire à une dame, l'une des convives, et se retourne pour tendre la coupe vide à une esclave noire qui se tient derrière; le mouvement est admirablement rendu. Comme dans la plupart de ces tombes, les convives se divertissent avec la musique.

TOMBE D'AMON EM-HEB[1]

Elle se compose de trois chambres, d'un couloir et du puits de la momie. L'entrée, tournée vers le soleil levant, conduit dans la chapelle du tombeau, dont le toit est soutenu par quatre piliers taillés dans le rocher. Sur la paroi Ouest de cette salle et du côté Nord se trouve une inscription des plus importantes.

Elle se compose de quarante-six lignes verticales, peintes en bleu sur un stuc blanc, et se recommande à l'attention par la beauté du trait. Les altérations qu'elle a subies sont dues, en partie, à la main des chrétiens iconoclastes, qui se retiraient pour vivre en anachorètes dans les déserts de la Thébaïde, en partie aux chauves-souris qui peuplent ces grottes.

Au-dessous de la biographie d'Amon em-heb, se trouvent, sur trois rangées, les portraits de Sémites qui apportent les tributs; quelques-uns d'entre eux embrassent la terre, d'autres élèvent les mains en pleurant. La physionomie de la race est rendue avec une étonnante vérité. Le nez proé-

---

1. Cette tombe a été découverte en 1872 par M. Georges Ebers.

minent et la barbe pointue sont dessinés d'un trait dur qui approche de la caricature. Les bourrelets de graisse tombant sur la poitrine nous annoncent que nous avons affaire à de hauts personnages asiatiques et, peut-être, à des eunuques; Ils sont vêtus de longues robes blanches. Une inscription placée au-dessous de la seconde rangée les désigne sous le nom de Rotennou.

Un couloir assez large mène de la première à la seconde chambre. Celle-ci est proprement la chapelle funéraire, celle où les parents du mort se réunissaient et apportaient au défunt les dons consacrés. Comme d'ordinaire, elle est ornée de nombreux tableaux. La paroi de l'Est, à gauche en entrant, est consacrée au transport de la momie, pleureuses, etc. Celle du Sud porte la liste, à moitié effacée, des offrandes funéraires. La paroi de l'Ouest nous reporte au milieu des scènes ordinaires de la vie du défunt. Ce qu'elle offre de plus remarquable, c'est un tableau des réunions qui avaient lieu dans la chapelle. Le tableau des réunions funéraires mérite d'être décrit : Amon-em-heb est assis, avec son épouse et sa sœur Beki, à la place d'honneur. Tous deux tiennent des fleurs dans la main. Des serviteurs offrent au maître de la maison et aux convives du vin et des mets qu'ils déposent sur une table. Les invités sont assis, qui sur des fauteuils, qui sur des tabourets, selon l'étiquette. Une seconde rangée représente le repas des femmes. Chaque Égyptienne a des fleurs sur la tête, un collier de fleurs autour du cou, et tient à la main une fleur de lotus. Les femmes sont servies par des servantes. La rangée inférieure est occupée par des musiciens ; deux harpistes et deux femmes qui jouent de la flûte et de la lyre.

Le tableau qui décore la paroi Sud-Ouest et dont il ne reste que la partie supérieure, représente Amon-em-heb portant à son cou le collier Ouseki[1]. Il est debout sur un char. Dans sa main gauche il tient un long bâton pointu pour exciter les chevaux ; dans sa main droite, les rênes. Des scènes de chasse et de pêche, comme il s'en trouve dans tant de tombeaux, occupent la paroi nord. Sur la paroi gauche de la chambre du fond sont représentés quatre pavillons de bois. Le toit en est supporté par des colonnes en bois, dont le chapiteau est en forme de fleur de lotus épanouie. Les couleurs de ces colonnes sont encore d'une fraîcheur remarquable. Au-dessous des pavillons, le sarcophage d'Amon-em-heb est porté sur un traîneau que tirent les serviteurs du défunt et une vache blanche. La paroi de droite nous transporte dans la demeure terrestre d'Amon-em-heb. Un jardin y est représenté.

Au milieu est un étang carré, entouré de rangées d'arbres, palmiers, dattiers et doums. Enfin, dans le mur du fond, est une niche, dans laquelle est placée la statue du mort.

---

1. L'ordre du lion.

COLLINE D'EL-ASSASSIF

Cette colline se trouve à droite et à une très petite distance de Cheikh Abd-el-Qournah. Les hypogées diffèrent, par leur aspect extérieur, des autres tombes thébaines. La plupart sont creusés dans la plaine même qui borde les hauteurs. Une entrée de forme monumentale s'élevait sur la base même du rocher ; un escalier descendait dans une enceinte ou cour rectangulaire (d'environ 25 à 30 mètres de long sur 12 à 20 mètres de large), creusée à une profondeur de 3 à 4 mètres. Elle était bordée de murs en briques ou en pierre, dont les restes subsistent encore dans plus d'un endroit. Les cours remplies de décombres apparaissent aujourd'hui comme de larges fosses ; cependant, pour quelques-unes d'entre elles, les fouilles ont mis au jour les murs, finement travaillés. Sur l'un des côtés de la cour, une porte, en forme de pylône, donne accès au tombeau. Les deux montants sont ornés de l'image du défunt et des inscriptions à sa louange sont gravées des deux côtés.

A l'Assassif on a fouillé des milliers de sépultures ; c'est là qu'on a trouvé le cercueil en bois doré de la reine Aah-Hotep, mère d'Ahmès, qui a expulsé les pasteurs et fondé la XVIIIe dynastie. On se rappelle avoir vu à Londres, en 1862, et à Paris en 1867, les bijoux qui avaient été déposés sur la momie royale : le diadème d'or accosté de deux petits sphinx incrustés de lapis ; le poignard, également en or incrusté de bronze noir et cloisonné d'émaux, ayant pour garde la tête d'Apis, — le collier formé d'un fil d'or tressé sur lui-même, à la façon de ces chaînes de Venise dont le secret est perdu, — les bracelets à fond de lapis incrusté dans l'or, le *naos* ou broche pectorale, sans parler du miroir, de la hache d'or massif, du *flabellum* et de la barque symbolique portant le mort aux régions souterraines [1].

Les souterrains sont de grandeur variable. Dans quelques-uns, un couloir d'une longueur médiocre conduit à une seule chambre. Dans d'autres, au contraire, et c'est le cas du plus grand nombre, la tombe se compose d'une suite de chambres et de salles reliées par une galerie continue.

---

1. Ces bijoux sont exposés au Musée de Gyzeh.

TOMBE DE PET-AMON-EM-APT

Elle est située à l'extrémité ouest de la nécropole. C'est la plus importante des tombes de l'Assassif. Elle surpasse de beaucoup, en étendue, toutes les autres tombes de Thèbes, même celle de Séti Ier, dans la vallée des rois. Ses galeries, depuis la porte d'entrée jusqu'à leur extrémité, n'ont pas moins de 266 mètres de développement, avec un grand nombre de chambres et de salles, toutes couvertes de sculptures et de peintures. La cour extérieure a 32 mètres de long sur 24 de large. L'entrée établie entre deux murs massifs ou briques crues et, sans doute, surmontée autrefois d'une arcade, donne sur un escalier qui descend vers le milieu de la cour.

La porte intérieure, percée dans le rocher calcaire, mène à une seconde cour plus petite, ornée de chaque côté d'un péristyle de piliers. Une porte sculptée conduit dans une première salle de 16 mètres sur 7 m. 30, qui avait autrefois une double rangée de quatre piliers. La chambre suivante de 9 m. 60 de côté, a quatre piliers sur deux rangées,

Une troisième chambre, plus petite, s'ouvre à gauche, sur un espace carré, et à droite, sur une série de couloirs qui, par deux escaliers, aboutissent à une troisième porte. Un couloir mène alors à une chambre contenant un puits dans lequel, au tiers environ de la profondeur, s'ouvre une autre chambre. Revenant sur ses pas et remontant les deux escaliers, on trouve à droite un autre puits de momies, dans lequel débouche une autre série de chambres.

Vient ensuite une grande salle carrée, la plus intéressante de toutes. A chaque angle est figurée l'une des huit déesses suivantes : Neith, Sati, Isis, Nephthys, Nouït, Mâït, Selk et Hathor. D'autres chambres se présentent encore, formant un véritable labyrinthe souterrain dans lequel on ne s'avance qu'avec peine. Tous les murs de ce labyrinthe funéraire sont sculptés. Les sculptures, fort détériorées dans les premières salles, se présentent dans un meilleur état de conservation à mesure qu'on avance, et atteignent, dans une des dernières salles, une finesse remarquable. Leur style les a fait ranger parmi les œuvres de la XXVIe dynastie, bien qu'on ait cru reconnaître, sur une des parois, le nom du roi Harmhabi de la XVIIIe dynastie.

L'occupant de la tombe, Pet-Amon-em-Apt était un des fonctionnaires de la cour du roi, appartenant à l'ordre des prêtres.

Les autres tombes de l'Assassif sont semblables à celle de Pet-Amon-em-Apt. Elles sont toutes ornées de sculptures et de peintures, et plus ou moins bien conservées. On trouve dans quelques-unes des cartouches de roi. Elles sont de la XIXe, de la XXIIe et de la XXVIe dynasties.

HYPOGÉES DES HAUTEURS DE DEIR-EL-MEDINEH
ET DE QOURNET-EL-MURRAYI

Toute la suite des hauteurs qui forment la ceinture de cette partie de la plaine et qui se prolongent vers l'ouest et le sud-ouest, à partir de la colline d'Abd-el-Qournah, est remplie d'excavations semblables, mais, en général, d'époques moins anciennes. Toutes ces hauteurs sont composées d'énormes bancs de dépôts calcaires coupés à pic et présentant, du côté de la plaine, des parements escarpés et très élevés. Lorsque d'en bas, on porte les regards vers cette ligne d'escarpements arides, on aperçoit de tous côtés, à toutes les hauteurs, une multitude d'ouvertures semblables à des fenêtres percées dans le rocher, qui en est criblé. Ces tombes faisaient partie, sans doute, de la nécropole commune. Elles sont généralement petites et décorées de sculptures intérieures. Quelquefois, la nature friable de la roche a obligé d'en revêtir la partie supérieure d'une voûte de briques.

Il semble qu'au temps de la XVIIIe dynastie, un quartier particulier de ces collines, au voisinage d'Abd-el-Qournah et de Qournet-el-Murrayi, ait été réservé à l'ordre des prêtres. Beaucoup de tombes étaient accompagnées ou recouvertes d'une pyramide en briques, dont plusieurs se sont conservées. Parmi les tombes les plus intéressantes de cette partie de la Nécropole, nous citerons celle d'un certain Houi, haut fonctionnaire de la XVIIIe dynastie. Elle est couverte de peintures malheureusement mal conservées. Un des tableaux représente une procession défilant devant le roi Amon-tout-ankh assis sur son trône ; les Rotennou et les Éthiopiens viennent déposer aux pieds du roi leurs tributs. Les premiers, sur la paroi du fond, à droite, offrent des vases d'or et d'argent, des pierres précieuses, des animaux, des peaux de panthère et autres produits de leur pays. Les Éthiopiens, à gauche, ayant à leur tête le prince Houï, présentent au roi des anneaux d'or et de cuivre, des peaux, des éventails, des taureaux, des girafes et des chevaux. La reine d'Éthiopie a accompagné le prince Houï. Elle paraît sur un char très orné, traîné par des taureaux. Elle descend de son char, précédée et suivie des principaux personnages de sa suite, et elle s'avance au-devant du roi.

Une autre tombe, malheureusement très dégradée, renferme la peinture d'une chasse, dans laquelle les animaux du désert, renard, lièvre, gazelle, bouquetin, antilope, autruche, bœuf sauvage, hyène, sont représentés avec une parfaite ressemblance.

TOMBEAUX DES REINES

Un emplacement spécial était attribué, dans ce vaste quartier des morts, aux tombeaux des femmes du sang royal. Ces tombes, que les Arabes connaissent sous les noms de Biban-el-Hagi-Ahmed et de Biban-es-Soultanât, ont surtout un intérêt archéologique. Le feu, qui y a détruit la plupart des peintures, a laissé subsister un certain nombre d'inscriptions hiéroglyphiques intéressantes. Les hypogées des reines appartiennent aux trois dernières dynasties thébaines, la XVIIIe, la XIXe et la XXe. Il y en a en tout une vingtaine. La première tombe que l'on trouve en arrivant, à droite à l'est, est presque entièrement détruite. La seconde était celle d'une femme de Ramsès III, dont le nom ne s'est pas conservé. Plus haut, au nord, un tombeau, orné de diverses scènes d'offrandes, nous montre une reine dont le cartouche est demeuré vide.

La dernière tombe de cette rangée est celle de la reine Sitra, de la XXe dynastie. Le côté ouest de la gorge renferme le tombeau assez bien conservé de la reine Tiout-Apet, de la XXe dynastie. Un autre, plus au sud, a appartenu à la fille chérie de Ramsès II, Bint-Anat. Beaucoup plus au sud, est celui de la reine Amon-merit. Vers l'extrémité Sud de la vallée, est le tombeau de Taïa, épouse d'Amen-hotep III et mère d'Amen-hotep IV. Il se compose d'un long et étroit couloir, d'une grande salle et de trois chambres communiquant les unes avec les autres, et se recommande par le bon état et la richesse de ses peintures. L'arrangement particulier des vêtements et de la coiffure de la reine, ainsi que les traits de son visage, confirment l'hypothèse de l'origine sémitique de cette reine.

LE MYTHE D'OSIRIS

Osiris a régné sur la terre où il a laissé un tel souvenir de ses bienfaits qu'il est devenu le type même du bien, sous le nom d'*Ounnofré,* et que Set, son meurtrier, est devenu le type du mal. Set, après avoir tué Osiris, dispersa son cadavre; les membres épars du défunt, recueillis par Isis et Nephtys, furent embaumés par Anubis. Horus succéda à son père Osiris et le vengea dans un combat contre Set. De cette légende, il résultait pour les Égyptiens, qu'Osiris était le divin symbole de toute mort, mort de l'homme (tout défunt était assimilé à Osiris), et mort du soleil, c'est-à-dire, sa disparition, car, c'est sous ce seul aspect qu'Osiris paraît représenter le soleil nocturne, lequel porte un nom tout spécial.

A un point de vue plus élevé, originairement, Osiris est le soleil nocturne; il est la nuit primordiale; il précède la lumière; il est, par conséquent, antérieur à *Ra,* le soleil diurne.

De ce rôle principal découlent une multitude d'allégories qui se groupent autour d'Osiris et font de ce personnage un des types divins les plus curieux à étudier.

La vie de l'homme a été assimilée par les Égyptiens à la course du soleil au-dessus de nos têtes ; le soleil qui se couche et disparaît à l'horizon occidental, est l'image de sa mort. A peine, le moment suprême est-il arrivé, qu'Osiris s'empare de l'âme qu'il est chargé de conduire à la lumière éternelle. Osiris, dit-on, était autrefois descendu sur la terre. Être bon par excellence, il avait adouci les mœurs des hommes par la persuasion et la bienfaisance. Mais il avait succombé sous les coups de Set ou Typhon, le principe du mal. Osiris est la divinité même, « le Seigneur au-dessus de tout » (*Neb-er-zef*) « l'unique » (*Neb-ua*), dont la manifestation matérielle est le soleil et dont la manifestation morale est le bien. Le soleil meurt, mais il renaît sous la forme d'Horus, fils d'Osiris. En effet, de même qu'Osiris est le type de toute mort, Horus, fils et successeur d'Osiris, est le type de toute renaissance, et c'est sous son nom que le soleil reparaît à l'horizon oriental du ciel, puisqu'on l'appelle l'Horus de l'horizon, Har-em-khou (Harmachis).

En sa qualité de soleil disparu, Osiris est le roi de la divine région inférieure (*regio inferna*). C'est tout naturellement cette contrée mystérieuse qui dut être affectée par l'imagination égyptienne au châtiment des coupables et à la récompense des justes ; récompense ou châtiment résultant d'un jugement prononcé par Osiris. Osiris avait succombé aux embûches de Typhon, son frère, le génie du mal ; et pendant que ses deux sœurs, Isis et Nephtys, recueillaient son corps qui avait été jeté dans le fleuve, le dieu ressuscitait d'entre les morts et apparaissait à son fils Horus qu'il instituait son vengeur. C'est ce sacrifice qu'il avait autrefois accompli en faveur des hommes qu'Osiris renouvelle ici en faveur de l'âme dégagée de ses liens terrestres. Non seulement il devient son guide, mais il s'identifie à elle, il l'absorbe en son propre sein. C'est lui alors qui, à chaque âme qu'il doit sauver, fléchit les gardiens des demeures infernales et combat les monstres, compagnons de la nuit et de la mort. C'est lui enfin qui, vainqueur des ténèbres avec l'assistance d'Horus, s'assied au tribunal de la suprême justice et ouvre à l'âme déclarée pure les portes du séjour éternel. L'image de la mort aura été empruntée au soleil qui disparaît à l'horizon du soir ; le soleil resplendissant du matin, sera le symbole de cette seconde naissance à une vie qui, cette fois, ne connaîtra pas la mort.

APIS

Tout mort devenant un Osiris, Apis mort s'appelait *Osor-Apis,* mot que les Grecs ont transformé par aphérèse en *Sérapis;* le *Sérapéum* était le nom qu'ils donnaient à la tombe d'Apis. La nécropole déblayée par Mariette, entre les villages d'Abousir et de Sakkarah, comprenait en réalité deux Sérapéums : le Sérapéum grec, construit par Ptolémée Soter Ier, et le Sérapéum égyptien construit par Aménophis III, qui avait contenu soixante-quatre Apis et qui a enrichi le musée du Louvre d'une quantité considérable de monuments de toute nature et du plus grand intérêt. Si le culte d'Apis date, comme on le croit, de la IIe dynastie, il doit exister d'autres sépultures remontant à l'ancien empire et qui sont encore à trouver.

Les monuments nous représentent Apis sous la forme d'un taureau, la tête surmontée du disque et de l'uræus, avec des taches noires sur le flanc, un triangle au front et, parfois, une tache, en forme de croissant, sur le poitrail. Sur ses statuettes, on voit son dos orné d'une housse frangée, entre un disque solaire ou un scarabée ailé et un vautour aux ailes déployées.

Apis est le même qu'Osiris. C'est le Dieu souverainement bon, descendant au milieu des hommes et s'exposant aux douleurs de cette vie terrestre sous la forme du plus vulgaire des quadrupèdes.

La mère d'Apis passait pour vierge, même après l'enfantement. Apis, en effet, n'était pas conçu dans le sein de sa mère par le contact du mâle. Phtah, la sagesse divine personnifiée, prenait la forme d'un feu céleste et fécondait la vache. Apis était ainsi une incarnation d'Osiris par la vertu de Phtah.

On reconnaissait qu'Osiris s'était manifesté, quand, après une vacance de l'étable de Memphis, il naissait un jeune veau pourvu de certaines marques sacrées qui devaient être au nombre de vingt-huit. A peine la nouvelle de la manifestation divine s'était-elle répandue que de toutes parts on se livrait à la joie, comme si Osiris lui-même était descendu sur terre. Apis était dès lors regardé comme une preuve vivante de la protection divine. Quand Apis mourait de sa mort naturelle, il était enseveli dans les souterrains du temple (le Sérapéum dont M. Mariette a retrouvé les ruines à Sakkarah). Mais quand la vieillesse le conduisait jusqu'à l'âge de vingt-huit ans (nombre d'années qu'avait vécues Osiris), il devait mourir d'une mort violente.

Selon Manéthon, c'est un roi de la II⁰ dynastie, Cechoüs, qui aurait introduit cette curieuse doctrine dans la religion égyptienne. On trouve, en effet, le nom d'Apis assez fréquemment cité sur les monuments contemporains des pyramides.

LE SÉRAPÉUM

La tombe d'Apis, creusée tout entière dans le roc vif, est formée de plusieurs galeries qui se coupent. La plupart d'entre elles offrent, à droite

Tombe d'Apis.

et à gauche, des chambres latérales dans lesquelles étaient déposées les momies divines [1].

[1]. C'est la première grande découverte de Mariette en Égypte, et assurément une des plus glorieuses. Cette découverte remonte à 1851 ; en parcourant un jour la plaine de Memphis, Mariette aperçut, pointant à travers le sable, la partie supérieure d'une

LE SÉRAPÉUM

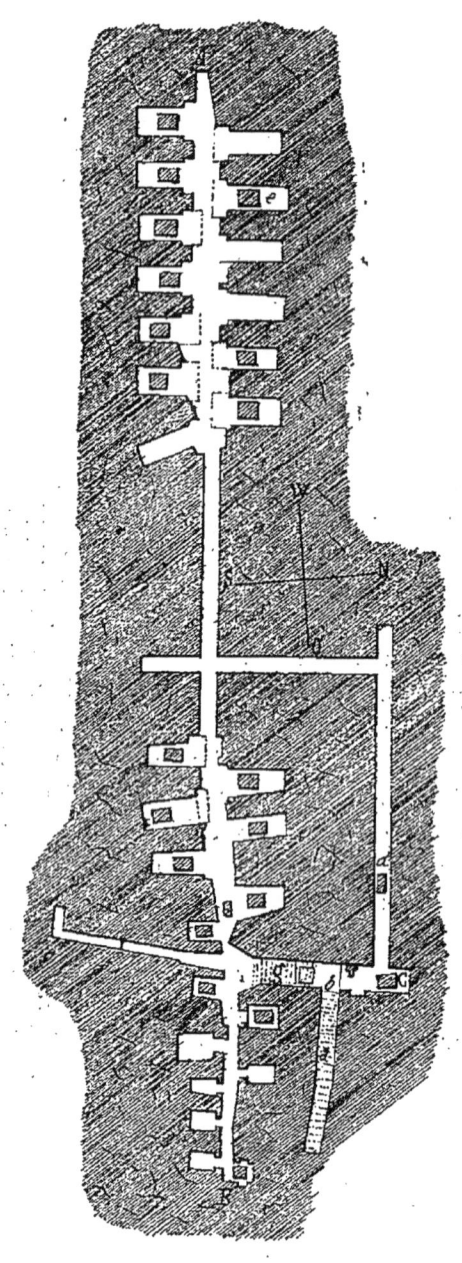

La tombe d'Apis se compose de trois parties séparées, c'est-à-dire qui n'ont entre elles aucune communication directe.

La première, et la plus ancienne, remonte à la XVIIIe dynastie et à Aménophis III. Elle a servi à la sépulture des Apis jusqu'à la XXe. Ici les

tête de sphinx ; il fit aussitôt déblayer la place et mit à jour le morceau entier assis sur sa base. C'était une de ces statues dont étaient formées les avenues des grands temples égyptiens. On lui apprit qu'on en avait souvent trouvé de semblables dans le même endroit et que beaucoup en avaient été emportées. Le passage où Strabon parle du temple de Sérapis s'offrit immédiatement à la pensée de Mariette et il ne douta pas qu'il fût sur la voie de cet antique monument, un des plus célèbres et des plus révérés de l'Égypte, à cause des Apis ou bœufs sacrés qui y avaient leur sépulture. « Le temple de Sérapis, dit l'auteur grec, est construit dans un endroit tellement sablonneux que les vents y amoncellent des amas de sable, sous lesquels nous vîmes les sphinx enterrés, les uns à moitié, les autres jusqu'à la tête. » Mariette se mit à l'œuvre avec une inexprimable ardeur, les difficultés étaient grandes. Il fallait creuser et maintenir le sable mobile qui recouvre la plaine à une grande profondeur et qui menaçait à chaque instant d'envahir la tranchée et d'engloutir les travailleurs. En deux mois (novembre et décembre 1850), l'avenue tout entière fut déblayée sur une longueur de près de 200 mètres, et 141 sphinx furent mis à jour, ainsi que les piédestaux d'un grand nombre d'autres. Il suffit de savoir, pour apprécier la grandeur de ce travail préliminaire, que depuis l'entrée de l'avenue jusqu'à son extrémité, la profondeur des sables qui ont envahi la plaine va toujours en augmentant, et que, tandis que les premiers sphinx n'ont au-dessus d'eux qu'une couche de 3 à 4 mètres, c'est à 20 mètres et plus de profondeur qu'il avait fallu chercher les derniers. Au bout de cette immense allée de sphinx s'est présenté, ce qu'on ne se serait guère attendu à rencontrer dans un temple égyptien, un hémicycle de statues grecques représentant les philosophes et les écrivains les plus fameux de la Grèce : Pindare, Lycurgue, Solon, Euripide, Protagoras, Platon, Eschyle, Homère, Aristote, tombes sont isolées. Autant d'Apis morts, autant de chambres sépulcrales que l'on creusait, çà et là, dans le temple, un peu au hasard. Ces chambres sont aujourd'hui cachées sous les sables. Elles n'offraient, d'ailleurs, qu'un très médiocre intérêt.

La seconde partie comprend les tombes des

tous avec leurs attributs, et quelques-uns ayant leur nom inscrit au bas de la statue. Deux autres statues étaient mutilées et méconnaissables.

Entre l'hémicycle et les deux derniers sphinx de l'allée, un dromos transversal conduisit, sur la gauche, à un temple d'Apis construit par Nectanèbo (XXXe dynastie, de 378 à 340 ans avant notre ère), et devant lequel étaient posés deux sphinx de grandes dimensions. Sur la droite, le dromos aboutit au premier pylône du Sérapéum. Cette partie droite du dromos, longue de 100 mètres environ, était bordée de chaque côté par un mur bas et large, en forme d'immense piédestal, et, vers le milieu, il était coupé à gauche par un édicule de style grec, avec deux chapelles de style égyptien, dans l'une desquelles était une belle statue, en pierre, du bœuf Apis. De chaque côté des deux chapelles et sur le piédestal courant qui borde l'autre côté du dromos, on voyait de singuliers groupes de style grec, représentant soit des enfants à cheval sur différents animaux, soit des animaux réels ou symboliques. En avant du premier pylône, deux piédestaux étaient surmontés de lions accroupis, d'un beau travail. Ces lions, aujourd'hui déposés au Louvre, sont absolument semblables aux lions en basalte qui se voient au Vatican (ils proviennent aussi du Sérapéum) et dont les moulages en bronze ornent la fontaine de l'Institut, à Paris. A la profondeur considérable où l'on était parvenu, le travail de déblaiement devenait de plus en plus difficile à cause des perpétuels éboulements contre lesquels on avait à se défendre. — Néanmoins, l'enceinte du Sérapéum fut suivie dans toute son étendue; mais ce travail gigantesque ne demanda pas moins de huit mois.

Aux difficultés que la nature du sol et la profondeur de l'enfouissement opposaient à cette exploration, vinrent alors se

Apis morts de Scheschonk Ier (XXIIe dynastie) à Tahrakah (dernier roi de la XXVe). Cette fois, un système nouveau a été inauguré. Les tombes ne sont plus isolées. Un long souterrain a été creusé, et de chaque côté de ce souterrain on a ménagé des chambres qu'on utilisait à mesure qu'un Apis mourait à Memphis. Le souterrain qui, à lui seul, forme la seconde partie de la tombe, est aujourd'hui inaccessible, les voûtes s'étant écroulées en quelques parties et le reste ne présentant plus assez de solidité pour qu'on en permette la visite aux voyageurs.

La troisième partie est celle que tout le monde connaît. Elle commence à Psammétichus Ier (XXVIe dynastie) et finit aux derniers Ptolémées. Le même système de souterrain commun

joindre des empêchements d'une autre sorte, suscités par les rivalités jalouses que ces belles découvertes éveillaient au Caire.

A force de courage, d'adresse et de sang-froid, Mariette déjoua les secondes comme il avait surmonté les premières, et il garda son terrain au milieu des obstacles de toute sorte où sa vie même fut plus d'une fois menacée. Ces contrariétés ralentissaient, mais n'arrêtaient pas sa marche, et un jour, le 12 novembre 1851, il toucha enfin au but que ses efforts poursuivaient depuis plus d'un an.

Il découvrit l'entrée des vastes hypogées où étaient déposés les Apis après leur mort. Ce qui donne une grande valeur historique à cette découverte, ce sont les inscriptions qui accompagnent chaque tombe où est relatée la date précise de la mort du bœuf sacré rapportée à l'année courante du prince régnant. On a trouvé là un moyen certain de rectifier et de fixer la chronologie des dernières dynasties pharaoniques, en remontant jusqu'à la XXIIe, c'est-à-dire jusqu'à l'an 980 avant l'ère chrétienne, les inscriptions fournissant, pour cette période, une série ininterrompue.

a été suivi. Les nouvelles galeries ont environ 350 mètres de développement, et d'un bout du grand souterrain à l'autre, on compte 195 mètres. Une autre mode a été inaugurée, celle des sarcophages de granit. On en compte vingt-quatre dans toute l'étendue de la tombe. Tous sont sans inscription, à l'exception des trois qui portent les noms d'Amasis (XXVIe dynastie), de Cambyse, de Khebasch (XXVIIIe), et d'un quatrième dont les cartouches sont vides, mais que tout fait présumer appartenir à l'un des derniers Ptolémées.

L'exploration de la tombe d'Apis a fourni à la science des matériaux inespérés. Quand elle a été découverte, elle était pleine encore, bien que violée par les premiers chrétiens, d'à peu près tout ce qui n'était pas or ou matières précieuses. Une coutume avait surtout contribué à enrichir la tombe de documents utiles. A certains jours de l'année ou bien à la mort et aux funérailles d'un Apis, les habitants de Memphis venaient rendre visite au dieu dans sa sépulture, et comme souvenir de cet acte pieux laissaient une *stèle*, c'est-à-dire une sorte de dalle carrée, arrondie par le haut, qu'on encastrait dans l'une des parois de la tombe, après qu'on y avait gravé un hommage au dieu au nom du visiteur et de sa famille. Or, ces documents, au nombre de cinq cents environ, ont été retrouvés, pour la plupart, à leur place antique, et comme beaucoup d'entre eux sont datés à la mode du temps, c'est-à-dire de l'année, du mois, du jour, du roi régnant, on voit de quel secours la comparaison de ces stèles peut être à la science et particulièrement à la chronologie.

On sait que le Sérapéum est situé, non pas à Memphis, mais dans la nécropole de Memphis, et que ce temple a été bâti tout entier pour la tombe d'Apis. Le Sérapéum n'est donc, selon la définition de Plutarque et de Saint Clément d'Alexandrie, que le monument sépulcral d'Apis, ou plutôt le Sérapéum est le temple d'Apis mort, qu'il faut, par conséquent, distinguer du temple d'Apis vivant qu'a décrit Hérodote et que Psammétichus embellit de colosses d'Osiris. Apis avait donc, à proprement parler, deux temples, l'un qu'il habitait sous le nom d'Apis pendant sa vie, l'autre où il reposait après sa mort, sous le nom d'Osiris.

Sous Aménophis III, dont le règne vit mourir le premier Apis, cette tombe n'est pas encore un souterrain commun qui donne asile à un certain nombre de taureaux morts. Elle se compose tout simplement, à la surface du sol, d'un édicule orné de bas-reliefs, et, sous cet édicule, d'une chambre carrée à plafond plat, à laquelle on arrive par un chemin en pente, pris dans le rocher; la porte regarde le soleil levant. Le taureau de Memphis venait-il à mourir, on l'apportait au Sérapéum, on l'introduisait dans un cercueil en bois taillé sur le modèle de celui qui avait dû contenir l'Osiris dont Plutarque rapporte le mythe, puis, les principaux personnages de la ville déposaient près du cercueil quelques statuettes ornées de leurs titres et de leur nom, et la tombe, ainsi organisée, était pour toujours fermée au regard des hommes. Tel a été le mode employé sous Aménophis III pour la sépulture d'Apis, et ce mode a été mis en usage par les successeurs de ce pharaon jusqu'à l'an 30 de Ramsès II, époque à laquelle un autre système prévalut.

Après l'an 30 de Ramsès II, a été commencé, en effet, un grand souterrain formé d'une galerie d'une centaine de mètres de longueur, de chaque côté de laquelle ont été successivement percées, d'Apis en Apis, quatorze chambres asses grossières ; c'est le commencement de ce souterrain que représente notre figure. Quand l'Apis régnant mourait, l'ensevelissement se pratiquait selon la méthode antique, c'est-à-dire que la momie reposait dans un cercueil dont le couvercle était taillé en forme de croissant, et que le sol du caveau sépulcral était jonché de statuettes représentant les personnages qui avaient été admis à l'honneur de voir leur image orner la tombe du dieu. Mais ici, le mur destiné à clore la sépulture ne pouvait plus être, comme sous Aménophis III, bâti en travers du chemin en pente qui conduit au dehors. Il était élevé, au contraire, en avant de la chambre et sur l'alignement des parois de la galerie, en sorte que le visiteur qui venait dans le souterrain rendre ses devoirs à la momie sacrée, ne pouvait que la supposer derrière le mur qui la dérobait à sa vue. Il y a donc une certaine différence entre le système d'inhumation usité à partir de la seconde moitié du règne de Ramsès II et le système qui fut en vigueur jusqu'à cette même époque. Mais cette différence, tout entière dans l'apprêt en quelque sorte matériel de la tombe, ne fut pas la seule. Autrefois, en effet, quand un personnage ou les membres de sa famille voulaient consacrer par une stèle le souvenir d'une visite pieuse faite au Sérapéum, la stèle était déposée en dehors de la tombe, dans l'un des murs de la chapelle que les rois avaient coutume de bâtir, à la surface du sol et au-dessus même du caveau où la momie du taureau mort sous leur règne était conservée. Mais à l'époque où nous sommes, les stèles ont pénétré jusque dans le souterrain par centaines. On les encastrait, soit dans le mur qui fermait la chambre, soit dans les parties immédiatement voisines du rocher, et c'est dans cet état qu'elles se conservaient comme un témoignage de la piété des adorateurs d'Apis et de la vénération que ce dieu avait inspirée à ses contemporains.

Cette seconde partie de la tombe d'Apis, commencée après l'an 30 de Ramsès II, servit jusqu'à l'an 20 de Psammétichus Ier. Vers ce temps, un effroyable éboulement eut lieu ; quatre chambres tout entières virent leur plafond s'effondrer, et le souterrain, creusé d'ailleurs dans un rocher très friable, fut abandonné.

La nouvelle galerie inaugurée l'an 63 du règne de Psammétichus Ier, change complètement d'aspect. Les chambres ont maintenant jusqu'à 25 et

30 pieds de hauteur ; les plafonds, taillés en voûte, sont revêtus de pierres blanches appareillées avec art ; les parois elles-mêmes ont ce coûteux ornement de dalles prises aux carrières de la chaîne arabique d'où les plus belles des pyramides ont été tirées. Quant aux sarcophages, ce sont des monolithes du plus fin granit, devant la grandeur desquels on reste véritablement étonné. Ils ont de 12 à 14 pieds de haut, 15 à 16 pieds de long, et le plus petit d'entre eux ne pèse pas moins de 65.000 kilogrammes.

L'Apis une fois dans son cercueil de bois et le cercueil dans son enveloppe de granit, la chambre était, comme autrefois, irrévocablement close. Les stèles venaient à leur tour, qui couvraient dans la galerie, les parties du mur et du rocher les plus proches de la momie, et tout était dit jusqu'au nouvel Apis qui devait venir habiter la chambre suivante.

A partir de Nectanébo I (l'Ancien Amyrtée), certaines circonstances feraient soupçonner que, peut-être, il s'est opéré un changement, sinon dans le culte du dieu, au moins dans les habitudes de la tombe. Jusqu'alors, en effet, il paraît que, conformément à l'indication de Pausanias, la tombe n'était ouverte que pendant les soixante-dix jours qui suivaient la mort ; en sorte que pas une des stèles antérieures au règne du prince que nous venons de nommer ne porte une date qui ne soit pas celle de l'un des soixante-dix jours en question. Mais à l'avènement de la XXXᵉ dynastie, les choses semblent avoir changé. Déjà Cambyse, trop à l'écart dans la tombe fondée par Psammétichus, avait dû se contenter, pour l'Apis mort, sans doute un peu avant l'expédition d'Éthiopie, du vestibule situé après la porte d'entrée de la tombe, et Darius Ier, également gêné par l'Apis mort, l'an 4 de son règne, avait été obligé, en l'an 34, d'allonger la galerie et d'y percer de nouvelles chambres. Les agrandissements ne purent cependant pas encore suffire, et c'est à la mort de l'Apis de Nectanebo Ier que fut commencée une autre galerie qui, faisant un détour, allait rejoindre la première à son extrémité. Or, à partir de ce temps, les stèles ne furent plus admises dans l'intérieur de la tombe. L'entrée de la nouvelle galerie, les portes extérieures et les parois des divers chemins qui conduisaient à ces portes leur furent réservées; mais pas une d'entre elle ne put aller, comme sous l'ancien régime se placer près du taureau dont elle était destinée à rappeler le souvenir.

Malheureusement, on sait déjà que ce n'est pas dans ces conditions que la tombe s'est présentée. Ravagée à l'époque où on lisait encore les hiéroglyphes, puisque le nom d'Apis est quelquefois martelé, elle a été, en outre, dévastée par ces mêmes Arabes qui, sous le Khalif El Mâmoun, forçaient les pyramides et violaient tous les tombeaux. Les momies, de plus en plus maltraitées, ont été alors pour la plupart anéanties; les stèles ont été, en grand nombre, jetées par terre, et les pierres ont été amoncelées, en signe de mépris, sur ces beaux sarcophages dans lesquels le taureau si vénéré de Memphis semblait devoir reposer pour l'éternité [1].

1. V. Renseignements sur les soixante-quatre Apis trouvés dans les souterrains du Sérapéum par A. Mariette. *Bulletin archéologique de l'Athenaeum français*, mai 1855.

LES CÔNES FUNÉRAIRES

La destination des morceaux de terre cuite, appelés cônes funéraires, est encore une énigme pour les archéologues. On n'en a jamais rencontré qu'à Thèbes. M. Mariette pense qu'ils servaient à y délimiter les sépultures, ou du moins, à avertir de leur voisinage ceux qui, en l'absence d'autre marque extérieure, auraient été tentés de creuser un tombeau sur un terrain déjà occupé et qu'ils pouvaient supposer vierge. Quoi qu'il en soit, ils affectent la forme d'un pain sacré et représentent bien l'offrande posée sur la main qui figure dans l'hiéroglyphe *dû* « donner, offrir ». Ils portent sous leur base une empreinte en relief donnant le nom et les titres d'un défunt ; on y voit quelquefois représentée une barque supportant le disque solaire, ou l'astre émergeant de l'horizon au-dessus de deux adorateurs agenouillés.

On ne trouve les cônes funéraires qu'à Thèbes, et particulièrement, dans la partie de Thèbes appelée *Drah-Abou'l-neggah*. Jamais on n'en rencontre dans l'intérieur des tombes. A-t-on à chercher, dans l'immense nécropole que nous venons de nommer, quelque sépulture encore inconnue?

On sait que l'on approche de la porte quand le sol, retourné, fournit les cônes qu'on y a enfouis ; plus ils sont nombreux, moins l'entrée est loin.

Peut-être ces circonstances nous révèlent-elles la destination, encore inconnue, des cônes funéraires. Thèbes, bornée à l'ouest par des montagnes presque à pic, n'a pu, comme Memphis et Abydos, étendre sa nécropole sur un espace pour ainsi dire sans limites. D'un autre côté, Thèbes n'a pas eu, comme d'autres villes populeuses de l'Égypte, la ressource des puits profonds, dont les divers étages multiplient les caveaux funéraires. Aussi, les tombes de l'Assassif et de Drah-Abou'l-neggah sont-elles si pressées, qu'aujourd'hui il est impossible d'en démêler le plan primitif.

On peut croire qu'il en a été de même dans l'antiquité. Les cônes limitaient alors les tombes et le terrain qui leur appartenait ; ils avaient aussi l'avantage d'avertir du voisinage d'une sépulture oubliée, ceux qui, trouvant un terrain privé de toute marque extérieure et le croyant, par conséquent, vierge, auraient voulu y rétablir une sépulture nouvelle. Il faut avoir vu l'inextricable confusion du Drah-Abou'l-neggah pour se bien rendre compte de l'utilité pratique des cônes.

La forme qu'on leur a donnée n'a sans doute pas été choisie sans intention ; cette forme est celle qui sert à écrire l'offrande. Le plus souvent, les cônes sont enduits d'une sorte de poussière blanchâtre, qui peut être de la farine, comme s'ils figuraient un pain sacré. Si les cônes funéraires n'avaient pas d'autre destination que celle d'être des offrandes votives on ne s'expliquerait pas qu'on ne les trouve absolument qu'à Thèbes.

Très fréquents depuis l'origine de Thèbes jusqu'à la fin de la XVIII⁰ dynastie, ils deviennent de plus en plus rares à partir des Ramsès, et l'usage en est à peu près perdu sous les Saïtes. Peut-être les a-t-on abandonnés à cause des facilités qu'ils procuraient à ces voleurs qui se donnaient pour tâche la spoliation des momies.

LES STÈLES

Toute tombe comporte une stèle, c'est-à-dire une dalle de pierre, dressée verticalement, dont la forme et la place varient suivant les époques, mais qui a toujours même caractère et même destination. La plupart des stèles sont ornées de peintures ou de sculptures ; toutes portent une inscription plus ou moins compliquée.

Les stèles appartiennent à deux types. Les stèles du premier type sont des documents d'un caractère plus ou moins officiel, qu'on déposait dans les temples, sur les murs d'enceinte des villes, dans les nécropoles. Un décret émanant de l'autorité du roi ou des prêtres, un récit dont on veut conserver le texte, une composition poétique qu'on désire transmettre à la postérité y sont gravés. Ces stèles du premier type sont des documents d'où le culte des morts est banni. On les a déposées comme des espèces d'affiches monumentales destinées à être lues de tous les passants.

Les stèles du deuxième type sont les stèles funéraires, c'est-à-dire des épitaphes ou des pierres tumulaires. Le sens général de la composition est presque toujours la même : au premier registre, le défunt, assisté de ses parents, comparaît devant les dieux de l'enfer égyptien et leur fait ses offrandes en pain, en fleurs, en liquides en végétaux; aux registres inférieurs, ce sont les parents qui, à leur tour, se présentent devant le défunt et lui adressent, à la fois, leurs prières et leurs offrandes. Suit une courte invocation aux dieux, que le défunt est censé prononcer.

Les stèles de l'Ancien Empire sont quadrangulaires, le plus souvent colossales, taillées en forme de façade d'édifice, à rainures prismatiques. Les stèles du Moyen-Empire sont rudes; elles ont conservé la forme quadrangulaire, dépouillée des ornements à rainures prismatiques. Dans les stèles de la XII⁰ dynastie, dont quelques-unes sont arrondies par le haut, le défunt est représenté au milieu des siens et assistant aux offrandes par lesquelles ses mânes sont honorés. Sous la XIII⁰ dynastie, les stèles deviennent confuses, hérissées de noms propres. La famille envahit de plus en plus le champ du monument et, en général, ses divers membres sont représentés à droite et à gauche de la stèle, alignés sur deux lignes verticales. *Du reste sur tous ces monuments on ne remarque aucune représentation de divinités.* Sous le Nouvel-Empire, les stèles sont, en général, disposées de la manière suivante : le premier registre est tout entier religieux; certains dieux, principalement Osiris, en occupent la partie principale. Devant eux, le défunt debout, suivi de sa femme et de quelques personnes choisies de sa famille, est dans une des postures de l'adoration. A ses

Stèle funéraire. — Musée du Louvre.

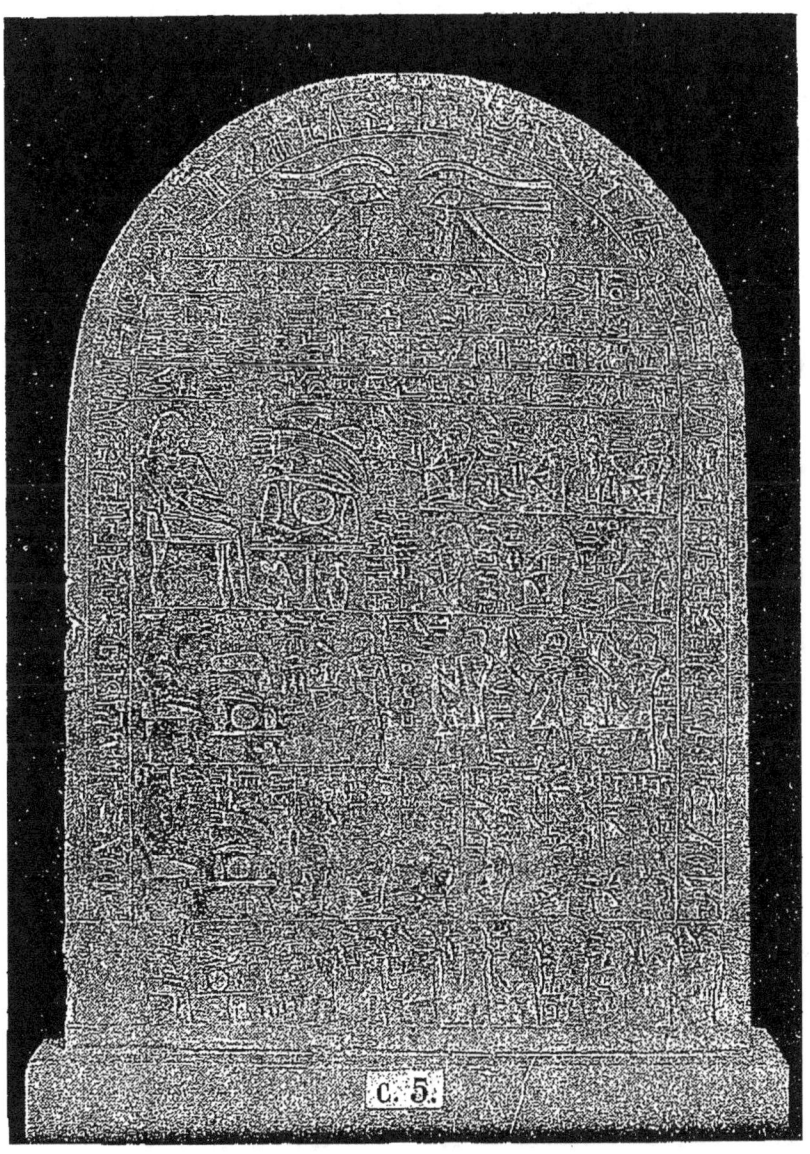

Stèle funéraire. — Musée du Louvre.

pieds est une table chargée des offrandes habituelles qu'il présente à Osiris. Le second registre nous montre, comme dans les stèles de l'Ancien-Empire, le défunt assis devant la table des offrandes et recevant l'hommage de ses parents debouts ou agenouillés devant lui. Un dernier registre contient la formule des prières.

Chaque tombeau avait au moins une stèle qui donnait le nom ou la filiation du mort. Quelquefois, elle était exposée en plein air, dans la paroi de la montagne; le plus souvent, elle était cachée dans la chambre de réception. Quelquefois, elle est peinte sur le mur ou gravée à même le rocher et ne fait qu'un avec lui; le plus souvent, elle avait été taillée dans un bloc détaché, puis dressée ou encastrée à sa place. Presque toujours on la trouve au-dessus du puits, ou à côté de la porte qui mène à la chambre du sarcophage.

Dans l'esprit des Égyptiens, la stèle n'était pas seulement une épitaphe, un morceau de pierre chargé de rappeler aux générations futures que tel ou telle avait existé jadis; elle conservait le nom et la filiation de chacun, et donnait au mort un état civil sans lequel il n'aurait pas eu de personnalité; un mort sans nom aurait été comme s'il n'existait pas. Ce n'était là, toutefois, que la moindre vertu de la stèle; grande ou petite, quadrangulaire ou arrondie au sommet, avec ou sans figures, il suffisait qu'elle eût été consacrée, pour assurer des moyens d'existence à celui dont elle portait le nom, et pour le mettre en possession de toutes les choses nécessaires à la vie dans l'autre monde.

L'idée qu'on attachait à la stèle n'a jamais varié ; les formes matérielles que cette idée a revêtues se sont modifiées beaucoup, selon les époques.

Sous l'Ancien Empire, l'aspect de la stèle est celui d'une porte un peu étroite, un peu basse, dont la baie ne serait pas ouverte. L'inscription gravée sur le linteau nous apprend le nom du maître du tombeau. Les figures taillées dans les montants sont ses portraits et ceux des personnes de sa famille. La petite scène du fond le montre assis devant sa table, et même on a pris soin de graver, à côté de lui, le menu de son repas. La stèle était, à proprement parler, la façade extérieure de la *maison éternelle* où chacun allait reposer à son tour. Rien d'étonnant qu'on l'ait faite à la semblance d'une porte ; si la porte est fermée, c'est que nul ne devait pénétrer dans la chambre du sarcophage, passé le jour de l'enterrement. Avec le temps, chacun des éléments qui la composaient, perdit sa valeur architectonique. Même, quand elle a encore des proportions colossales, les montants, le linteau, la niche n'ont plus que quelques centimètres de relief. Une fois transportées sur une surface à peu près unie, toutes ces parties furent soumises aux lois de la perspective égyptienne. Les dessinateurs avaient l'habitude de décomposer leurs sujets en plans verticaux qu'ils superposaient ; le registre le plus voisin du sol répondait au plan le plus rapproché du spectateur ; les registres suivants répondaient à des plans de plus en plus éloignés. D'après ce principe, la scène qui occupait le fond de la niche fut reportée au-dessus du linteau et occupa désormais le haut de la stèle. Les bas côtés furent rabattus sur le même plan que la face extérieure des montants et restèrent séparés l'un de l'autre, par une sorte de rainure longue et étroite, qui rappelait la place remplie jadis par la paroi du fond. La stèle ainsi constituée demeura la stèle-type pendant les trois dernières dynasties de l'Ancien-Empire (IVᵉ-VIᵉ), sans qu'on jugeât nécessaire d'en reproduire toutes les parties. Quelquefois, on négligeait le registre supérieur et on se contentait de la partie architectonique. Le plus souvent, on supprimait la partie architectonique et on ne gardait que la scène située jadis au fond de la niche, et dont on modifiait plus ou moins l'arrangement. En même temps, les textes hiéroglyphiques prenaient plus de développement. L'inscription se bornait d'abord à énumérer le nom et les titres du défunt, sa filiation, les provisions qu'on lui servait les jours de fête ; on y joignait une prière, où l'on adjurait les dieux des morts de lui assurer une destinée heureuse dans le monde infernal. Le dieu invoqué est presque toujours le chacal Anubis ou le *Dieu grand*, c'est-à-dire Osiris ; la prière est toujours brève. Les longues prières et les éloges pompeux ne commencent guère qu'après la VIᵉ dynastie, à l'époque encore mal définie où la puissance Memphite déclina et où Thèbes prit en mains les destinées de l'Égypte.

Les stèles carrées, d'origine thébaine, procèdent directement des stèles de la VIe dynastie, où l'on n'avait conservé que la scène gravée primitivement au fond de la niche. Une corniche tantôt sculptée en relief, tantôt simplement indiquée au pinceau, deux baguettes rondes ou deux plate-bandes placées à droite et à gauche, sont tout ce qui rappelle la porte antique, encore disparaissent-elles souvent. La scène elle-même se complique d'éléments nouveaux. La stèle était jadis la porte du tombeau; elle tend de plus en plus à devenir le résumé du tombeau lui-même. Et cette tendance se manifeste, non seulement dans le choix des sujets, mais dans la forme extérieure de la pierre. La stèle Memphite avait la forme carrée des mastabats de Gyzeh ou de Sakkarah; la stèle Thébaine s'arrondit au sommet, comme les chambres funéraires de la Moyenne et de la Haute-Égypte. La stèle carrée au sommet est l'abrégé des tombeaux carrés; la stèle cintrée, l'abrégé des tombeaux voûtés, creusés dans le roc.

Ce changement dans le caractère des représentations devait entraîner nécessairement des changements importants dans le caractère des inscriptions. La formule qui se maintiendra jusqu'aux derniers jours de l'Égypte est, dès à présent, fixée dans ses grandes lignes. La rédaction la plus simple en est à peu près conçue en ces termes :

« Présentation de la table d'offrandes au dieu X, pour qu'il donne des provisions en pain, en eau, bœufs, oies, en lait, en vin, en bière, en vêtements, en parfums, en toutes les choses bonnes et pures, dont vit Dieu, au *double* de N, fils de N. » La théorie du sacrifice funéraire et la destination de la stèle nous sont révélées tout entières par ces quelques mots. Comme les vivants ne sont pas en communication directe avec les morts et ne peuvent leur transmettre les offrandes de la main à la main, ils prennent un dieu pour intermédiaire et lui dédient le sacrifice, à la condition qu'il prélèvera la part du mort sur toutes les bonnes choses qu'on lui présente et dont il vit. Le *double* des pains, des boissons, de la viande, passait de la sorte dans l'autre monde et y nourrissait le *double* de l'homme. Il n'y avait même pas besoin que cette offrande fût réelle pour être effective; le premier venu, répétant en l'honneur du mort la formule de l'offrande, procurait, par cela seul au *double*, la possession de tous les objets dont il récitait l'énumération. Aussi n'était-il pas rare que l'on ajoutât à la formule ordinaire une adjuration adressée à tous ceux que la fortune amènerait devant la stèle. « O princes, chefs des prophètes, ô grands-prêtres, ô prêtres célébrants et initiés, ô multitude des prophètes, ô fonctionnaires, ô citoyens vivants dans votre ville, vous tous qui serez dans ce temple et qui passerez devant ce monument, récitez cette stèle, soit que vous désiriez qu'*Osiris Khoutamenti* ne cesse de vous présenter ses gâteaux de fête, soit que vous désiriez qu'*Ouopouatou* votre Dieu, dont plaisant est l'amour, rende votre cœur heureux comme celui d'un roi, à toujours et à jamais, si vous aimez la vie, si vous voulez ignorer la mort et assurer la force à vos enfants, dites de votre bouche : « *Présentation de la table d'offrandes,* milliers de pains, d'eau, de gâteaux, de bœufs, d'oies, de parfums, *d'étoffes,* de toutes choses *agréables dont vit un Dieu, au double de X.* » Ces deux formules sont la partie essentielle de la stèle, le reste n'a qu'une importance secondaire. Tantôt, il fallait justifier les titres du défunt à la bienveillance des dieux : on racontait sa vie, on disait les faveurs dont le roi l'avait comblé, on célébrait ses vertus. Souvent, afin de mieux assurer au mort la plénitude de son bonheur, on décrivait les vicissitudes de sa vie d'outre-tombe, et l'idée qu'on s'en faisait variait selon les époques. A la XIIᵉ dynastie, on l'embarquait sur la barque du Soleil; on le faisait participer aux courses du dieu et à ses triomphes. Souvent encore l'invocation traditionnelle au dieu se compliquait d'un hymne où le défunt tâchait de se rendre le dieu favorable en l'accablant de compliments; l'hymne finissait alors par occuper tout et ne laissait plus de place pour le reste des formules.

Les peintures ou les sculptures qui couvrent parfois le champ de la stèle sont comme la traduction des légendes en images.

Sous la XIIᵉ dynastie, où l'on n'aimait pas beaucoup reproduire l'image des dieux, la scène qui se passe devant Osiris est presque toujours remplacée par la formule; en revanche, la présentation de l'offrande, le sacrifice, le défilé de la famille et des vassaux occupent une grande place. Sous la XIIIe et la XIVe dynasties, on remplace fréquemment les registres de personnages par des listes où sont énumérées toutes les personnes qui avaient assisté ou auraient dû assister à l'enterrement. Sous le Nouvel Empire, on joint quelquefois aux scènes d'offrandes la représentation de l'enterrement, le transport de la momie, les lamentations des femmes, l'arrivée à l'hypogée. Quand on supprimait quelques détails, ce n'était pas, comme sous la XIIe dynastie, ceux qui avaient trait à l'adoration du dieu par le mort, mais ceux qui se rapportaient à l'enterrement ou au sacrifice. Quand il n'y a qu'un seul tableau, le dieu y figure, et alors la formule est gravée au bas de la stèle, à la place qu'occupaient les scènes supprimées [1].

1. G. Maspero, *Guide du Musée de Boulaq*.

STÈLES DU MOYEN EMPIRE

« O ! vous qui vivez sur la terre, qui faites votre route devant ce monument, soit en descendant (le fleuve), soit en remontant, vous qui aimez la vie et qui abhorrez la mort, répétez : que beaucoup d'offrandes soient attribuées à celui qui a vécu devant le grand dieu, seigneur de la bonne Amenti, au commandant du Trésor, qui a accompli les désirs des hommes et les préceptes des dieux. Il dit encore : j'ai donné de l'eau à celui qui avait soif et des vêtements à celui qui était nu. Je n'ai fait aucun mal aux hommes [1].

« O ! vous qui vivez sur la terre, hommes, prêtres, grammates, odistes, qui entrerez dans cette demeure funèbre ; vous qui aimez la vie et repoussez la mort, qui louez les dieux de vos pays et n'avez pas goûté les mets de l'autre monde ; quand vous reposerez dans vos tombeaux, puissiez-vous transmettre vos dignités à vos enfants [2].

---

1. Stèle du Musée du Louvre. Traduction de M. le vicomte E. de Rougé. Cat. du Musée, p. 150. Stèle de la XII⁰ dynastie.
2. Stèle du Musée du Louvre. Traduction de M. le vicomte E. de Rougé. Voy. Cat. du Musée du Louvre, n° 84, monument de la XII⁰ dynastie, provenant du tombeau d'un grand personnage nommé Eutef, qui fut *premier lieutenant du roi* et gouverneur du nome d'Abydos.

« C'est un sage, nourri de connaissances, jugeant exactement ce qui est le vrai. Il discerne l'ignorant de l'homme instruit et distingue l'officier habile de l'homme sans mérite. Tenant son cœur en grande perfection, il s'applique à écouter chacun à sa place. Exempt de tout vice, vertueux dans toutes ses pensées, son cœur est droit, aucun détour n'est en lui. Ardent pour tout devoir, lorsqu'on l'invoque, il écoute favorablement les requêtes. N'aimant pas la tiédeur, il est vif pour répondre à celui qui agit dans ses conseils. N'ignorant rien de la vérité, plein de sagacité, il connaît les paroles de l'intérieur : ce qui n'est pas sorti des lèvres, ce que l'homme dit en face de son cœur, rien ne lui est caché. Il ne néglige pas les paroles du juste et rejette les discours du frauduleux... Il ne se rebute pas devant un discoureur, il se presse pour faire justice. Appliquant son cœur à pacifier, il ne fait pas de distinction entre l'inconnu et ses familiers. Recherchant le droit, il applique son cœur à écouter les requêtes. Il rend justice (aux plaintes) du pauvre, il est sévère pour le frauduleux... Il vérifie la parole du véridique, il fait retomber le mal sur celui qui fait tort à l'homme malheureux. C'est le père du faible, le (soutien) de celui qui n'a plus de mère. Redouté dans le repaire du malfaiteur, il protège le pauvre ; il est le sauveur de celui qu'un plus puissant a dépouillé de ses biens. C'est le mari de la veuve, l'asile de l'orphelin....... ; les affligés deviennent joyeux quand ils sont connus de lui.

Excellent dans toutes ses pensées, quand il invoque les dieux, ils l'exaucent en raison de sa grande vertu. Tous les hommes lui confient leur salut et leur vie. Le grand second du palais, le commandant de la grande demeure, surintendant des greniers, chef de tous les travaux du roi. C'est à lui que tous les officiers font leurs rapports; il suppute les redevances de tous les chefs, de tous les commandants, de tous les gouverneurs des villes principales du midi et du nord de l'Égypte, le grammate parfait, Entef, l'homme véridique. »

SARCOPHAGES

Les sarcophages d'une très ancienne époque sont fort simples, et néanmoins d'un beau travail. Le sarcophage de la grande pyramide n'a aucun ornement. Celui du roi Mycérinus (IVe dynastie) présentait l'aspect d'un petit édifice (fig. 1). Il n'était décoré d'aucune figure ; de simples lignes architecturales, disposées avec un goût infini composaient seules son ornementation. Les Musées de Leyde et de Boulaq possèdent chacun une cuve de granit du même style.

Le sarcophage de Florence, qui appartient à la XIIe dynastie, est en granit rose ; la pierre est taillée avec une grande précision, mais il n'est encore orné que d'une légende hiéroglyphique assez simple. Il est vrai qu'on ne connaît pas de sarcophage royal de cette époque.

Dans le Nouvel Empire, les sarcophages sont décorés avec une grande richesse. Ceux des rois de la XVIIIe et de la XIXe dynasties présentent un résumé de toutes les scènes funéraires des tombeaux. La sculpture couvre toutes leurs faces.

Les scènes dont sont ornés ces monuments se réfèrent à la course nocturne du soleil dans les régions souterraines.

Au commencement du Nouvel Empire, et pen-

Sarcophage de Mycérinus (fig. 1).

dant l'époque Saïte, on a fait des sarcophages en forme de momie dont la matière est le granit, le basalte ou la pierre calcaire; les plus anciens portent une simple inscription d'une colonne courant de la tête aux pieds, ou de courtes légendes tracées par bandes horizontales et verticales qui se croisent sur la poitrine; sur les plus récents sont gravées des légendes mythologiques relatives aux génies funéraires, à Isis et Nephtys, etc.; tandis que sur la poitrine plane l'épervier à tête humaine, symbole de l'âme (fig. 2).

L'intérieur du couvercle et l'intérieur de la cuve des sarcophages sont généralement décorés de deux grandes figures de femmes, vues de face. L'une est l'image du ciel sous la forme d'une femme, les bras étendus au-dessus de la tête, nageant dans les espaces infinis.

L'autre est, au contraire, l'image du monde inférieur également représenté par une femme, les bras pendants en signe de repos. Quand la momie du personnage auquel le sarcophage a été consacré y était encore enfermée, le personnage était ainsi comme suspendu entre le ciel supérieur qui représente la course radieuse du soleil, et le ciel inférieur que l'astre parcourt pendant la nuit.

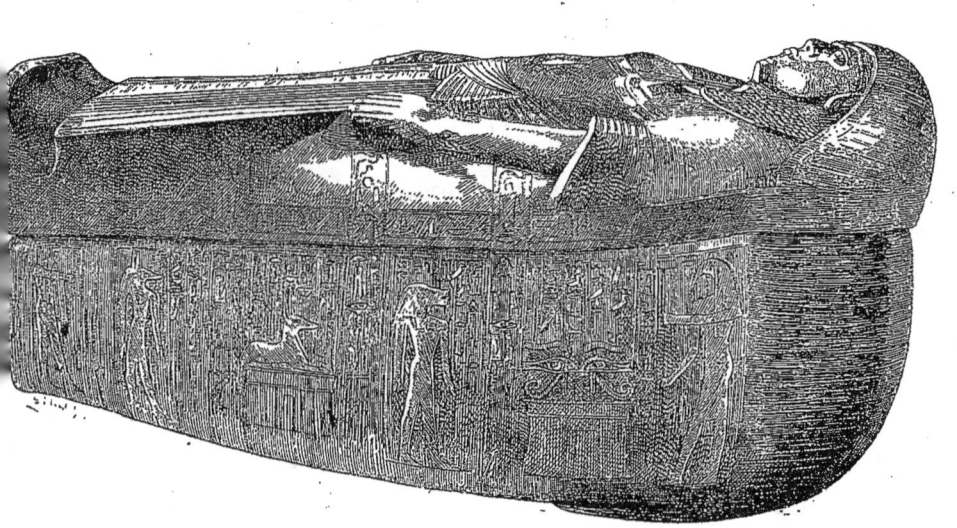

Sarcophage du Nouvel Empire (fig. 2).

LES CERCUEILS

Le cercueil était, à lui seul, un véritable monument, dont la construction mettait en branle une escouade d'ouvriers. La mode en variait selon les époques. Aux temps de l'Empire Memphite et du premier Empire Thébain, on ne rencontre guère que de grandes caisses rectangulaires, en bois de sycomore, à couvercle et à fond plat, composées de plusieurs pièces, assemblées au moyen de chevilles également en bois. Le modèle n'en est pas élégant, mais la décoration en est des plus curieuses. Le couvercle n'a pas de corniche. Une longue bande d'hiéroglyphes en occupe le milieu à l'extérieur ; tantôt simplement tracée à l'encre ou à la couleur, tantôt sculptée à même le bois, puis remplie de pâte bleuâtre, elle ne contient que le nom et le titre du défunt, parfois, une courte formule de prière en sa faveur. La surface intérieure est enduite d'une couleur épaisse de stuc, ou blanchie au lait de chaux ; on y inscrivait d'ordinaire le chapitre XVIIe du *Livre des Morts*, aux encres rouge et noire et en beaux hiéroglyphes cursifs. La cuve consiste en huit planches verticales, disposées deux à deux pour les parois, et en trois planches horizontales pour le fond. Elle est décorée quelquefois, à l'extérieur, de grandes rainures prismatiques, terminées en feuilles de lotus entre-croisées, comme celles qu'on rencontre sur les sarcophages en pierre. Le plus souvent elle est ornée, sur la gauche, de deux yeux grands ouverts et de deux portes monumentales, sur la droite, de trois portes en tout semblables à celles qu'on voit dans les hypogées contemporaines. Le cercueil est, en effet, la maison propre du mort, et comme tel, il doit présenter sur ses faces un résumé des prières et des tableaux qui s'espaçaient sur les murs de la tombe entière. Les formules et les représentations nécessaires sont écrites et illustrées à l'intérieur, presque dans le même ordre où nous les trouvons au fond des mastabats. Chaque paroi est divisée en trois registres, et chaque registre contient, ou bien une dédicace au nom du mort, ou bien la figure des objets qui lui appartiennent, ou bien les textes du Rituel qu'on récitait à son intention. Le tout agencé habilement, sur un fond imitant, assez exactement, le bois précieux, forme un tableau d'un trait hardi et d'une couleur harmonieuse. Le menuisier n'avait que la moindre part au travail, et les longues boîtes où l'on enfermait les morts les plus anciens n'exigeaient pas de lui une grande habileté. Il n'en fut pas de même, dès qu'on s'avisa de donner au cercueil l'aspect général du corps humain. Deux types sont alors en présence. Dans le plus ancien, la momie sert de modèle à son enveloppe. Les pieds et les jambes sont réunis tout du long. Les saillies du genou, les rondeurs du mollet, de la cuisse et du ventre, sont indiquées de façon sommaire et se modèlent vaguement sous le bois. La tête, seule vivante sur le corps inerte, est dégagée entièrement. Le mort est emprisonné dans une sorte de statue de lui-même, assez bien équilibrée pour qu'on pût, à l'occasion, la dresser sur ses pieds comme sur une base. Ailleurs, il est étendu sur sa tombe, et sa figure, sculptée en ronde bosse, sert de couvercle à sa momie. La tête est chargée de la perruque à marteaux, la casaque de batiste blanche, presque transparente, voile le buste à demi, le jupon couvre les jambes de ses plis serrés. Les pieds sont chaussés de sandales élégantes, les bras s'allongent ou se replient sur la poitrine, les mains tiennent des emblèmes divers, la croix ansée, la boucle de ceinture, le tat, ou, comme la femme de Sennotmou à Gyzeh, une guirlande de lierre. Ce genre de gaine est rare sous les dynasties Memphites. Très fréquente à la XIe dynastie, elle n'est souvent, alors, qu'un tronc d'arbre évidé, où l'on a sculpté grossièrement une tête et des pieds humains. Le masque est bariolé de couleurs éclatantes, jaune, rouge, vert; les cheveux et la coiffure sont rayés de noir ou de bleu. Un collier s'étale pompeusement sur la poitrine. Le reste du cercueil est, ou bien enveloppé des longues ailes dorées d'Isis et de Néphthys, ou bien revêtu d'un ton uniforme, jaune ou blanc, et illustré parcimonieusement de figures ou de bandes d'hiéroglyphes bleues ou noires. Les plus soignés parmi les cercueils des rois de la XVIIIe dynastie, déterrés à Deir-el-Bahari, appartiennent à ce type et ne se signalent que par le fini du travail et par la perfection vraiment extraordinaire avec laquelle l'ouvrier a reproduit les traits du souverain. Deux des cercueils, ceux de la reine Nofritari et de sa fille Ahhotpou II, sont de taille gigantesque et mesurent plus de 3 mètres de haut. On dirait, à les voir debout, une des cariatides qui ornent la cour de Medinet-Habou, mais en plus petit. Le corps est emmailloté et n'a plus que l'apparence indécise d'un corps humain. Les épaules et le buste sont revêtus d'un réseau en relief, dont chaque maille se détache en bleu sur le fond jaune de l'ensemble. Les mains s'échappent de cette espèce de mantelet et se croisent sur la poitrine en serrant la croix ansée, symbole de vie. Grandeur à part, la simplicité est le caractère de ces deux cercueils comme elle l'est des autres cercueils royaux ou privés de cette époque qui sont parvenus jusqu'à nous. Vers le milieu de la XIXe dynastie, la mode changea. On ne se contenta plus d'une seule caisse sobrement ornée; on voulut en avoir deux, trois, même quatre, emboîtées l'une dans l'autre et couvertes de peintures ou d'inscriptions. Souvent alors, l'enveloppe extérieure est un sarcophage à oreillettes carrées, à couvercle en dos d'âne, dont les fonds, peints en blanc, sont chargés de figures du mort, en adoration devant les dieux du groupe

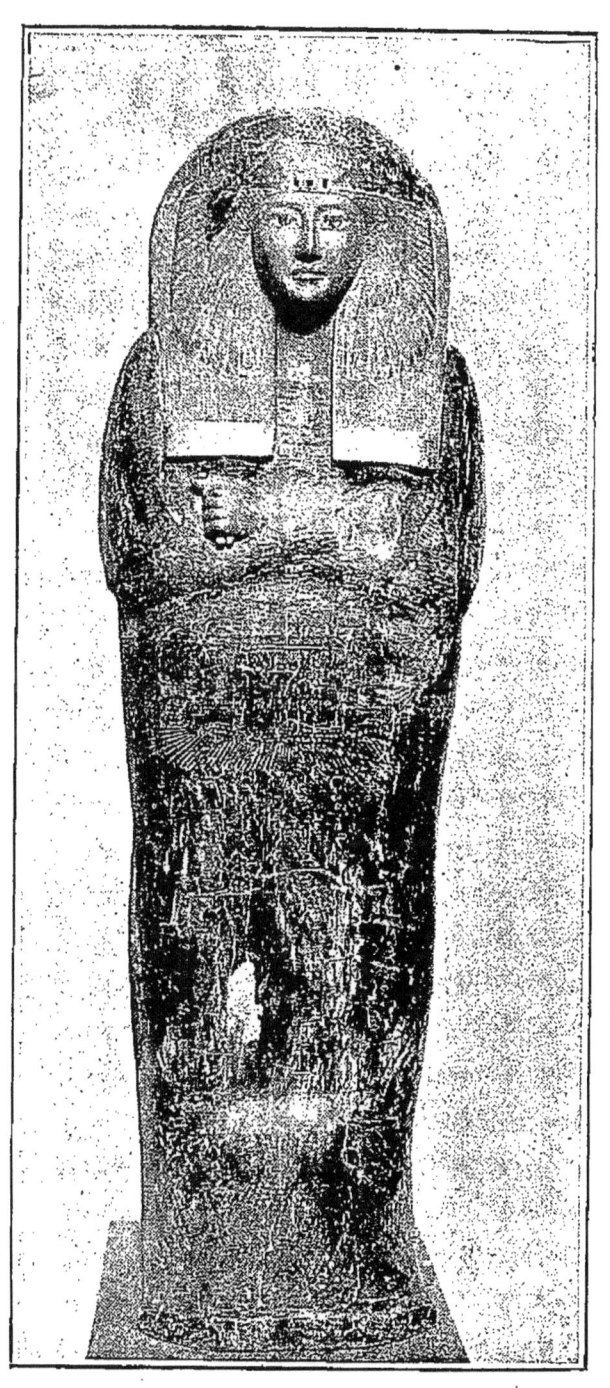

Couvercle du cercueil de la reine Makéri. — Musée de Gyzeh.

Statuette funéraire. — Musée de Gyzeh.

Osirien. Lorsqu'elle a la forme humaine, elle garde encore quelque chose de la nudité primitive; la face est coloriée; un collier recouvre la poitrine, une bande d'hiéroglyphes descend jusqu'aux pieds, le reste est d'un ton uniforme, noir, brun ou jaune sombre. Les caisses intérieures étaient d'un luxe presque extravagant, faces et mains rouges, roses, dorées, bijoux peints et parfois simulés au moyen de morceaux d'émail incrustés dans le bois; scènes et légendes multicolores, le tout englué de vernis jaune. Le contraste est frappant entre l'abondance d'ornements qu'on remarque à ces époques et la sobriété des époques antérieures; il faut se rendre à Thèbes même, au lieu de la sépulture, pour en comprendre la raison. Les particuliers et les rois des dynasties conquérantes employaient ce qu'ils avaient de ressources et d'énergie à se creuser des hypogées. Les parois en étaient sculptées ou peintes, les sarcophages étaient taillés dans un bloc immense de granit ou d'albâtre ouvragé finement; peu importait que le bois où dormait la momie fût simplement décoré. Les Égyptiens de la décadence et leurs maîtres n'avaient plus, comme les générations qui les avaient précédés, la faculté de puiser indéfiniment dans les trésors de l'Égypte et des pays voisins. Ils étaient pauvres, et la médiocrité de leur budget ne leur permettait pas d'entreprendre de longs travaux. Ils renoncèrent, ou du moins presque tous, à se préparer des tombes monumentales et dépensèrent ce qui leur restait d'argent à se fabriquer de belles caisses en bois de sycomore. Le luxe de leurs cercueils n'est, en résumé, qu'une preuve de plus à joindre aux preuves déjà nombreuses que nous avons de leur faiblesse et de leur pauvreté. Lorsque les princes Saïtes eurent rétabli, pour quelques siècles, les affaires du pays, les sarcophages en pierre reparurent et l'enveloppe en bois reprit quelque chose de la simplicité des beaux temps ; mais ce renouveau ne dura pas, et la conquête macédonienne amena dans les modes funéraires la même révolution qu'autrefois la chute des Ramessides. On en revint à l'usage des caisses doubles et triples, aux excès de peinture, aux dorures criardes ; l'habileté des manœuvres d'époque greco romaine qui ont habillé les morts d'Akhmîm pour leur dernière demeure, est moindre ; leur mauvais goût ne le cède en rien à celui des fabricants de cercueils thébains qui vivaient sous les derniers Ramessides [1].

Les trois cercueils de *Soutimès, hiérogrammate et chef des gardiens des livres à Thèbes*, peuvent être cités comme un modèle de la décoration des boîtes de momies vers la XIX⁰ dynastie [2]; si l'on veut en lire la description sommaire, on verra quelles images employaient les prêtres chargés des embaumements pour entourer le corps du défunt de tous les symboles de sa résurrection.

---

1. G. Maspero, l'*Archéologie égyptienne*.
2. Ces trois cercueils sont conservés au musée du Louvre, Salle funéraire, V. Cat. du Musée, pp. 105 à 109.

Dans la première boîte le fond est décoré d'un grand *Tât;* cet objet (habituellement connu sous le faux nom de nilomètre) est une sorte d'autel à quatre tables, dont le sens mystérieux n'est pas encore bien expliqué; il est couronné d'un grand diadème qui appartient à Osiris; deux bras en sortent, étendant des ailes en signe de protection. Au-dessous, l'étendard d'Abydos représente également Osiris qui était censé enseveli dans cette ville; les déesses Isis et Nephtys étendent leurs mains vers cet emblème. Le chevet est occupé par le scarabée, symbole de la génération céleste qui doit faire regermer le défunt dans une nouvelle vie. Ce scarabée porte en tête le disque du soleil, peint, non plus en rouge, mais en vert. C'est le soleil plongé dans la nuit, qui reprendra sa couleur lumineuse lorsque le matin aura ramené sa nouvelle naissance. Ce symbole est placé entre deux yeux ailés qui représentent les deux principales divisions du ciel. Cette même division du ciel se reproduit sur les parois intérieures, où le ciel du nord et celui du midi sont représentés par les deux vipères couronnées. Sur ces mêmes parois, le défunt est figuré en adoration devant diverses divinités.

A l'extérieur, le chevet de ce cercueil est divisé en deux étages ou registres : le premier est rempli par le scarabée dont nous avons expliqué le symbolisme. Isis et Nephtys portent la main à leur front; c'est l'attitude du deuil pendant lequel ces deux sœurs d'Osiris récitaient les paroles sacrées qui devaient lui rendre la vie. Dans le second registre, la déesse *Nouït*, qui représente l'éther des espaces célestes, déploie ses deux ailes et tient en main le signe de la vie future. La décoration des pieds est également divisée en deux registres : dans le premier, les déesses Isis et Nephtys sont couchées sur le ventre, dans l'attitude du repos, ce qui les fait ressembler à des sphinx. Au-dessus, le symbole *Tat* est accompagné des quatre génies funéraires qui présidaient à la conservation des entrailles. Les flancs extérieurs sont décorés de deux séries de figures : la série supérieure contient divers dieux couchés en sphinx ; devant chacun d'eux on a figuré le défunt *Soutimès* debout et leur adressant ses hommages. La série inférieure se compose de dieux et génies des espaces célestes, debout, auxquels le défunt adresse également des prières.

Le couvercle de ce premier cercueil est de l'autre côté de la table ; la tête porte un bouquet de lotus, autre symbole d'une nouvelle naissance ; c'est sur le bouton de ce lotus qui s'épanouit, qu'on plaçait l'enfant divin, symbole du soleil levant, lequel était, à son tour, la vivante image de l'éternelle jeunesse de la divinité. Le collier qui couvre sa poitrine se composait de fleurs et boutons de lotus et d'autres symboles analogues. L'estomac et le ventre ont, pour principaux ornements, deux formes de scarabée. Le premier porte simplement le disque du soleil dont les rayons étaient censés donner plus directement la vie ; le second, les ailes étendues, porte une tête de bélier, nouveau symbole d'activité et de génération.

Sur les jambes, la décoration est divisée en petites scènes dans lesquelles le scarabée joue le premier rôle ; le sens est complété par le vautour, aux ailes étendues, qui représente la déesse de l'éther céleste et en même temps la maternité. C'était l'espace céleste qui jouait le rôle de mère dans la génération divine, suivant la doctrine égyptienne ; elle complète ici la promesse de la naissance divine qui viendra donner au défunt une vie désormais à l'abri de la mort. Les côtés sont occupés par des figures de divinités diverses : vers les pieds, Isis et Nephtys remplissent le rôle de pleureuses, comme elles l'avaient fait au deuil d'Osiris.

Auprès de ce couvercle est celui de la seconde boîte renfermée dans la première. La tête est ornée d'un simple bandeau. La décoration de l'estomac et du ventre est analogue à celle de la première boîte ; on doit y remarquer néanmoins, à droite et à gauche du scarabée, un dieu à tête de bélier que la déesse *Neith* entoure de ses bras. Cette déesse, qui n'est qu'une autre personnification de la mère divine, embrasse ainsi le dieu soleil, source de la vie. Auprès de cette scène, le défunt Soutimès navigue sur les espaces célestes, après sa justification ; le reste de la décoration présente toujours les béliers et les scarabées avec quelques variantes. Aux pieds, on doit remarquer le défunt à genoux et recueillant des gouttes qui semblent découler des déesses Isis et Nephtys, dans leur rôle de pleureuses. Sous les pieds on a figuré Osiris dans son rôle de juge; le défunt Soutimès comparaît devant lui.

Dans la partie inférieure de ce second cercueil, le fond est occupé par la déesse du ciel (Nouit) étendant ses ailes; elle est là pour recevoir le défunt dans son sein; les quatre génies sont auprès de sa tête; sous ses pieds, c'est le dieu *Ra* ou soleil, entre les déesses Isis et Nephtys; vers les pieds de la momie, l'étendard, symbole d'Osiris, entre deux béliers. Sur les flancs, parmi diverses figures divines, on doit remarquer une momie couchée, à laquelle on a donné la forme ithyphallique; c'était la manière la plus énergique d'exprimer cette croyance; qu'au sein même de la mort reposait pour l'homme la promesse d'une nouvelle génération qui le revêtirait, comme la divinité, d'une éternelle jeunesse.

A l'extérieur, la décoration est divisée en deux registres; dans le premier figurent les quarante-deux juges infernaux et le défunt qui leur adresse sa justification; parmi les scènes du second registre, il faut remarquer :

1° Le disque du soleil qui apparaît entre deux lions; c'est une des figures du soleil levant;

2° La vache sacrée qui sort de la montagne d'occident; c'est la déesse Hathor qui présidait au ciel de l'enfer.

Le troisième cercueil ne se composait que d'un

cartonnage qui se trouve dans l'armoire I ; il était posé sur la momie, enveloppée de ses bandelettes, et n'avait pas de dessous. Les ornements se composent d'abord de deux scarabées ; une chaîne composée de croix ansées, signe de la vie éternelle, s'étend à côté du second. On y voit ensuite le dieu Thot, à tête d'Ibis et l'âme du défunt. La déesse du ciel enveloppe le ventre avec ses ailes. Une inscription en deux bandes s'étend sur les jambes ; c'est le défunt Soutimès qui s'adresse ainsi à la déesse :

O ma mère, le ciel, qui t'étend au-dessus de moi, fait que je devienne semblable aux constellations ! Que le ciel étende les bras vers moi, dans son nom de ciel (féminin) ; qu'elle étende ses bras pour dissiper les ténèbres et pour me ramener la lumière !

LES MOMIES

Sous l'Ancien et le Moyen Empire, les momies sont noires et si desséchées qu'elles se rompent sous le moindre effort; à Thèbes, sous le Nouvel Empire, elles sont étroitement et minutieusement enveloppées dans leurs bandelettes [1]; les corps sont jaunes et un peu luisants; les ongles des pieds et des mains sont teints en henné; les membres ont conservé une flexibilité remarquable et se ploient sans se briser. Sur les meilleures d'entre elles, le doigt s'enfonce encore dans la chair [2].

1. En toile plus ou moins fine, suivant la qualité du mort, elles atteignaient une longueur de plusieurs mètres; elles étaient étroitement enroulées autour de chaque membre, isolément; puis elles enveloppaient le corps entier de leurs méandres, de leurs spirales, de leurs circonvolutions infinies; par l'épaisseur de leur superposition, elles arrivaient à restituer au cadavre la plénitude de formes que lui avait enlevée la dessication. Le démaillotement d'une momie est une opération qui demande plusieurs heures.
Le lin est, sans exception, la seule matière des toiles de momie et des étoffes recueillies en Égypte. On n'a retrouvé aucun tissu de coton. La fabrication égyptienne était parvenue à tisser des toiles d'une finesse telle qu'elles ont pu être assimilées, par les fabricants de nos jours, à la plus belle mousseline de l'Inde, vendue 50 francs le mètre.

2. Hérodote et Diodore de Sicile disent que, pour préparer les corps à l'embaumement, on commençait par faire une incision

Momie royale dans son cercueil. — Musée de Gyzeh.

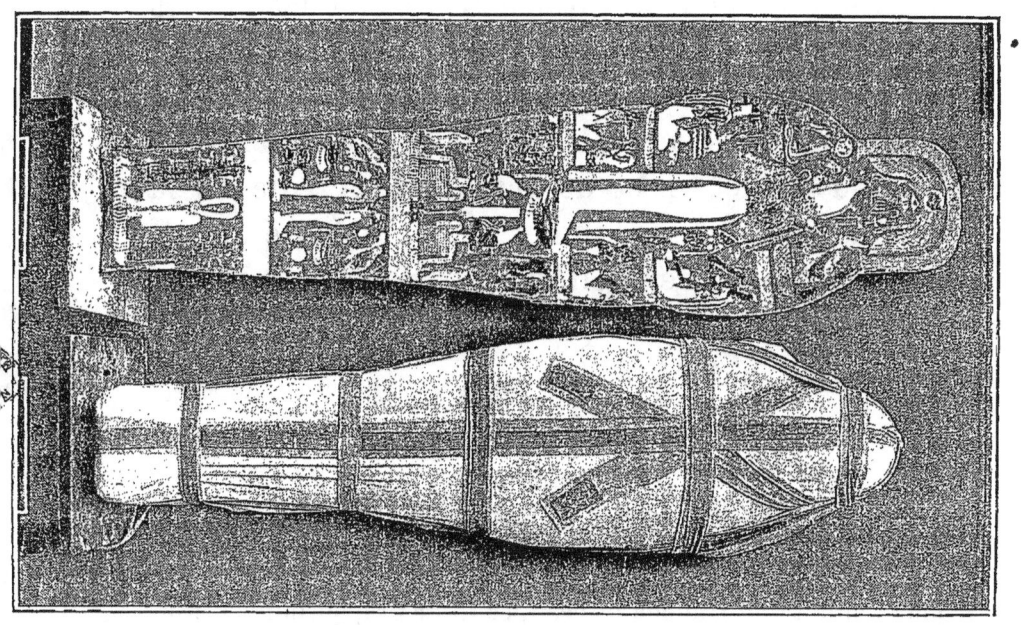

Momie royale et cuve de son cercueil. — Musée de Gyzeh.

Selon l'habitude de tous les temps, la main gauche est ornée de quelques bagues et scarabées. Aux dernières époques, les momies deviennent noires, pesantes, et ne forment avec leurs bandelettes qu'une masse compacte qu'on ne briserait pas sans le secours d'un instrument. Cela tient, sans doute, à ce qu'elles étaient imprégnées de térébenthine de Judée, qui pénètre profondément les tissus et les os, et rend les corps très lourds et difficiles à rompre.

Les momies memphites étaient souvent remplies d'amulettes et de scarabées. A côté de la momie ou entre ses jambes, étaient déposés, quelquefois dans le cercueil, des papyrus (exemplaires du Rituel funéraire) ; plusieurs de ces manuscrits

au cadavre, afin de vider les entrailles, et qu'on se servait pour cela d'un couteau de pierre.

Et de fait, on peut constater que toutes les momies portent une ouverture au flanc gauche, et on voit que cette ouverture n'a pas été faite avec le fer, mais avec un instrument qui a déchiré, plutôt que tranché la peau, ce qui se rapporte bien à un couteau de pierre.

Il résulte aussi de l'examen des momies qu'on leur enlevait la peau de la plante des pieds et qu'on se servait également, pour cette opération, d'un instrument de pierre.

La raison de cette coutume paraît assez difficile à expliquer. Peut-être voulait-on enlever au cadavre ce qui avait été le plus en contact avec la terre. Quoi qu'il en soit, cet usage n'en est pas moins certain. On remplaçait quelquefois la peau enlevée par des sandales dont les bords étaient dorés, et la peau se roulait et se mettait dans l'abdomen des momies.

Sous les sandales, on peignait les ennemis, renversés et garrottés. C'était promettre au défunt la victoire sur les puissances malfaisantes.

ont été trouvés à demi déroulés et étendus de la tête aux pieds du cadavre, par dessus les bandelettes.

L'attitude du corps est très variable. Le plus ordinairement, les bras sont étendus le long du corps ou croisés sur la poitrine; mais on a trouvé des femmes dans la pose de la Vénus de Milo, ou voilant de leurs deux mains les organes sexuels.

Il est nécessaire qu'au jour de la résurrection, toutes les parties du corps se retrouvent intactes; mais les procédés ordinaires de l'embaumement n'atteignent ni les entrailles, ni les viscères. De là, la loi religieuse qui obligeait les embaumeurs à mettre ces parties à part; de là les quatre génies chargés de veiller à leur conservation, sous la protection des quatre déesses Isis, Nephtys, Neith et Selk.

Mais les parties conservées n'étaient pas toujours, comme on le voit ici, enfermées dans des vases; quelquefois, on en faisait quatre paquets enveloppés de linge, qu'on replaçait dans la cavité de la poitrine, après avoir attaché à chacun de ces paquets une figurine de l'un des quatre génies.

Quant aux canopes, on peut croire qu'ils représentent eux-mêmes les génies dont ils portent le nom; aussi, sont-ils presque toujours surmontés de couvercles taillés dans la forme des quatre animaux qui symbolisent ces divinités protectrices. C'est par exception qu'on leur donne des têtes humaines.

LES MASQUES DE MOMIES

Il y en avait en or, en cartonnage, en verroterie, en cire, en bois peint, en bois noirci avec des yeux en pâte de verre entourés de bronze. On a cherché de tout temps, dans les embaumements un peu riches, à donner à ces masques la ressemblance du défunt. Les cercueils du roi Entef montrent que, dès la plus haute antiquité, quelques-uns de ces masques furent dorés et ornés d'yeux incrustés en émail. L'usage des masques composés d'une feuille d'or, remonte au moins à la XVIIIe dynastie. Les masques en cartonnage doré furent usités dans tous les temps. Les masques dans lesquels on a donné à la peau une couleur rose sont beaucoup plus récents; plusieurs masques de femmes de cette couleur sont coiffés d'ornements étrangers à l'Égypte; ce sont des monuments gréco-égyptiens, ainsi que les masques en cartonnage doré du même style. Des portraits *peints* remplacèrent les masques à l'époque romaine [1].

---

1. V. E. de Rougé, *Notice sommaire des monuments du Louvre*, p. 325.

LES ÉTOLES

Les étoles ou bretelles en cuir gaufré se rencontrent dans les sépultures de la XXIe et de la XXIIe dynasties, placées au milieu des bandelettes, sur la poitrine des momies. Les couvercles des boîtes de momies en portent souvent la configuration. On les y voit croisées sur la poitrine ou formant, sous l'apparence de rubans flottants, l'appendice d'un pectoral encadrant quelque représentation religieuse dont le scarabée est le centre.

Les étoles sont en relation évidente avec *Khem*, le dieu de la génération, puisque les scènes qui y sont empreintes sont toujours des scènes d'adoration ou d'offrandes dont ce dieu est l'objet.

LES CARTONNAGES

On donne le nom impropre de *cartonnages* à des superpositions de toiles collées et recouvertes de peinture appliquée sur du stuc. Ces toiles, découpées à jour, représentent des disques ailés, des déesses étendant leurs ailes, des symboles religieux ; on les plaçait sur la poitrine de la momie.

PECTORAL

Ornement de momie en forme de petite chapelle, contenant un scarabée, emblème de la transformation du *devenir*, adoré par les déesses Isis et Nephtys. Cette amulette était, ainsi que l'indique son nom, placée sur la poitrine du mort.

LES PAPYRUS

Le *Cyperus papyrus*, originaire d'Égypte, y est fort rare aujourd'hui ; on ne le rencontre plus guère qu'autour du lac Menzaleh, auprès de Damiette, en Abyssinie, et dans quelques localités marécageuses de Syrie et en Sicile. Encore ne pouvons-nous affirmer que ce papyrus soit bien celui avec lequel les Égyptiens fabriquaient leur papier. Les anciens employaient, en effet, à différents usages plusieurs autres cypéracées que les auteurs ont souvent confondues avec le *Cyperus papyrus*. Le papyrus était beaucoup trop cher pour qu'on pût le faire servir à la confection d'objets vulgaires, et Strabon nous apprend qu'il existait deux variétés de papyrus dont l'une, de qualité inférieure, était distincte du *byblus hieraticus*, destiné à la fabrication du papier. Il est probable que le *Cyperus divers*, cultivé et utilisé encore aujourd'hui en Égypte, répond à une de ces cyperacées.

Les usages auxquels on employait ces variétés de papyrus étaient fort nombreux. Les racines servaient de combustible et on en faisait divers ustensiles de ménage. La partie inférieure de la tige fournissait une substance alimentaire aromatique et sucrée, et les Égyptiens la mâchaient, crue ou bouillie, afin d'en absorber seulement le jus. Avec les pellicules qui formaient l'écorce de cette plante, on faisait des voiles, des nattes, des sandales, des vêtements, des couvertures, des cordes, etc., avec la moelle des mèches pour les flambeaux.

Voici quelle préparation on faisait subir au *Cyperus papyrus* pour en obtenir le papier. Après avoir coupé les deux extrémités de la tige, on détachait les fines membranes concentriques qui enveloppaient la moelle; on posait à plat sur une planche une première couche de ces membranes, et on appliquait une seconde couche en travers sur la première. Les Romains appelaient la première couche *stamen* (chaîne) et la seconde *subtemen* (trame). Il est impossible de savoir, d'une manière certaine, quel était le liquide dont on se servait pour faire adhérer le *subtemen* au *stamen*. Lorsqu'on avait ainsi obtenu une feuille de papier on la pressait, et divers feuillets (plagulæ), collé, latéralement les uns au bout des autres, au nombre d'une vingtaine habituellement, et placés par ordre de finesse, les meilleurs d'abord, puis les plus grossiers, formaient un rouleau (scapus). Ces rouleaux variaient beaucoup plus en longueur qu'en hauteur, la hauteur étant déterminée par la dimension des bandes détachées de la plante, la longueur, au contraire, pouvant être prolongée indéfiniment par l'addition de nouveaux feuillets à la suite des premiers.

Les manuscrits sur papyrus en écriture hiératique, toujours écrits de droite à gauche, sont ordinairement divisés en pages ou en colonnes; quand le scribe arrivait au bas de la première colonne, il en commençait une nouvelle à la gauche de celle-ci, laissant entre les deux un petit espace blanc qui s'étend naturellement dans le sens de la hauteur du manuscrit. Dans quelques exemplaires, les colonnes sont séparées par des lignes perpendiculaires tracées à la règle.

Les manuscrits hiéroglyphiques sont divisés par des lignes verticales formant des colonnes beaucoup plus étroites que pour l'écriture hiératique. Les signes sont disposés les uns au-dessous des autres; ils se lisent de haut en bas et ordinairement de droite à gauche, ainsi que l'indique la direction des figures. Quelquefois cependant l'écriture, quoique toujours dans le même sens, est disposée en colonnes rétrogrades qui se succèdent dans la direction contraire de celle des caractères, ce qui montre que le scribe avait commencé le papyrus par l'extrémité qui se trouvait à sa gauche. M. E. de Rougé pensait que cet ordre avait été adopté par les scribes pour éviter d'effacer, par le frottement de la main, la colonne précédemment tracée. La disposition du texte en lignes verticales s'observe quelquefois dans les plus anciens manuscrits hiératiques et même, exceptionnellement, dans ceux de tous les temps. Dans les premiers les lignes d'écriture ne sont pas séparées par des traits verticaux. Il y a aussi quelques exemples de textes horizontaux d'écriture hiéroglyphique ; ils se dirigent le plus souvent de droite à gauche, mais parfois, de gauche à droite. Les initiales des textes sacrés sont souvent écrites en rouge, ainsi que les titres de chapitre et certaines annotations liturgiques.

Les figures qui ornent les manuscrits sont souvent tracées avec une grande habileté qui témoigne d'une véritable science du dessin, malgré leur exécution parfois très rapide. Ces figures sont souvent coloriées de teintes plates, rarement fondues et jamais modelées. Elles sont quelquefois rehaussées d'or.

Les papyrus étaient ordinairement roulés de gauche à droite, de façon que, la fin du manuscrit se trouvant former le centre du volumen, ce fût le commencement du texte qui s'offrît aux yeux de la personne qui le déroulerait.

Un grand nombre de ces rouleaux ou volumens nous ont été conservés ; quelques-uns, qui étaient des lettres avec souscription donnant les noms et les titres du destinataire, ont été trouvés entourés d'un lien, et parfois scellés ; mais ces volumens sont, pour la plupart, des manuscrits funéraires. On les plaçait sous les bandelettes qui enveloppent la momie, entre les mains, sur la poitrine, sous les bras, entre les jambes, ou bien encore, on les renfermait dans des statuettes de divinités dont on avait creusé l'intérieur pour leur servir d'étui [1].

[1]. Par suite de son exposition prolongée pendant des siècles à la température haute et à peu près invariable des tombeaux, le papyrus est devenu le plus souvent sec et cassant, et des fragments s'en détachent continuellement si le déroulement n'en est opéré avec une attention minutieuse et des soins tout spéciaux.

LE RITUEL FUNÉRAIRE

Une grande doctrine domine tout le système funéraire des anciens Égyptiens et présida, depuis les temps les plus reculés, à tous les rites qui accompagnaient l'embaumement et la sépulture, ainsi qu'à tous les emblèmes qui couvrent les cercueils et les sculptures des tombeaux; c'est l'immortalité de l'âme. Cette immortalité était spécialement promise aux âmes qui auraient été reconnues vertueuses par Osiris, dieu du bien. Elles devaient rejoindre leur corps et l'animer d'une nouvelle vie que la mort ne pourrait plus atteindre. Quant aux âmes condamnées, elles devaient subir le supplice de la seconde mort. L'ensemble de cette doctrine, vraiment nationale en Égypte, ressort clairement de ce que nous pouvons déjà comprendre dans les textes du *Rituel funéraire* [1]. Ce livre sacré, dont chaque momie devait porter un exemplaire plus ou moins complet, contient une série d'hymnes, de prières et d'instructions, dont une partie est spécialement

---

[1]. Cette composition fut primitivement nommée *Rituel funéraire*, par Champollion; M. Lepsius lui a donné le nom de Livre des morts, *Todtenbuch*.

destinée aux diverses cérémonies des funérailles. On y trouve aussi les doctrines dont la connaissance était regardée comme nécessaire à l'âme humaine, pour jouir de tous les biens attachés à la proclamation de sa vertu.

Le *Rituel* prend l'âme à sa séparation du corps et l'accompagne jusqu'au moment où, purifiée de toutes les souillures qu'elle a contractées sur la terre, elle entre dans la zone lumineuse des âmes désormais immortelles.

Le *Rituel* est divisé en plusieurs livres, subdivisés eux-mêmes en un grand nombre de chapitres. Nous n'en possédons pas un exemplaire complet; l'exemplaire type est, jusqu'à présent, le grand papyrus du Musée de Turin, publié par M. Lepsius. Il comprend plus de cent soixante-cinq chapitres.

On trouve des parties plus ou moins longues du *Rituel* sur des stèles, sur les sarcophages et, en général, sur presque tous les monuments funéraires [1]. Il va sans dire que le papyrus est la ma-

---

[1]. J'ai vénéré mon père, j'ai respecté ma mère, j'ai aimé mes frères; je n'ai jamais fait de mal contre eux pendant ma vie sur la terre. J'ai protégé le faible contre le puissant; j'ai donné l'hospitalité à tout le monde. J'ai été bienfaisant et aimant les dieux; j'ai chéri mes amis, et ma main a été ouverte à celui qui n'avait rien. Jamais mon cœur n'a dit : donne. J'ai aimé la vérité et détesté le mensonge. J'ai été juste et vrai, exempt de fautes, plaçant Dieu dans mon cœur et sa crainte dans mon âme [*].

[*] Inscription sur le couvercle d'un sarcophage du Musée de Gyzeh, n° 978 du catalogue.

310 MONUMENTS FUNÉRAIRES DE L'ÉGYPTE ANCIENNE

tière sur laquelle le *Rituel* a été le plus souvent écrit. C'est aussi sur les papyrus que se rencontrent les extraits les plus étendus de ce livre sacré [1].

Les seize premiers chapitres du rituel funéraire ont une vignette commune représentant la pompe funèbre. Les parents et les pleureuses ouvrent la marche ; on traîne ensuite les coffrets funéraires et la barque où la momie repose dans son cercueil. Un prêtre conduit une génisse devant la momie et huit personnages portent des enseignes sacrées. Un veau bondit devant sa mère, symbole de la nouvelle naissance qui doit donner la vie éternelle au défunt. Les sacrifices et les monceaux d'offrandes sont accumulés en sa faveur ; le prêtre lit le formulaire sur un volume déployé entre ses mains. La momie, debout, entre les bras d'Anubis, reçoit un flot de libation purifiante.

La stèle funéraire, gravée au nom du défunt, et le tombeau où la momie va reposer, terminent cette scène, où les divers manuscrits présentent de nombreuses variantes. Le défunt agenouillé adresse ensuite au dieu *Ra*, le soleil, les hymnes qui forment le sujet du chapitre XV. Le tout est résumé graphiquement, dans le seizième chapitre

---

[1]. Les papyrus funéraires proviennent toujours de l'intérieur des caisses de momie : tantôt ils sont déposés sur la momie elle-même et par dessus les bandelettes, tantôt on les enfermait avec elle dans le cercueil, en les plaçant sous sa tête, à ses pieds, ou en étendant le rouleau développé sur son corps.

qui forme un tableau en quatre registres. Dans le premier, celui d'en bas, le défunt, accompagné de sa femme ou de sa sœur, reçoit les offrandes de sa famille. Le second représente le soleil levant, adoré par huit esprits figurés par des cynocéphales. Dans le troisième, le soleil de midi déverse ses rayons sur la terre à égale distance de l'Orient et de l'Occident, et reçoit les hommages du défunt et de sa femme. Le quatrième registre enfin, nous montre le défunt entré dans la barque solaire et naviguant sur la voûte céleste en société de *Ra*, de *Toum* (le soleil couchant) et de Kheper (le dieu créateur) devant lesquels il se prosterne pour les adorer. Le texte des quinze premiers chapitres, illustrés par ces tableaux, forme un tout assez bien suivi où se rencontrent toutes les idées fondamentales du Rituel [1].

Le chapitre XVII est un formulaire d'initiation, un commentaire ésotérique de certains dogmes.

Les chapitres XVIII et XIX sont des invocations à Thot pour qu'il accorde au mort la faculté de *proférer la vérité*.

Les chapitres XLVIII et XLIX n'étant que la répétition des chapitres X et XI, on doit croire qu'ils ont été interpolés.

---

[1]. La rédaction, sinon de tout le Rituel funéraire, du moins d'un certain nombre de chapitres, paraît remonter assez haut. Si nous en croyons les annotations des chapitres LXIV et CXXX, ils auraient été découverts, l'un au temps du roi Mycérinus, auteur de la troisième pyramide, l'autre pendant le règne d'Ousaphaïs, cinquième roi de la première dynastie, suivant les listes de Manéthon.

Chapitres LIV et LXV. Faveurs qui attendent les âmes accomplies.

Le chapitre LXIV compare la résurrection de l'homme au lever du soleil, en mettant en regard, dans le tableau initial, l'homme qui sort de son tombeau et le soleil qui émerge de l'horizon.

Dans le chapitre LXXV, l'âme arrive à Héliopolis comme le phénix symbole du soleil, à l'accomplissement de sa période.

Chapitres LXXVI à LXXXVIII. Diverses transformations de l'âme.

Chapitre LXXXIX. Réunion de l'âme à son corps.

Chapitre XCXIX. Le défunt arrive à la barque du soleil et y navigue avec lui.

Chapitre CX. Le défunt laboure, sème, moissonne, navigue dans l'Élysée.

Chapitre CXVI. Il arrive à Héliopolis, terme du voyage. Ce chapitre devrait, logiquement, être joint au LXXVe.

Chapitre CXXV, jugement de l'âme.

Chapitre CXXVI. Invocations aux génies chargés d'effacer la souillure des péchés.

Chapitre CXXVII et suivants. L'âme est renseignée sur la nature et les habitants des diverses régions célestes qu'elle doit parcourir. Analogie avec le sujet des chapitres CVII à CXVI.

Chapitres CXLIV à CL. Description de plusieurs séries de portes et de demeures que l'âme doit rencontrer.

Chapitres CLV à CLX. Rites propres à certaines amulettes qui devaient accompagner la momie.

Le chapitre CLXII a pour but de ramener la chaleur sous la tête du défunt. Des disques en toile ou en cuivre, recouverts d'inscriptions talismaniques, avaient la même destination.

Les chapitres CLXIII à CLXV ont été ajoutés, ainsi que nous l'avons déjà dit, à une époque, relativement moderne.

Nous allons, pour finir, donner quelques extraits du chapitre CXXV, l'un des plus considérables et des plus intéressants du recueil en ce qu'il nous offre un aperçu de la morale égyptienne. Il est intitulé littéralement, et en maintenant la tournure hiéroglyphique :

« Livre d'entrer dans la salle de la vérité et de séparer l'homme de ses péchés, afin qu'il voie la face des dieux. »

L'âme adresse aux dieux l'allocution suivante :

« Hommages à vous, Seigneur de Vérité et de Justice ! Hommage à toi, Dieu grand, Seigneur de Vérité et de Justice ! Je suis venu vers toi, ô mon maître, je me présente à toi pour contempler tes perfections ! Car il est connu que je sais ton nom et les noms de ces quarante-deux divinités qui sont avec toi dans la salle de Vérité et de Justice [1]. Je vous ai apporté la vérité, j'ai détruit pour vous le mensonge. Je n'ai commis aucun mal contre

---

1. La connaissance du nom réel et du nom mystique des dieux était un secret d'initiation.

les hommes ! Je n'ai pas tourmenté la veuve ! Je n'ai pas menti dans le tribunal ! Je n'ait fait aucune chose défendue ! Je n'ai pas fait exécuter à un chef de travailleurs, chaque jour, plus de travaux qu'il n'en devait faire !......... Je n'ai pas été négligent ! Je n'ai pas été oisif ! Je n'ai pas faibli ! Je n'ai pas défailli ! Je n'ai pas fait ce qui était abominable aux dieux. Je n'ai pas desservi l'esclave auprès de son maître ! Je n'ai pas affamé ! Je n'ai pas fait pleurer ! Je n'ai point tué ! Je n'ai pas ordonné le meurtre par fraude ! Je n'ai commis de fraude envers personne ! Je n'ai point détourné les pains des temples ! Je n'ai point distrait les gâteaux d'offrande des dieux ! Je n'ai pas enlevé les provisions ou les bandelettes des morts !... Je n'ai point fait de gains frauduleux ! Je n'ai pas altéré les mesures de grain ! Je n'ai pas fraudé d'un doigt sur une paume ! Je n'ai pas usurpé dans les champs ! Je n'ai pas fait de gains frauduleux au moyen des poids du plateau de la balance ! Je n'ai pas faussé l'équilibre de la balance ! Je n'ai pas enlevé le lait de la bouche des nourrissons. Je n'ai point chassé les bestiaux sacrés sur leurs herbages ! Je n'ai pas pris au filet des oiseaux divins ! Je n'ai pas pêché les poissons sacrés dans leurs étangs ! Je n'ai pas repoussé l'eau en sa saison ! Je n'ai pas coupé un bras d'eau sur son passage ! Je n'ai pas éteint le feu sacré en son heure ! Je n'ai pas violé le cycle divin dans les offrandes choisies ! Je n'ai pas repoussé les bœufs des propriétés divines ! Je n'ai pas repoussé le dieu dans sa procession ! Je suis pur ! Je suis pur ! Je suis pur ! »

Les mêmes formules de confession négative sont répétées, presque mot pour mot, dans la deuxième section du chapitre, jointes chacune au nom d'un des quarante-deux membres du jury infernal. La troisième section se borne à reproduire, sous une forme parfois très mystique exposée dans la première : « Salut à vous, dieux qui êtes dans la salle de Vérité et de Justice, qui n'avez point le mensonge en votre sein, mais vivez de vérité et en nourrissez votre cœur, par devant le seigneur Dieu qui habite en son disque solaire. Délivrez-moi de Typhon (le dieu du mal) qui se nourrit d'entrailles, ô magistrats, en ce jour du jugement suprême; donnez au défunt à vous, lui qui n'a point péché, qui n'a ni menti ni fait le mal, qui n'a commis nul crime, qui n'a point rendu de faux témoignage, qui n'a rien fait contre lui-même, mais vit de vérité et se nourrit de justice. Il a semé partout la joie; ce qu'il a fait, les hommes en parlent et les dieux s'en réjouissent. Il s'est concilié Dieu par son amour; il a donné du pain à l'affamé, de l'eau à l'altéré, des vêtements au nu ; il a donné une barque à qui était arrêté dans son voyage ; il a offert des sacrifices aux dieux, des repas funéraires aux défunts. Délivrez-le de lui-même ! Protégez-le contre lui-même, ne parlez pas contre lui, par devant le seigneur des morts, car sa bouche est pure et ses deux mains sont pures ! »

Après cette confession négative on demande au défunt : « Quel est ton nom ? » Il donne alors son nom terrestre et un nom mystique.

« Tu peux, disent enfin les dieux, aller et venir dans la salle de la Vérité et de la Justice, car tu nous connais. »

LE PÈSEMENT DU CŒUR

L'âme rendue à la liberté efface les souillures qui restent en elle en subissant victorieusement diverses épreuves, puis elle est admise dans la grande salle du Jugement. Voici cette scène telle que nous l'offre le grand tableau du chapitre CXXV :

Le pèsement du cœur.

A gauche, Osiris assis et coiffé du *pschent*, tient en mains le fouet et le *pedum*.

A droite, le défunt est introduit par les deux déesses de la Justice et de la Vérité.

Le cynocéphale, assis au sommet de la balance, en symbolise l'équilibre.

La bête fantastique qu'on voit accroupie devant Osiris, monstre à gueule béante, nommée « la dévorante », symboliserait la destruction réservée aux réprouvés.

Les dieux Horus et Anubis procèdent au pèsement des actes du mort que représente son cœur[1] : posé sur un des plateaux de la balance, cet organe doit équilibrer exactement l'hiéroglyphe ou la statue de la Vérité que supporte l'autre plateau. Le dieu Thot enregistre la sentence que prononce Osiris. Au-dessus de cette scène sont représentés les 42 juges assistant Osiris et portant sur la tête les attributs de la Justice. Le défunt est représenté deux fois, agenouillé devant ces Juges.

L'âme, ainsi absoute, peut dire comme au chapitre CXLIX du Rituel funéraire : « Mon âme n'est pas emportée vers la salle de l'immolation, elle n'est pas détruite. » Elle peut désormais se réunir

---

1. Le cœur était embaumé séparément, dans un vase mis sous la garde du génie Duaoumautef, sans doute parce que cet organe, indispensable pour la résurrection, ne pouvait être replacé dans le corps de l'homme qu'après avoir figuré dans le plateau de la balance du jugement osirien, où représentant les actes du mort, il devait faire équilibre à la statue de la déesse Vérité. Le cœur, principe d'existence et de régénération, était symbolisé par le scarabée, c'est pourquoi les textes qui lui étaient relatifs étaient inscrits sur les scarabées funéraires qu'à une certaine époque on introduisit dans le corps même de la momie pour remplacer l'organe absent. Les chapitres XXVI à XXX du Livre des morts sont consacrés à la conservation du cœur de l'homme.

à son Khou pour rentrer dans son corps ou dans tel autre qu'elle voudra et accomplir de nouvelles existences ; en un mot, pour nous servir d'une expression très fréquente dans le Rituel funéraire, « *faire* toutes les transformations qu'il lui plaira ».

Mais l'âme juste, après avoir passé son jugement, n'est pas admise à contempler les vérités suprêmes ; avant de parvenir à la gloire, elle doit encore éprouver plus d'une épreuve et lutter plus d'une lutte. Elle s'élance à travers les espaces inconnus que la mort vient d'ouvrir à son vol, guidée par l'intelligence et soutenue par l'espoir certain d'une prochaine félicité. Sa science s'est accrue, ses pouvoirs se sont agrandis, elle est libre de prendre toutes les formes qu'il lui plaît revêtir [1]. En vain, le mal se dresse contre elle sous mille figures hideuses et tente de l'arrêter par ses menaces et ses épouvantements ; identifiée avec Osiris, et partant, victorieuse comme lui, elle parcourt les demeures célestes et accomplit dans les *champs* d'*Aalou* [2] les cérémonies du labourage mystique. Elle cultive les champs sacrés où, ses

---

1. Celles de l'Épervier d'or (Todt. ch. LXXVII), du *Lotus* (ch. LXXXI), du *Phénix* (ch. LXXXIII), de l'*Hirondelle*, (ch. LXXXVI), etc. Il ne faut pas oublier que l'assomption de toutes ces formes est purement volontaire et ne marque nullement le passage de l'âme dans un corps de bête. Chacune des figures que revêtait le *Khou* était une des figures symboliques de la divinité ; l'entrée de l'âme dans ces figures ne marquait donc, en fait, que l'assimilation de l'âme humaine au type divin qu'elle représentait.
2. Les Champs-Élysées.

bonnes actions, déposées comme semence, vont, symboliquement, faire germer pour la vie éternelle. La fin de ses épreuves approche, les ombres se dissipent peu à peu, le jour de la bienheureuse éternité se lève et la pénètre de ses clartés ; elle se mêle à la troupe des dieux et marche avec eux dans l'adoration de l'Être parfait. Il y a deux chœurs de dieux, les uns errants, les autres fixes; celui-ci est le dernier degré de l'initiation glorieuse de l'âme. A ce point, l'âme devient toute intelligence : elle voit Dieu face à face et s'abîme en lui [1].

1. Maspero, *Histoire ancienne des peuples de l'Orient.*

DIFFÉRENTS PAPYRUS FUNÉRAIRES
QUE L'ON TROUVE DANS LES CAISSES DE MOMIES

Le Rituel funéraire n'est pas le seul papyrus que l'on retrouve dans les cercueils. Il en est encore deux autres qui sont : le *Livre des Respirations* et les *Litanies solaires*.

Le *Livre des Respirations* n'a été trouvé jusqu'ici qu'écrit en caractères hiératiques. Bien que dans un passage ce livre soit attribué au dieu Thot lui-même, il est assez moderne et ne paraît pas remonter beaucoup au-delà de l'époque de la conquête des Perses, si même il n'est pas postérieur à Cambyse.

Les *Litanies solaires* se composent d'une série de tableaux entremêlés de légendes, et forment, en réalité, deux ouvrages distincts, l'un retraçant la marche du soleil pendant le jour, depuis son lever jusqu'à son coucher, l'autre décrivant la route que, d'après les idées égyptiennes, cet astre était censé parcourir, pendant la nuit, lorsqu'il se dirigeait de l'ouest à l'est à travers l'hémisphère inférieur. Les *Litanies solaires* (c'est Champollion qui leur a donné ce nom) décorent souvent les murs des tombeaux, surtout ceux des tombes royales de Thèbes, et aussi les parois de quelques sarcophages de pierre.

La partie qui représente la course diurne du soleil est assez rare sur papyrus et n'y porte pas de titre particulier. Le musée du Louvre en possède deux exemplaires magnifiques, que M. Devéria a analysés avec soin dans son *Catalogue des manuscrits égyptiens du Louvre*.

L'autre partie (la course nocturne du soleil) se rencontre plus souvent, et est généralement intitulée le *Livre de l'hémisphère inférieur*. Il est rarement complet et se compose, d'ordinaire, d'un nombre plus ou moins grand de tableaux avec ou sans légendes explicatives. M. Devéria en a donné une analyse étendue, accompagnée de la traduction des légendes. M. Samuel Birch en a fait l'objet d'un savant travail destiné au prince de Galles, mais qui, malheureusement, n'a pas été mis dans le commerce [1].

Le soleil l'introduit (le défunt) dans sa barque, d'où il contemple les merveilles de l'orbe solaire. Il adore enfin le soleil à sa naissance au matin et sous le nom de *Khepra* (devenir). Il l'invoque pendant sa durée (sa course diurne) sous le nom de *Râ*; il le salue au soir sous son nom de Toum, à toujours [2].

---

1. Delgeur, *Mémoire sur le Rituel funéraire des anciens Égyptiens*. Bruxelles, 1873.
2. *Manuscrits funéraires du musée du Louvre*, cat. par Th. Devéria, p. 4.

CHAPITRE DES ADORATIONS AU SOLEIL.

« Récité par le défunt », *lorsqu'il s'approche de cette grande barque du soleil.* Il dit :

« O Soleil, seigneur du ciel ; ô soleil, seigneur de la terre ! Cet orbe du Seigneur des deux mondes, rayonnant, embrasse les deux espaces (les deux hémisphères célestes); aucune intelligence ne peut le parcourir du regard, si ce n'est dans le secret de tout son être [1]. Tu es lumineux dans ta barque, parfait dans ta course sur le chemin de la perpétuité, dans la loi que tu as faite éternelle [2]. »

CHAPITRE DE L'ADORATION AU SOLEIL
PAR LES AMES PARFAITES.

« Hommage à toi, dieu soleil, dieu grand, roi du jour, souverain de la nuit, qui avance sans station ni arrêt.

« Nous glorifions ta perfection, nous adorons ta forme ; abreuve-nous de ta splendeur ; nous goûtons tes mets ; nous avalons ton lait ; nous plions le genou à ton rayonnement ; distribue ta chevelure (lumineuse) aux substances de nos corps ; détruis aujourd'hui (le ver?) de nos substances ;

---

[1]. Si ce n'est par les yeux de la pensée ! Hermès Trismégiste.
[2]. *Manuscrits funéraires du musée du Louvre*, cat. Th. Devéria, p. 4.

ne soyons pas repoussées d'entre les serviteurs divins, car nous avons été terrifiés (de crainte) en face de toi ; laisse-nous pénétrer près de toi chaque jour, et que nous ne soyons pas détournées de notre marche [1] ! »

Le défunt est agenouillé devant le disque solaire placé entre les bras de la montagne qui borne l'horizon et adoré par les âmes.

Le texte qui accompagne cette peinture est une adoration du soleil qui commence ainsi :

« Hommage à toi, dieu soleil, dieu grand, qui circule sans repos, seigneur du ciel, roi sur la terre, ...lion du soir, producteur des productions innombrables, disque le jour, qui n'est ignoré en aucun lieu dans la perpétuité de l'éternité..... ton étincelle est le fait de ta puissance ; c'est ta force magique qui te donne ta puissance ; tu es caché, caché mystérieux... tu es la grande âme divine vivante à toujours : *Vas en paix !* J'adore tes perfections, je demande à Ta Majesté, dans ma foi, que tu rayonnes sur mon corps, que tu éclaires ma sépulture ; donne la perfection à mes substances, ...ouvre-moi les portes de la demeure du ciel inférieur, que je sorte, que je m'approche, que mon cœur soit satisfait, que je m'arrête au lieu qui me plaît [2]. »

Le tableau représente « la grande déesse

---

1. Ce chapitre ressemble beaucoup au premier chapitre du Coran.
2. *Manuscrits funéraires du musée du Louvre*, cat. T. Devéria, p. 8.

Nouït », dont le corps, couvert d'étoiles, se recourbe pour figurer la voûte céleste; le dieu Schou, placé entre l'Orient et l'Occident, personnifiés sous l'apparence de deux femmes, semble soutenir, avec elles, le vaisseau du soleil [1].

HYMNE AU SOLEIL.

« Paroles dites en adorant le soleil qui se lève pour la création dans la montagne solaire et qui se couche dans la vie divine, par l'Osirien [2], le royal scribe, le chef de maison *Anaoua,* le proclamé juste. Il dit : « Salut à toi, quand tu te lèves dans la montagne solaire sous la forme de *Ra* [3], et que tu te couches sous la forme de Ma [4] ! Tu circules autour du ciel, et tous les hommes te regardent et se tournent vers toi en se cachant la face ! Que je puisse accompagner Ta Majesté quand tu te montres le matin tous les jours ! Tes rayons sur leurs visages, on ne peut les décrire ! L'or n'est rien comparé à tes rayons ! Les terres

---

1. Cette scène, souvent peinte dans la décoration des beaux cercueils à vernis jaune de la nécropole de Thèbes, se retrouve dans le papyrus de Tentamon à la Bibliothèque nationale.

Elle est alors complétée par la figure couchée du dieu Seb. La forme ithyphallique de ce dernier, dans les peintures d'une momie du musée de Turin, y fait reconnaître l'union du ciel et de la terre, ou de l'Ether et de la matière.

2. C'est-à-dire le défunt.
3. Nom du dieu de la Lumière et de la Vérité.
4. Nom de la déesse de la Justice.

divines, on les voit dans les peintures; les contrées de l'Arabie, on les a énumérées ; mais toi seul tu es caché !... Tes transformations sont égales à celles de l'Océan céleste. Il marche comme tu marches... accorde que j'arrive au pays de l'éternité et à la région de ceux qui sont approuvés ; (accorde) que je me réunisse aux beaux et sages esprits de *Kher-neter* [1] et que j'apparaisse avec eux pour contempler tes beautés le matin de chaque jour [2] !...

1. Kher-neter, « divine région souterraine ».
2. Stèle du Musée de Gyzeh, n° 72 du cat.

LES AMULETTES

On ne saurait parcourir une galerie égyptienne sans être surpris du nombre prodigieux de menues figures en pierre fine qui sont parvenues jusqu'à nous. On n'y voit pas encore le diamant, le rubis, ni le saphir; mais, à cela près, le domaine du lapidaire était aussi étendu qu'il l'est aujourd'hui et comprenait l'améthyste, l'émeraude, le grenat, l'aigue-marine, le cristal de roche, la prase, les mille variétés de l'agate et du jaspe, le lapis-lazuli, le feldspath, l'obsidienne, des roches comme le granit, la serpentine, le porphyre, des fossiles comme l'ambre jaune, et certaines espèces de turquoises, des résidus de sécrétions animales comme le corail, la nacre, la perle, des oxydes métalliques comme l'hématite, la turquoise orientale et la malachite. Le plus grand nombre de ces substances étaient taillées en perles rondes, carrées, ovales, allongées en fuseau, en poire, en losange. Enfilées et disposées sur plusieurs rangs, on en fabriquait des colliers, et c'est par myriades qu'on les ramasse dans le sable des nécropoles, à Memphis, à Erment, près d'Akhmîm et d'Abydos. La perfection avec laquelle beaucoup d'entre elles sont calibrées, la netteté de la perce, la beauté du poli, font honneur aux ouvriers; mais là ne s'arrêtait pas leur science. Sans autre instrument que la pointe, ils les façonnaient en mille formes diverses, cœurs, doigts humains, serpents, animaux, images de divinités. C'était autant d'amulettes, et on les estimait moins peut-être pour l'agrément du travail que pour les vertus surnaturelles qu'on leur attribuait. Le commerce répandait ces objets dans les régions du monde antique, et plusieurs d'entre eux, ceux surtout qui représentaient le scarabée sacré, furent imités au dehors par les Phéniciens, par les Syriens, en Grèce, en Asie-Mineure, en Étrurie, en Sardaigne. L'insecte s'appelait en égyptien *Khopirrou,* et son nom dérivait, croyait-on de la racine Khopiri, devenir. On fit de lui, par un jeu de mot facile à comprendre, l'emblème de l'existence terrestre et des devenirs successifs de l'homme dans l'autre monde. L'amulette en forme de scarabée est donc un symbole de durée présente ou future ; le garder sur soi était une garantie contre la mort. Mille significations mystiques découlèrent de ce premier sens. Chacune d'elles fut rattachée subtilement à l'un des actes ou des usages de la vie journalière, et les scarabées se multiplièrent à l'infini. Il y en a de toute matière et de toute grandeur : à tête d'épervier, de bélier, d'homme, de taureau, les uns fouillés aussi curieusement sur le ventre que sur le dos, les autres plats et unis par-dessous, d'autres enfin qui retiennent à peine le vague contour de l'insecte et qu'on appelle scarabéoïdes. Ils sont percés dans le sens de la longueur d'un trou par lequel on passait une mince tige de bois, un fil de bronze ou d'argent, une cordelette pour les suspendre. Les plus gros étaient comme l'image du cœur. On les collait sur la poitrine des momies, ailes déployées, et une prière, tracée sur le plat, adjurait le cœur de ne point porter témoignage contre le mort au jour du jugement. Pour plus d'efficacité, on joignait à la formule quelques scènes d'adoration : le disque de la lune, acclamé par deux cynocéphales sur le corselet, deux Ammon accroupis sur les élytres, sur le plat la barque solaire, et sous la barque, Osiris momie accroupi entre Isis et Nephthys qui l'enveloppent de leurs ailes. Les petits scarabées, après avoir servi de phylactère, finirent par n'être plus que des bijoux sans valeur religieuse. On en faisait des chatons de bague, des pendeloques d'un collier ou d'une boucle d'oreille, les perles d'un bracelet. Le plat est souvent nu, plus souvent orné de dessins creusés dans la masse, sans modèle d'aucune sorte ; le relief proprement dit, celui du camée, était inconnu des lapidaires égyptiens avant l'époque grecque. Les sujets n'ont pas été encore classés, ni même recueillis entièrement. Ce sont de simples combinaisons de lignes, des enroulements, des entrelacs sans signification précise, des symboles auxquels le propriétaire attachait un sens mystérieux, et que personne, sauf lui, ne pouvait comprendre, le nom et les titres d'un individu, des cartouches royaux ayant un intérêt historique, des souhaits de bonheur et éjaculations pieuses, des conjurations magiques. Plusieurs scarabées d'obsidienne et de cristal remontent à la VI° dynastie. D'autres, assez grossiers et sans écriture, sont en améthyste, en émeraude et même en grenat ; ils appartiennent au commencement du premier empire thébain. A partir de la XVIII° dynastie, on les compte par milliers, et le travail en est d'un fini proportionné au plus ou moins de dureté de la pierre. C'est, du reste, le cas pour toutes sortes d'amulettes. Les têtes d'hippopotame, les âmes à visage humain, les cœurs qu'on ramasse à Taoud, au sud de Thèbes, sont à peine ébauchés ; l'améthyste et le feldspath vert d'où on les dégageait, présentaient à la pointe une résistance presque invincible. Au contraire, les boucles de ceinture, les équerres, les chevets en jaspe rouge, en cornaline et en hématite, sont ciselés jusque dans les moindres détails ; les pierres étaient de celles qu'un instrument médiocre attaque sans difficulté. Le lapis-lazuli est tendre, cassant ; il tient mal ses arêtes et semble ne se plier à aucune finesse. Les Égyptiens y ont façonné pourtant des portraits de déesses, des Isis, des Nephtys, des Neït, des Sokhit qui sont de véritables merveilles de délicatesse. Les reliefs du corps y sont poussés avec autant d'assurance que s'ils étaient ménagés dans une matière moins capricieuse, et les traits du visage ne perdent rien à être étudiés à la loupe [1].

---

1. G. Maspero, *L'archéologie égyptienne*, pp. 234-238.

Amulettes. — Musée de Gyzeh.

LES SCARABÉES

Les scarabées recueillis en Égypte sont innombrables ; on en a trouvé de toutes tailles et de toutes matières, et l'on ne pourrait s'en expliquer la fréquence si l'on ne savait que le scarabée avait, comme symbole, une immense portée religieuse. En effet, il représente dans l'écriture hiéroglyphique un mot qui signifie à la fois *être* et *se transformer*, la *puissance créatrice* et *le monde ;* en sorte que, on peut y voir, au moins pour les bas temps, comme un résumé du panthéisme égyptien.

Les momies de la XIe dynastie portent presque toujours un scarabée au petit doigt de la main gauche. On employait les scarabées comme bagues et comme ornements de colliers. A Memphis, de la XIXe à la XXIe dynastie, se rencontrent les gros scarabées en pierre dure que l'on introduisait dans le corps même de la momie ; sous les Ptolémées, les momies les plus pauvres en sont pourvues. Mais ces derniers scarabées, dits *funéraires*, ont un sens particulier : ils ont pour destination de remplacer le cœur de l'homme qui a été embaumé à part et placé, avec les autres viscères, dans les vases dits *canopes*, confiés à la garde des génies Amset, Hapi, Duaumautef et Kebhsennouf ; cet organe ne sera rendu au mort qu'après le jugement d'Osiris, s'il lui est favorable. Les textes inscrits sur les scarabées funéraires sont des invocations adressées par le défunt à son propre cœur, empruntées aux chapitres 30 et 64 du Livre des Morts, ou des prières aux quatre génies qui retiennent son cœur (chap. 27).

TA, BOUCLE DE CEINTURE.

Amulette en pierre dure ou pâte de verre, ou en bois de sycomore doré, mais le plus souvent en cornaline, en jaspe ou en quartz rouge opaque, que l'on suspendait au cou de la momie : le texte spécial du chapitre 156 du Livre des Morts, gravé sur ce phylactère, plaçait le défunt sous la protection d'Isis. Le *Ta* est souvent représenté avec le *dad*, dans la main, des figurines funéraires de grande dimension.

OUADJ.

Un talisman, en forme de colonnette s'épanouissant en fleur de lotus et recouverte d'inscriptions empruntées au texte spécial des chapitres 159 et 160 du Livre des Morts, était, suivant la prescription de ce livre même, placé au cou des momies. Cette colonnette est toujours en pierre verte (feldspath), car elle reproduit l'hiéroglyphe exprimant l'état de ce qui est vert, verdoyant, et, par suite, florissant et prospère. Le sens de l'amulette s'explique de lui-même.

D'après le chapitre 159 du *Rituel*, une colonnette de feldspath vert devait être placée au cou de chaque défunt, comme un symbole de rajeunissement de son âme. Pour les pauvres, ces amulettes étaient simplement en porcelaine.

Les *sceaux* de lapis-lazuli et de feldspath vert sont d'autres amulettes qui accompagnent les momies comme une promesse d'éternité. Le sceau est, en effet, le symbole des périodes du temps.

Les *disques* de pâte rouge placés sur le caractère *montagne*, symbolisent le soleil levant, c'est-à-dire l'arrivée de l'âme au séjour des bienheureux.

Les *bœufs couchés* et liés par les quatre jambes rappellent les sacrifices par lesquels, à certains anniversaires, on devait honorer les mânes des défunts.

Les *angles*, symbole de mystère et d'adoration, les *triangles*, symbole d'équilibre, les *chevets*, destinés à marquer la quiétude éternelle qui attend l'homme juste dans la sphère des âmes.

L'*œil mystique* est un emblème qui est répandu à profusion dans toutes les tombes, particulièrement depuis la XXVIe dynastie. On l'appelle tantôt l'œil d'Horus, tantôt l'œil du soleil et de la lune. Il semble signifier le terme resplendissant de la période de justification que l'on doit traverser avant d'être admis dans le sein du Dieu suprême.

La *croix ansée* est l'emblème de la vie éternelle.

Le *tat* est regardé comme un emblème de stabilité.

Ces deux objets devaient, comme les colonnettes de feldspath et les boucles, être suspendus au cou des momies.

Les *cœurs*, de toutes dimensions et de toutes matières : or, améthiste, cornaline, hématite, feldspath vert, etc. Dans les idées égyptiennes, le cœur était le siège de la vie. Quand, après la grande scène du jugement, l'âme, déclarée pure, vient chercher le corps pour s'unir de nouveau à lui, c'est au cœur qu'elle donne le premier souffle d'existence.

Les *anneaux fendus*, en jaspe rouge ou blanc, en bronze recouvert d'or, en pâte rouge, sont des ornements qu'on trouve sur les momies, contre l'oreille desquelles ils sont appliqués. Les hommes en sont pourvus aussi bien que les femmes. Peut-être ces anneaux sont-ils, non des boucles d'oreilles proprement dites, mais des emblèmes funéraires dont le sens n'est pas encore connu.

Le Cheikh-el-Beled. — Musée de Gyzeh.

LES STATUES

Nous avons montré quels étaient les secours, les uns permanents, les autres sans cesse renouvelés, dont l'hôte de la tombe avait besoin, croyait-on, pour résister à la destruction. A cette ombre, dont le peu de substance était toujours menacé de se dissoudre et de s'évaporer, il fallait, outre des aliments et des boissons qui entretinssent ce qu'elle gardait de vie, outre des prières dont la vertu magique pouvait suppléer à l'insuffisance de l'offrande, il fallait un soutien matériel où elle pût se prendre et se fixer, un corps qui remplaçât, autant que possible, celui dont elle avait été dépouillée par la mort. Il y avait bien la momie, mais malgré toutes les précautions, qui donc pouvait dire au juste combien de temps la momie durerait? Ne finirait-elle point par céder à la corruption et par tomber en poussière? On ne put point ne pas se poser la question, et les craintes dont l'esprit était assailli durent bientôt conduire à l'invention de la statue funéraire. La pierre elle-même, avec le climat de l'Égypte, le bois, présentaient de bien autres chances de durée que la dépouille mortelle la plus soigneusement embaumée. Les statues avaient encore cet avantage sur la momie que celle-ci était unique, tandis que l'on pouvait multiplier ces effigies. Chacune d'elles était, si l'on peut ainsi parler, un corps de rechange. Rien n'empêchait d'en mettre jusqu'à dix, quinze ou vingt dans une tombe [1]. Qu'une seule de ces images fût sauvée, et ce serait assez pour que, même après la disparition de la momie, le *double* ne fût pas condamné à s'évanouir dans les ténèbres de sa demeure souterraine, faute d'un point d'attache et d'un appui corporel.

Travaillant sous l'empire de cette idée, le statuaire ne pouvait manquer de viser à reproduire fidèlement les traits de son modèle. On comprend pourquoi les statues égyptiennes qui ne représentent pas des dieux sont toujours et uniquement des portraits de tel ou tel individu, aussi exacts que l'artiste a pu les exécuter : Chacune de ces statues était un corps de pierre, non pas un corps idéal où l'on ne chercherait que la beauté des formes ou l'expression, mais un corps réel à qui l'on devait se garder d'ajouter ou de retrancher quoi que ce fût. Si le corps de chair avait été laid, il fallait que le corps de pierre fût laid de la même manière, sans quoi le *double* ne trouverait pas le support qui lui convenait.

La première statue égyptienne fut donc moins une œuvre d'art qu'un décalque de la réalité, qu'une sorte de moulage pris sur nature. Pour

---

[1]. Les serdab du tombeau de Ti en contenaient une vingtaine ; une seule a été retrouvée intacte.

arriver à cette équivalence du modèle et de l'épreuve que l'on en tirait, l'artiste ne pouvait s'en rapporter à sa mémoire ; il fallait que l'original posât devant le sculpteur qui se chargeait d'immortaliser sa personne. La plupart de ces images, les plus soignées tout au moins, ont dû être exécutées du vivant de celui qu'elles représentent, autrement le statuaire n'aurait jamais produit ces effigies en présence desquelles vous sentez et vous affirmez aussitôt que ce sont des portraits, sur chacun desquels tout contemporain, sans hésiter, aurait mis tout d'abord un nom, tant les traits et l'expression du visage sont empreints d'un caractère particulier et vraiment unique, vraiment individuel.

Les premières statues que l'Égypte ait produites ont donc été des statues funéraires ; dans la pensée de ceux qui les commandaient et de ceux qui les fabriquaient, elles n'étaient que des portraits, et ce que l'on y cherchait surtout, c'était une ressemblance qui fût assez fidèle pour que l'ombre pût en quelque sorte s'y tromper elle-même et ne pas se croire dépouillée et dépossédée de son corps. Quand se développeront, avec le temps, la puissance et la richesse de l'Égypte, l'art aura chez ce peuple de plus hautes aspirations : il s'élèvera par degrés à la conception d'un certain idéal; mais, alors même qu'il aura les visées les plus ambitieuses et qu'il aspirera le plus ouvertement au grand style, il laissera toujours deviner ses origines : dans les plus nobles et les plus heureusement composés des types qu'il aura créés, toujours on sentira la trace et l'effet persistant des habitudes premières.

Les statues ne présentent point la variété de gestes et d'attitudes qu'on admire dans les tableaux. Un pleureur, une femme qui écrase le grain du ménage, le boulanger qui brasse la pâte sont aussi rares en ronde bosse qu'ils sont fréquents en bas-reliefs. La plupart des personnages sont tantôt debouts et marchant la jambe en avant, tantôt debouts mais immobiles et les deux pieds réunis, tantôt assis sur un siège ou sur un dé de pierre, quelquefois agenouillés, et plus souvent accroupis, le buste droit et les jambes à plat sur le sol, comme les fellahs d'aujourd'hui. Cette monotonie voulue s'expliquerait peu si l'on ne connaissait l'usage auquel ces images étaient destinées.

Les statues sont appuyées, pour la plupart, à une sorte de dossier rectangulaire qui monte droit derrière elles et, tantôt se termine carrément au niveau du cervelet, tantôt s'achève en un pyramidion dont la pointe se perd parmi les cheveux, tantôt s'arrondit au sommet et paraît au-dessus de la tête du personnage. Les bras sont rarement séparés du corps ; dans bien des cas, ils adhèrent aux côtes et à la hanche. Celle des jambes qui porte en avant, est reliée souvent au dossier, sur toute sa longueur, par une tranche de pierre.

LE MOBILIER FUNÉRAIRE

Le reste du mobilier funèbre ne donnait pas aux menuisiers moins d'ouvrage que les momies. On voulait des coffres de différentes tailles pour le trousseau du mort, pour ses intestins, pour ses figurines funéraires, des tables pour ses repas, des chaises, des tabourets, des lits où étendre le cadavre, des traîneaux pour l'amener au tombeau, même des chars de guerre ou de promenade. Les coffrets où l'on enfermait les canopes, les statuettes funéraires, les vases à libations, sont divisés en plusieurs compartiments ; un chacal accroupi est posé quelquefois par-dessus et sert comme de poignée pour soulever le couvercle. Ils étaient munis chacun d'un petit traîneau, pour qu'on pût les traîner sur le sol pendant les cérémonies de l'enterrement. Les lits ne sont pas rares. Beaucoup sont identiques aux *angarebs* des Nubiens actuels : de simples cadres en bois, sur lesquels on tendait de grosses étoffes ou des lanières en cuir entre-croisées. Les lits ornés, étaient de la même longueur que les nôtres ou à peu près. Le châssis en était le plus souvent horizontal, quelquefois incliné légèrement de la tête aux pieds. Il était souvent assez élevé au-dessus du sol, et on y montait au moyen d'un banc ou même d'un petit escabeau portatif. Le détail ne nous en serait guère connu que par les monuments figurés, si en 1884 et 1885, M. Maspero n'en avait découvert deux complets, l'un à Thèbes, dans une tombe de la XIII° dynastie, l'autre à Akhmîm, dans la nécropole gréco-romaine. Deux lions de bonne volonté ont étiré leur corps en guise de châssis, la tête au chevet, la queue recourbée sur les pieds du dormeur. Au-dessus s'élève une sorte de baldaquin qui servait lors de l'exposition des momies. Rhind en avait déjà rapporté un qui orne aujourd'hui le musée d'Édimbourg. C'est un temple, dont le toit arrondi est soutenu par d'élégantes colonnettes en bois peint. Une porte, gardée par deux serpents familiers était censée donner accès à l'intérieur. Trois disques ailés, de plus en plus grands, garnissaient les corniches superposées au-dessus de la porte, et une rangée d'uræus levés se dressait au couronnement de l'édifice. Le baldaquin du lit de la XIII° dynastie est beaucoup plus simple : une sorte de balustrade en bois découpé et enluminé, à l'imitation des paquets de roseaux qui décorent le haut des parois du temple. Dans le lit de l'époque grecque, les balustres sont remplacés sur les côtés par des figures de la déesse Mâit, sculptées et peintes, accroupies et la plume aux genoux. A la tête et aux pieds, Isis et Nephtys se tiennent debout et étendent leurs bras frangés d'ailes. La voûte est à jour; des vautours y planent au-dessus de la momie, et deux statuettes d'Isis et Nephtys agenouillées pleurent sur elle. Les traîneaux qui menaient les morts au tombeau étaient, eux aussi, décorés d'une sorte de baldaquin, mais d'aspect très différent. C'est encore un Naos, mais à panneaux pleins, comme ceux que M. Maspero a découverts, en 1886, dans la chambre de Sennotmou à Gournet-Mourraï. Quand on y pratiquait quelques jours, c'étaient des lucarnes carrées par lesquelles on apercevait la tête de la momie. Wilkinson en a décrit un de ce genre, d'après les peintures d'une tombe thébaine. Dans tous les cas, les panneaux étaient mobiles. Le mort une fois déposé sur la planche du traîneau, on les dressait chacun en sa place ; le toit recourbé et garni de sa corniche posait sur le tout et formait couvercle [1].

1. V. G. Maspero, *L'archéologie égyptienne*. p. 276.

LES VASES CANOPES

On est convenu d'appeler *canopes* les vases funéraires que l'on trouve groupés par quatre dans les tombeaux auprès des momies, ou enfermés dans des coffrets spéciaux. Ils contenaient les viscères embaumés à part et placés sous la protection des quatre génies Amset, Hapi, Duaumautef et Khehsennouf [1], dont leurs couvercles reproduisent les têtes emblématiques. Ces vases sont d'ordinaire en terre cuite, en pierre calcaire, en albâtre, et quelquefois, mais plus rarement, en bois peint. Les viscères de l'homme sont personnifiés par les quatre génies, mais les vases canopes sont particulièrement mis sous la protection des déesses Isis, Nephtys, Neith et Selk [2].

---

1. D'après des expériences faites avec soin, on a constaté, dit Wilkinson, que l'estomac et les gros intestins étaient consacrés à Amset, les petits intestins à Hapi, les poumons et le cœur à Duaumautef, et le foie avec la vésicule biliaire à Khehsennouf.
2. *Manners and Customs of the ancient Egyptians*, V, 71.

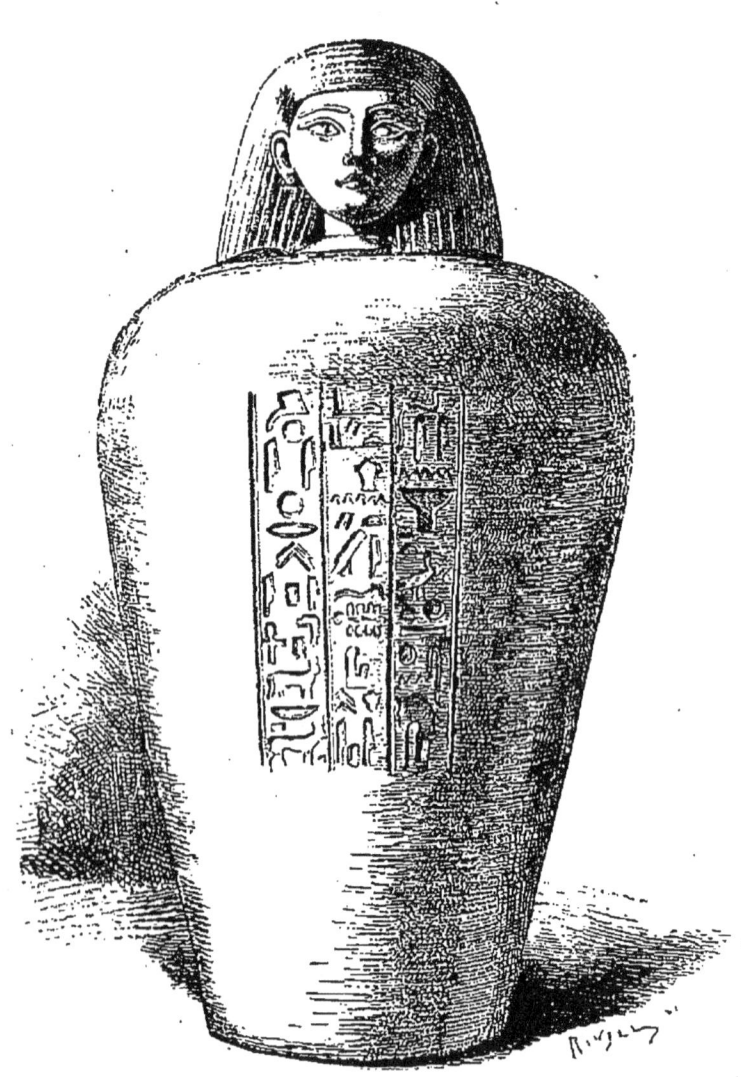

Vase canope.

LES COFFRETS A FIGURINES FUNÉRAIRES

Ces coffrets affectant diverses formes (sarcophage, pylône, naos) ou simplement quadrangulaires, sont en bois peint, parfois divisés en plusieurs compartiments et ornés de représentations religieuses dans lesquelles figurent Osiris, Anubis, les quatre génies funéraires, Nouït dans son sycomore, etc. On y lit aussi le chapitre VI du Livre des Morts relatif aux figurines funéraires.

On en trouve un certain nombre dans chaque tombeau ; ils servaient à déposer les figurines funéraires. Les formes et les grandeurs de ces coffrets sont extrêmement variées ; quelques-uns, divisés en quatre compartiments, ont dû contenir les entrailles. Les quatre génies forment alors le principal motif de leur décoration. Sur d'autres, Nouït, la déesse de l'éther céleste, apparaît dans son sycomore, versant l'eau qui doit rajeunir le défunt et rendre à son âme une vie nouvelle.

LES FIGURINES FUNÉRAIRES

Les figurines funéraires se rencontrent en nombre considérable dans les sépultures égyptiennes, de diverses dimensions et de diverses matières : bois, pierre calcaire, pierre dure et porcelaine [1]. Elles étaient déposées, par les parents du mort, dans des coffrets de bois peint, en forme de tombeau ou de petites chapelles. Leur aspect est celui de la momie ; de leurs mains croisées sur la poitrine, elles tiennent des instruments d'agriculture, hoyaux et sarcloirs, et un sac, destiné à contenir des graines, pend sur leur épaule. Le sens de cet outillage nous est expliqué par le tableau du chapitre 110 du *Livre des Morts* qui représente le défunt labourant, semant et moissonnant dans les champs célestes. Sur ces petites statuettes est habituellement tracé le texte du chapitre VI du même livre, dans lequel elles sont appelées *Ouschabtiou*, du verbe *Ouscheb*, « répondre ». Elles étaient donc comme des *répondantes* de l'aptitude du personnage représenté, à accomplir les travaux de l'autre vie. Voici ce

---

1. Les figurines en bronze sont d'une extrême rareté. Le Louvre en possède deux au nom de Ramsès II (nᵒˢ 71 et 72. Armoire C).

texte qui est une allocution que leur adresse le défunt :

« *O ouschabtiou!* Si cet *Osirien N.* est jugé digne de faire tous les travaux qui se font dans la divine région inférieure, alors tout principe mauvais lui est enlevé, comme à un homme maître de ses facultés. Or moi, je vous dis : jugez-moi digne, pour chaque journée qui s'accomplit ici, de fertiliser les champs, d'inonder les ruisseaux, de transporter le sable de l'ouest à l'est. Or, je vous dis cela, moi l'Osirien N. »

Une rédaction plus ancienne dont la statuette d'Amenophis III [1] nous offre un spécimen, est ainsi conçue :

« Faire faire des répondantes pour l'Osirien N. O dieux qui êtes auprès du Seigneur universel [2], qui siégez auprès de lui, il vous est ordonné de proclamer son nom ; accordez-lui les choses de l'autel du sanctuaire ; écoutez tous ses vœux...... L'Osirien N. aura à inonder les ruisseaux, à transporter le sable de l'est à l'ouest. Qu'il soit désigné dans la suite des temps, devant l'Être bon, pour recevoir les pains sacrés. »

Beaucoup de figurines portent, au lieu de ces textes, la simple mention :

« Illumination de l'Osirien un tel ! » qui s'explique ainsi : Les Égyptiens distinguaient l'âme de l'intelligence et prêtaient à cette dernière une forme

---

1. Musée du Louvre, n° 52, Armoire C.
2. Le Dieu suprême, Osiris.

lumineuse. Le mot *Khou*, qui exprime l'intelligence, est déterminé par un disque rayonnant. Cette association des idées de lumière et d'intelligence permet de supposer que la formule « Illumination de l'Osirien N. » équivalait à celle-ci : que l'Osirien N. devienne pur esprit.

Enfin, Mariette a rencontré, dans les tombes de la XIIe et de la XIIIe dynasties, des figurines portant la formule initiale des stèles *Suten du-hotep*, encore inexpliquée, et à laquelle on attribue le sens vague de proscynème [1].

Ces petits monuments ont rendu de réels services à la science par le grand nombre de noms historiques, de titres et de fonctions qu'ils ont permis d'enregistrer.

On peut remarquer, quant à la fabrication des figurines en terre émaillée, que le beau bleu brillant remonte jusqu'à la XVIIIe dynastie. Les roses vifs et d'un émail bien dur sont de la XIXe [2]. On ne connaît pas de figurines funéraires de cette espèce qu'on puisse attribuer à l'Ancien Empire.

Les figurines funéraires en bois furent usitées à toutes les époques. La finesse de leur gravure suit la marche de l'art. Les bois peints et vernis, sont particulièrement beaux dans les figurines de la XVIIIe et de la XIXe dynasties.

---

1. V. Chabas, *Observations sur le chapitre VI du Rituel égyptien*; Birch, *On sepulchral figures*.

2. Les beaux bleus, clairs et brillants, appliqués quelquefois sur une fritte tendre, mais quelquefois aussi sur une pâte solide et d'un blanc éclatant, appartiennent à l'époque Saïte

Il n'est pas rare de trouver dans les tombeaux, à côté des momies, soit des hippopotames, soit des crocodiles en pierre ou en faïence. Ces animaux malfaisants ne figurent là que comme symboles du mal vaincu et des ténèbres dissipées. Ce sont les compagnons de la nuit et de la mort que le défunt a combattus et terrassés.

FIN

TABLE DES MATIÈRES

	Pages
Préface	I
Avant-propos	VII
Aperçu de la religion et des destinées de la vie chez les anciens Égyptiens	1
Ancien Empire. — Les Pyramides	14
Pyramide à degrés de Sakkarah	42
— de Meïdoum	55
— de Gyzeh	57
— de Chéops	65
— de Chéphren	80
— de Mycérinus	82
Petites pyramides à degrés	87
Pyramide d'Abouroach	88
Pyramides de Zaouyet-el-Arryan	89
— d'Ounas, Teti, Pepi Ier, Mirinri et Pepi II	90
Pyramide d'Abousyr	95
Mastabat-el-Faraoun	97
Pyramide de Licht	100
Temple funéraire de l'Ancien Empire	101
Nécropole de Sakkarah	103
Les Mastabats ou tombes de l'Ancien Empire	110
Tombeaux de l'une des trois premières dynasties	128
Tombes de Meïdoum	131
Tombeaux de la première moitié de la IVe dynastie	134
Tombeaux de la seconde moitié de la IVe dynastie	135
Tombeaux de la Ve dynastie	136
Tombeaux de la VIe dynastie	136
Tableaux relatifs au personnage encore vivant	139
Tableaux relatifs à la mort du défunt	141
Tableaux relatifs aux dons funéraires	142

	Pages
Tombeau de Ti	153
— de Phtah-Hotep	160
Moyen Empire	161
Pyramides de Dachour	170
Pyramides de briques de Dachour	173
Abydos	179
Beni-Hassan	186
Nouvel Empire	199
Bab-el-Molouk	214
Tombe de Séti Ier	218
— de Ramsès III	224
Temples funéraires du Nouvel Empire	228
Tombes privées	231
Tombe d'Amenem-Heb	236
Colline d'El-Assassif	239
Tombe de Pet-Amen-em-Apt	241
Hypogées des hauteurs de Deïr-el-Medineh et de Qournah-el-Murrayi	244
Tombeaux des reines	246
Le Mythe d'Osiris	248
Apis	251
Le Sérapéum	254
Les cônes funéraires	266
Les stèles	269
Stèles du Moyen Empire	278
Les sarcophages	281
Les cercueils	285
Les momies	296
Les masques de momies	299
Les Étoles	300
Les cartonnages	301
Le Pectoral	302
Les papyrus	303
Le Rituel funéraire	308
Le pèsement du cœur	317
Différents papyrus funéraires que l'on trouve dans les caisses de momies	321
Chapitre des adorations au soleil	323
Chapitre de l'adoration du soleil par les âmes parfaites	323
Hymne au soleil	325
Les amulettes	327

	Pages
Les scarabées	331
Ta-boucle de ceinture	332
Ouadj-colonnette épanouie	332
Les statues	335
Le mobilier funéraire	339
Les vases canopes	342
Les coffrets à figures funéraires	344
Les figurines funéraires	345

TABLE DES PLANCHES

	Pages
Pyramide d'Illahoun	23
Pyramide de Méroé	31
Pyramide à degrés de Sakkarah	48
Coupe de la pyramide à degrés de Sakkarah	50
Pyramide de Meïdoum	54
Pyramides de Gyzeh	56
Plan de la pyramide de Chéops	66
Plan de l'intérieur des pyramides d'Ounas, Téti, Pépi Ier, Mirinri et Pépi II	91
Temple funéraire de l'Ancien-Empire	99
Tombes de l'Ancien Empire	113
Tombe de Meïdoum	132
Statues de Meïdoum	132
Tombeau de Ti	154
Pyramide de Dachour	171
La chapelle extérieure, le puits et le caveau	187
Façade d'une tombe de Beni-Hassan	195
Plan de la tombe de Séti Ier	223
Plan du Ramesseum	229
Vase canope	243
Tombe d'Apis	254
Plan du Sérapéum	255
Stèles funéraires	271
Sarcophage de Mycérinus	282
Sarcophage de la XIXe dynastie	284
Cercueil de la reine Makéri	288
Cuve de cercueil et momie	296
Le pèsement du cœur	317
Amulettes	330
Le cheikh el-Beled	335
Figurine funéraire	345

www.ingramcontent.com/pod-product-compliance
Lightning Source LLC
Chambersburg PA
CBHW052038230426
43671CB00011B/1704